Janina Breitling
BÄRTI MUSS MIT

JANINA BREITLING

Bärti
MUSS MIT!

Wie mein Sohn, sein Teddy und ich die Welt erkunden

Mit 42 farbigen Fotos,
13 Schwarz-Weiß-Abbildungen
und einer Karte

MALIK

Mehr über unsere Autoren und Bücher:
www.malik.de

FSC
www.fsc.org
MIX
Papier aus ver-
antwortungsvollen
Quellen
FSC® C083411

ISBN 978-3-89029-508-4
© Piper Verlag GmbH, München 2019
Redaktion: Regina Carstensen, München
Fotos: Janina Breitling
Karte: Marlise Kunkel
Satz: psb, Berlin
Litho: Lorenz & Zeller, Inning am Ammersee
Druck und Bindung: CPI books GmbH, Leck
Printed in the EU

Für Max.
Als wundervolle Erinnerung an ein wundervolles Abenteuer.
Unser Abenteuer.
Ich liebe dich. Deine Mama.

Inhalt

Prolog: One night in Bangkok ...

Auf einmal fange ich an zu schwitzen. Und zwar so richtig. Auf meiner Stirn bildet sich ein Tropfen nach dem anderen, ich kann es regelrecht fühlen. Max liegt neben mir. Alle viere von sich gestreckt. Die Augen geschlossen, auf den Lippen ein feines Lächeln. Das Leinentuch hat er weit von sich gestrampelt. Bärti, seinen Teddybär, nah an sich herangezogen. Auch Max sieht ein bisschen klebrig aus, aber im Vergleich zu mir noch immer ziemlich frisch. Ich schalte die Klimaanlage an. Das Surren hat ja manchmal etwas Beruhigendes. Manchmal. Nur nicht in diesem Moment.

Denn in diesem Moment überkommt es mich. Mitten in Thailand. Mitten im Urlaub. Mitten in der Nacht. Zukunftsangst. Völlig unangemeldet, doch dafür umso stärker. Es ist Dezember, 2015 ist bald Vergangenheit. Max ist viereinhalb Jahre alt und noch rund 550 Tage entfernt von einem Leben, das im Vergleich mit dem jetzigen nicht fremder erscheinen könnte. Einem Leben als Schulkind. Unsere gemeinsame Zeit bestimmen wir dann nicht mehr selbst. Wir werden bestimmt. Am meisten Max. Mit festen Strukturen, großen Pausen und kleinen Ferien. Dennoch: Ich als dazugehörige Mutter bin angekettet an das gleiche Programm.

Und feste Strukturen sind nicht mein Ding. Ganz und gar nicht. Ich arbeite als freie Journalistin. Ein ziemliches Privileg, denn ich kann mir meine Jobs und somit das Leben mit meinem Sohn in einem vorgegebenen Rahmen ganz gut einteilen. Je nach Auftragslage, Lust und Laune. Wird das Geld knapp, stürze ich mich in die Arbeit. Wenn wenig zu tun ist, klinken wir uns ein bisschen aus. Das ist unsere Freiheit. Und so landen wir dann an Orten wie diesem. Thailand. Bangkok. Generell eher entspannt. Generell schon sehr paradiesisch. Doch irgendwie noch nicht perfekt. Noch nicht das, was ich wirklich will. Es sind nur kurzzeitige Ausbrüche aus dem normalen Leben, denn nach ein paar Wochen müssen wir wieder zurück. Max in den Kindergarten, ich an den heimischen Schreibtisch. Das aber will ich ändern. Das will ich durchbrechen. Keine kurzen Urlaube mehr, sondern eine längere, eine lange Reise. Unterwegs leben, unterwegs arbeiten, zusammen mit Max auf der ganzen Welt ankommen.

Ich drehe mich von einer Seite auf die andere. Licht aus, Licht an. Die Gedanken im Power-Modus. Die Angst wird nicht weniger, sondern von Minute zu Minute größer. Fast panikartig. Was sind schon eineinhalb Jahre? Wo sind überhaupt die letzten vier geblieben? Habe ich nicht gestern noch Windeln gewechselt und verdreckte Strampler gewaschen? Und jetzt liegt mein einst so kleines Baby schnarchend neben mir. Fast halb so groß wie ich. Schlagartig wird mir das bewusst. In der Hitze der Nacht, in Schweiß gebadet. Angstschweiß zum Anfassen. Panik zum Mitnehmen. Solche Reisen wie diese hier gibt es höchstwahrscheinlich nicht mehr, wenn Max erst mal in der Schule ist. So viele gemeinsame Momente auch nicht. Ich möchte meinen Sohn beim Aufwachsen beobachten. Ihm zur Seite stehen und Teil seiner Welt sein. Täglich Zeit mit ihm verbringen, nicht nur am Nachmittag oder in den Ferien. Dann, wenn alle loswollen. Und ich es mir womöglich nicht mehr leisten kann.

Eine Lösung muss her. »*Carpe diem*« steht in großen Lettern auf meiner Hüfte. Pflücke den Tag. Mach was draus, bevor die Chance vorüber ist. Eineinhalb Jahre sind besser als gar nichts, doch wenn ich nicht bald anfange, etwas zu ändern, sind sie schneller vorbei, als ich schwitzen kann. Wir müssen die Zeit bis zu Max' Schuleintritt nutzen. Für uns. Für die Welt. Für etwas, das wir nie vergessen werden.

Doch bislang habe ich nie den richtigen Dreh gefunden. Journalistin bin ich ursprünglich nur geworden, um in fernen Ländern zu leben und von dort zu berichten. Hat aber nie so wirklich geklappt. Nationale TV-Nachrichten mussten in den letzten Jahren reichen. Vor ein paar Monaten hatte ich einen zweiten Versuch gestartet und nebenher ein Aufbaustudium angefangen. Deutsch als Fremdsprache. Deutsch, so der Plan, könnte ich weltweit unterrichten. Im Rahmen dieses Studiums flog ich nach Kalifornien. Santa Cruz. Dort versuchte ich als Assistenzlehrerin an der Uni, langweilige Grammatik in lustige Hippie-Studenten zu quetschen. Es war nicht schlecht, bestimmt nicht, aber irgendwie auch nicht wirklich ideal. Immerhin kam ich mit einer für mich neuen Lebensform in Berührung. Der der digitalen Nomaden. Beim Kochen im Hostel lief mir eine von ihnen über den Weg. Sie zeigte mir eine völlig neue Welt. Ein komplett neues Universum: Menschen, die digital arbeiten und währenddessen um den Globus reisen. Viele von ihnen sogar äußerst erfolgreich und scheinbar ziemlich glücklich. Den Laptop immer dabei, die kreativen Ideen in dem dazu passenden Rucksack verstaut.

Ein paar von ihnen haben sich wohl als blinde Passagiere in meiner Tasche versteckt, denn auf einmal kommen sie in der Hitze der thailändischen Nacht hervor. Bevölkern das Bett und meine Gedanken. Laptop. Reisen. Schreiben. Zusammen mit Max die Welt entdecken und von unterwegs arbeiten. Spannende Länder, fremde Kulturen, neue Menschen erleben. Ihm die Welt zeigen, bevor ich ihn auf sie loslasse. Dabei genügend Geld verdienen, um das Ganze für uns zwei zu finanzieren. Nicht nur für ein paar Wochen am Stück, sondern auf lange Sicht. Ein Jahr. Ortsunabhängig, ungebunden und ohne Kindergarten. Bis zur Schulpflicht. Sie wird uns vom Rest der Welt scheiden, aber bis dahin ... Ja, das könnte es sein. Das wird es sein. Unser Ticket in die Welt. Und von einer Sekunde auf die andere verfliegt meine Panik. Meine Zukunftsangst. Ich fühle ein imaginäres Handtuch, das mir den Schweiß von der Stirn tupft. Ich bin mir auf einmal sicher. Und zwar so richtig.

Meine nächtliche Eingebung lässt mich nicht mehr los. Als wir zurück in Deutschland sind, kann ich es kaum erwarten, mich in eine digitale Nomadin zu verwandeln. Die ersten Recherchen im Internet offenbaren die vielfältigsten Möglichkeiten. Eine ganz neue Welt breitet sich vor mir aus, in den unterschiedlichsten Varianten. Die Familie der digitalen Nomaden scheint zwar zumindest in unseren Gefilden noch relativ klein zu sein, dafür umso bunter. Ehemalige Bankangestellte schreiben mittlerweile Bücher über Selbstfindung, Programmierer bauen unter Palmen Webseiten. Eine Erfolgsgeschichte reiht sich an die andere, und das passende Material zum Nachmachen gibt es oftmals gratis mit dazu. Egal ob Bücher, Webseiten, Podcasts oder komplette Online-Kurse: Ich werde fündig. Und motiviert. Was die können, schaffe ich auch. Sicher.

Es ist fast schon eine Sucht, die mich packt. Eine Versuchung, der ich verfalle. Denn je mehr ich mich mit der Materie beschäftige, desto greifbarer wird das Ganze für mich. Wir leben in einer Welt, in der uns solche Türen offenstehen. Das Internet macht es möglich. Gepaart mit Flexibilität. Ist der Wille da, kann man auf Weiterbildung am hauseigenen Küchentisch zurückgreifen. Zwischen Spa-

ghetti und Kindergeschrei. Sieben Tage die Woche. Rund
um die Uhr.

Was mich allerdings verwundert: Der Großteil der digitalen Nomaden ist Single. Kein Kind. Kein Anhang. Wenn doch,
dann ist die gesamte Horde unterwegs. Vater, Mutter, Kind.
Mindestens zu dritt. Familie auf Weltreise. Elternzeit weit ab
vom Schuss. Das scheint im Kommen zu sein. Doch wo sind
die Alleinerziehenden? Wo sind die Mütter (oder Väter), die
sich beruflich selbstständig machen, ihr Kind unter den Arm
klemmen und zu zweit losziehen, um die Welt zu entdecken?
Kann man sich nur als Single oder im Familienverband von
gesellschaftlichen Zwängen freimachen? Kann man seine
Träume nicht auch solo mit Kind leben? Ich verstehe es nicht.
Gerade Alleinerziehende besitzen doch die perfekten Voraussetzungen für ein solches Nomadenleben: Organisations-
talent. Krisenmanagement. Haushalten mit knappem Budget.

Wer es schafft, sein Kind ohne Partner im
Großstadtdschungel von München, Hamburg
oder Berlin durchzubringen, wird das Leben im
südamerikanischen Regenwald doch mit links
meistern.

Vereinzelt soll es diese alleinerziehenden digitalen Mütter
oder Väter anscheinend schon geben, irgendwo versteckt.
Doch keine(r) von ihnen berichtet ausführlich darüber.
Journalistisch. Professionell. Die speziellen Informationen,
die ich für meine Situation dringend bräuchte, gibt es somit
leider nicht. Ein großes Loch in den Weiten des Internets
tut sich auf. Somit auch eine riesige Marktlücke. Die gilt es
zu schließen. Und zwar von mir. Von uns. Als gutes Beispiel!

Mein Kopfkino geht los: Wie wäre es also, wenn Max
und ich loszögen und ich über unser Leben von unterwegs

berichtete? Wenn ich alles in Deutschland auf Pause setzte und einen kleinen Zwischenstart hinlegte? Wir das wagten, was sich viele andere zwar auch schon getraut haben, aber nicht unbedingt in dieser Konstellation? Ich will zusammen mit Max Träume leben. Von jetzt an bis zum Schulstart. 550 Tage. Mit den Möglichkeiten, die wir haben. Sowohl jobtechnisch als auch finanziell. Mit all dem Wissen, das ich bereits in mir trage. Hauptsächlich also mit dem Schreiben und Reisen, plus dem, was ich noch dazulernen möchte. Unternehmerischem Hintergrundwissen, um beides miteinander zu verbinden.

Die Startzeichen stehen gar nicht so schlecht. Und den Rest bekomme ich auch noch irgendwie hin. Mit der entsprechenden Vorbereitung und einer ordentlichen Portion Mut. Und den habe ich, denn immerhin starte ich das Ganze nicht allein. Sondern mit dem mir wichtigsten Menschen an der Seite. Die Idee wächst und gedeiht. Von Minute zu Minute. Von Tag zu Tag. Laptop. Reisen. Schreiben. Die Grundidee steht.

Vorher kommt aber noch der zweite Auslandsaufenthalt als Teil meines Deutschstudiums. Kolumbien. Bogotá. Das Goethe-Institut hat mich als Gastdozentin in die südamerikanische Hauptstadt eingeladen. Drei Wochen lang stehe ich mit Kreide bewaffnet vor der Klasse und habe dasselbe Gefühl wie schon vor ein paar Monaten in Santa Cruz. Nicht schlecht, aber irgendwie auch nicht perfekt. Was mich viel mehr reizt: Kolumbien scheint eine Hochburg für digitale Nomaden zu sein. Die meisten davon tummeln sich in Medellín, mit mehr als 2,4 Millionen Einwohnern die zweitgrößte Metropole in Kolumbien. An einem verlängerten Wochenende mache ich mich also auf in Richtung der Stadt des ewigen Frühlings.

Anstatt in typischen Büroräumen sitzen viele der digitalen Nomaden tagsüber in hübschen Cafés. Coworking mit Gleichgesinnten am Nachbartisch. Abends werden Treffen organisiert und die Vor- und Nachteile eines Lebens rund um den Globus diskutiert. Die entsprechenden Orte und Daten finde ich online, meine potenziellen Gesprächspartner in einer Bar im Zentrum der Stadt.

Dort sitzen sie also, zum Anfassen nah und mehr als hilfsbereit. Nach ein paar Bier und dem typischen Small Talk packe ich meine Gedanken auf den Tisch. Meine Geschichte, meine Idee, meine Sorgen und meine Ängste. Und bin anscheinend genau richtig. Denn die Phase, in der ich mich momentan befinde, hat jeder hier durchgemacht. Irgendwie. Irgendwo. Irgendwann. Vor kurzer Zeit oder schon ein paar Jahre früher. Die Ratschläge gehen somit gebündelt in ein und dieselbe Richtung: »Bei uns war es doch genauso.«

»Als Erstes ist die Idee da. Dann tauchen die Ängste und die Zweifel auf.«

»Der erste Schritt ist der wichtigste, du musst dich von deinem alten Leben Stück für Stück verabschieden.«

»Wer etwas Neues aufbauen möchte, braucht einen starken Willen, aber es lohnt sich.«

Motivation und entsprechende Lösungen liegen parat. Hier bekomme ich das, was ich brauche. Den nötigen Anstupser. Lebendige Vorbilder, an denen ich mich orientieren kann. Ähnliche Gedanken hatte ich mir schon selbst gemacht, aber es von anderen zu hören, bestätigt mich noch einmal mehr. Jeder hier ist ein erfolgreicher Unternehmer und bestimmt sein Leben selbst. Ob als Grafikdesigner, Coach und Berater oder sonstiger Online-Entrepreneur. Jedoch alle, die die Welt zu ihrem Arbeitsplatz gemacht haben, wagten diesen Schritt allein. Ohne Kind. Meine persönliche Achillesferse …

»Wieso beunruhigt dich das?«, werde ich gefragt. »Das ist doch ein Pluspunkt. Das kennt keiner. Noch niemand hat das gemacht.«

»Wenn du schreibst, wie es ist, digital mit einem Kind unterwegs zu sein, werden das alle mögen. Alle.«

»Warte aber nicht so lange, sonst schnappt dir jemand die Idee weg. Fang sofort an!«

Mit jedem weiteren Getränk an diesem Abend werde ich mir sicherer. Mit jeder Frage, die sofort beantwortet wird. Mit jeder Sorge, deren Lösung anscheinend auf der Hand liegt. Es gibt so viele Möglichkeiten, jenseits des Üblichen seinen Lebensunterhalt zu verdienen und sogar eine Karriere zu starten. Es gibt so viele Alternativen, abseits der Norm glücklich zu sein. Machen, so lautet das Motto. Einfach machen.

Meine Idee nach der kolumbianisch-nomadischen Gehirnwäsche: ein Reiseblog. Auf den ersten Blick erscheint das nicht besonders innovativ, doch in meiner Situation ist es durchaus schlau. Denn in dieser Form gibt es das noch nicht. Und so vertiefe ich während meines weiteren Aufenthalts in Bogotá mein Wissen über ein Leben mit Laptop und Rucksack. Mittlerweile geht es mir nicht mehr um die Frage, »warum« Menschen aus ihrem alten Leben ausbrechen. Den Punkt habe ich bereits hinter mir. Jetzt geht es mir um das »Wie«. Und um Listen. Jede Menge Listen. Abends gehe ich mit neuen Erkenntnissen ins Bett und wache morgens mit weiteren Ideen auf. Selbstbestimmtes Arbeiten. Ortsunabhängiges Leben. Wer wagt, gewinnt. Ich bin auf dem richtigen Weg!

So richtig klar wird mir das eines Vormittags, als ich in einem überfüllten Bus sitze. Umringt von unzähligen Menschen in unerträglicher Hitze. Auf einmal fange ich an zu schwitzen. Und zwar so richtig. Auf meiner Stirn bildet sich ein Tropfen nach dem anderen, und unter meinen Armen stimmt sich das Deo gerade auf Höchstleistungen ein. Das Gefühl kenne ich irgendwoher. Das Gefühl hatte ich schon einmal. Doch dieses Mal ist es anders. Es ist mitten am Tag. Und es ist keine Zukunftsangst, es ist Zukunftsfreude. Ich weiß in diesem Moment: Wir können die Zeit nutzen. Max und ich. Für uns. Für die Welt. Für etwas, das wir nie vergessen werden.

Sieben Länder, vier Schlüpfer und ein Teddybär

Ich sitze im Flugzeug, es geht von Kolumbien zurück nach Deutschland, und ich kann nicht mehr aufhören zu grinsen. Kann nicht mehr aufhören, glücklich zu sein. Kann nicht mehr aufhören, unser neues Leben vor mir zu sehen. Ein Jahr Weltreise. Ein Jahr Abenteuer. Ein Jahr Max und ich, rund um den Globus. Der Tomatensaft schmeckt so lecker wie nie zuvor, und selbst mein Sitznachbar mit seinem Hang zum Armlehnen-Besetzen kann meine gute Laune nicht trüben. Ich platze fast vor Aufregung und Tatendrang. Und trotzdem – eine Kleinigkeit ist da noch. Eine wichtige Frage steht noch aus. Die Frage aller Fragen. Die Entscheidung aller Entscheidungen. Haben sich die nomadischen Gene auch beim Ableger ausgebreitet? Findet Max meine Idee genauso toll wie ich?

Die nächsten Tage bin ich ziemlich aufgeregt und warte auf den passenden Augenblick. Irgendwie muss ich das Ganze schlau anstellen. Nicht so offensichtlich. Eher nebenbei. Aus dem Ärmel heraus. Ohne Max zu überrumpeln. Am besten auf dem Weg zum Spielplatz, vielleicht sogar mit einem kleinen Eis garniert. Oder einem höchst dekorativen Knoten. Und so knie ich eines Nachmittags vor ihm, die Schnürsenkel rutschen mir immer wieder aus der Hand, so angespannt bin ich.

»Sag mal, Max, hast du Lust, mit mir zusammen die Welt anzugucken? Bis du in die Schule kommst? Nur wir zwei?«

Einundzwanzig. Zweiundzwanzig. Dreiundzwanzig. Die Spannung steigt. Nicht bei meinem Gegenüber. Als hätte ich ihn gerade zu der Wahl seines Abendessens befragt, guckt er zu mir herunter. Und grinst. »Au ja! Aber Bärti muss mit ...« Bingo. Entscheidung gefallen. Das war einfach. Das war kinderleicht. Von außen sieht es wenige Minuten später genauso aus wie immer. Eine Mutter, die mit ihrem Sohn zum Spielplatz stapft und sich, als sie dort angekommen sind, im Stehen gedankenverloren ein Hirsebällchen nach dem anderen genehmigt, und ein Kind, das von einem Gerät zum nächsten rennt. Doch in mir drin läuft ein völlig anderer Film ab. Blockbuster. Oscarverdächtig. Ich sehe mich irgendwo am Strand, mit dem Laptop auf dem Schoß und einer Kokosnuss in der Hand. Max kommt mit seinem Surfbrett unter dem Arm und einem breiten Lächeln auf den Lippen aus dem Wasser gerannt. Die Luft riecht nach Sommer, das Wasser schmeckt nach Meer.

Minusgrade statt Strandgelage holen mich in die Realität zurück. Es ist Februar in München. Meine Finger erfrieren fast auf dem Weg von der Tüte in den Mund. Aufwärmpausen in meiner Winterjackentasche sind mehr als notwendig. Das werde ich sicherlich nicht vermissen. Bei ekelhaft nasskaltem Wetter am Spielplatz herumlungern, bis es langsam dunkel wird und wir nach einem kleinen Zwischenstopp im Supermarkt nach Hause kommen. So schnell es geht, Heizung an, ein paar Stunden später Licht aus. Nicht mehr mit uns.

Doch bis dahin ist es noch ein langer Weg. Die Reise muss organisiert, das Leben hier in München zum Stoppen gebracht und Freunde und Verwandte langsam in die Pläne eingeweiht werden. Doch noch weitaus mehr Respekt habe ich vor meinem neuen beruflichen Projekt. Ein Reiseblog mit Podcast macht nach meiner wochenlangen Recherche offensichtlich am meisten Sinn. Natürlich muss er toll werden. Muss aus der Reihe fallen und uns und das Projekt ins richtige Licht rücken. Außerdem die Informationen liefern, die mir in meiner jetzigen Situation so fehlen und die ich mir mühsam zusammensuchen muss. Tipps zur Vorbereitung. Erfahrungsberichte. Er muss Mut machen. Den Sinn herausstellen. Doch wie genau funktioniert so etwas überhaupt? Wie baue ich eigentlich eine Internetseite, und wer kann mir dabei helfen?

Ich hangele mich mal wieder von Online-Kurs zu Online-Kurs. Es dauert, und es ist anstrengend. Es motiviert mich, lässt mich aber auch verzweifeln. Denn der Berg, vor dem ich momentan stehe, ist groß. Ziemlich groß! So vieles gibt es zu bedenken, so viel umzusetzen. Zwischendurch möchte ich alles hinwerfen, mir die ganze Idee wieder aus dem Kopf schlagen. Natürlich nur in der Theorie. Denn das, was ich mir gerade aufbaue, bin zu hundert Prozent ich. Vor mir breitet sich Fantasia aus. Ein Traumland, das ich gefühlt schon jetzt vor lauter Bäumen nicht mehr sehen kann. Und doch zieht es mich von Tag zu Tag stärker dorthin. An ein Zurückrudern ist nicht mehr zu denken. Die Leinen sind los.

Nun wird der ultimative Schritt gemacht. Ganz konkret. Ganz real. Mit einem Klick. Ich buche unsere Flugtickets. Ende Juni sind wir weg. Ende Juni starten wir durch. Auf Bali. Der Beginn unseres digitalen Abenteuers. Bis dahin muss ich unser altes Leben in Kisten verpackt, das neue im Rucksack verstaut haben. Der Zeitdruck tut gut. Der ultimative Schritt auch. Jetzt ist es amtlich. Jetzt steht es fest. Jetzt ist unser Aufbruch zum Greifen nah. Die Uhr tickt. Ich liebe dieses Geräusch in meinem Kopf. Und dann sind da Vorfreude und Aufregung. Das dazugehörige Kribbeln im ganzen Körper. Vor allem morgens, wenn ich gerade aufwache und von einer Welt in die nächste drifte und mir mit einem Schlag bewusst wird:

Wir werden die Welt erobern, Max und ich.
Kawumm!

Meine legendären Listen hängen an der Wand und werden immer länger. Meine Gedanken wirbeln in meinem Kopf herum und werden immer wilder. Um ruhig zu bleiben, hake ich Punkt für Punkt akribisch ab. Sonst funktioniert es nicht. Sonst werde ich verrückt. Was mir dabei hilft: viel Yoga und Meditation. Viel Rotwein und Freunde. Sie unterstützen mich: »Das ist so ein geiler Plan, Janina. Und wenn ihn eine umsetzen kann, dann du. Klar, dass du jetzt Stress hast. Aber du schaffst das. Denk einfach daran, wie genial es wird. Das ist eure Geschichte, eure Reise. Euer Leben! Das ganze Projekt bist so du! Und in einem Jahr sitzen wir wieder zusammen, trinken Wein wie jetzt, und du erzählst von all deinen Abenteuern.«

Jetzt traue ich mich auch mehr, mein Vorhaben in die Welt zu bringen. Ich schreibe Magazine an, ob ich für sie über die Reise mit Max berichten darf. Hake bei Sponsoren nach, ob sie nicht ein Teil des Ganzen sein wollen. Die Rückmeldungen hauen mich um. Egal ob Rucksäcke, Schuhe oder die zu unserem Abenteuer passenden Outfits – wir bekommen sie zur Verfügung gestellt. Ohne langes Betteln, ohne langes Verhandeln. Einfach so. Aus Überzeugung. Doch nicht nur das. Ich bekomme die erste Anerkennung für das, was ich seit Wochen fast im Alleingang aufbaue. Anerkennung und Respekt. Das tut gut. Und schubst mich weiter an. Zum nächsten Schritt und einer neuen, nicht ganz unwichtigen Frage. Wo wollen wir eigentlich hin? Es soll ja nicht nur Bali sein …

Ich sitze an meinem Küchentisch. Den Kaffee in der einen Hand, den Kopf auf die andere gestützt. Vor mir liegt der in die Jahre gekommene Weltatlas meiner Mitbewohnerin. Erinnerungen an die fünfte Klasse werden wach. Und ein Gefühl der Unwirklichkeit. Gepaart mit einer immer lauter bohrenden Frage in meinem Gehirn. Was könnten die weiteren Stationen sein? Und wie lange sollen wir am jeweiligen Ort leben und arbeiten? Die Qual der Wahl. Sensationell!

Bali, unser erster Stopp, steht schon seit Langem aufgrund unzähliger Erzählungen vieler Freunde auf meiner Liste: »Da könnt ihr den ganzen Tag surfen und Yoga machen. Die Leute sind so unglaublich freundlich. Und das Spirituelle gefällt dir sicher auch.« Tropisch, warm, am Meer und von netten Menschen besiedelt. Das hört sich nach einem soliden Start an. Und ist ja eh schon seit ein paar Tagen gebucht.

Doch was kommt dann? Ziemlich schnell entscheide ich mich gegen ein Weltreiseticket. Schon im Vorfeld all unsere Stopps zu planen und unsere Route an ein vorgegebenes Ticket anzupassen, gefällt mir gar nicht. Viel zu organisiert. Viel zu durchgeplant. Lieber will ich spontan sein. Von einem Land zum nächsten hüpfen, so wie es uns gefällt. Entweder länger oder kürzer bleiben, wie es sich eben anbietet. Die Route ist natürlich trotzdem ein wenig naheliegend, denn von Bali aus sollte es weiter Richtung Osten gehen: Australien und Neuseeland. Seit Jahren träume ich auch von Tahiti, von einem Inselhopping in der Südsee. Und/ oder Hawaii? Alles Orte, an denen ich noch nie war. Alles Orte, bei denen ich eine gewisse Sehnsucht verspüre. Das bedeutet: Die grobe Richtung klingt schon mal gut. Und somit sind die ersten Monate vage geplant. Aber auch wenn meine Gedanken längst auf Reisen sind, die Realität hält noch stark an mir fest.

Denn das Budget ist knapp bemessen. 1000 Euro dürfen es pro Monat sein, Flüge nicht zwangsweise mit eingerechnet. Dafür Unterkünfte, Essen und Vergnügungen. 33 Euro am Tag. Für zwei Personen. Ein Jahr lang. Nicht viel, aber auch nicht wenig. Diese Summe scheint realisierbar. So kann ich ungefähr einschätzen, wie viele Artikel ich pro Monat schreiben und veröffentlichen sollte. Erprobt durch vergangene Reisen weiß ich, dass es funktionieren kann. Dass ich mit diesem Geld auskommen kann.

Die Fixkosten zu Hause versuche ich, bis zur Abreise in ein paar Monaten, weitestgehend zu minimieren. Es gibt keine Shoppingtouren, keine kostspieligen Hobbys. Ich gehe nicht mehr essen oder kaufe irgendwelchen Schnickschnack. Unsere Zimmer werden während unserer Abwesenheit von einer Freundin übernommen. Von Dingen, die wir seit Ewigkeiten nicht mehr benutzen, trennen wir uns rigoros. Der Keller wird ausgemistet, diversen Flohmärkten ein Besuch abgestattet. Alte Bücher, Anziehsachen, Sportgeräte: Es ist unglaublich, welche Schätze bei uns zu Hause einfach so rumliegen. Und mit Vergnügen neue Besitzer finden. Ich verfalle in einen richtigen Rausch. Kiste für Kiste packe ich zusammen, renne die Treppen in absoluter Bestzeit vom ersten Stock in den Keller und schaffe dabei Platz. Nicht nur materiell, sondern auch gedanklich. Lasse das alte Leben immer mehr los. Ein für mich wichtiger Prozess, der den Neubeginn leichter macht. Und mir nebenher sogar noch das Geld für unsere ersten Flugtickets verschafft.

Weniger Spaß macht der gefühlt tägliche Gang zum Tropenmediziner unseres Vertrauens. Impfen gehört nicht gerade zu unseren Lieblingsbeschäftigungen, doch was muss, das muss. Für uns beide. Ohne Diskussion. Da ich mich im Vorfeld nicht auf die typischen Familienreiseländer beschränken möchte, darf es das Komplettpaket an Impfsicherheit sein. Von Tollwut bis Gelbfieber. Bis die Nadel glüht. Max hasst es, ich auch.

»Da seid ihr zwei ja schon wieder. Wir haben für Max extra unsere Süßigkeiten-Box erweitert. Wer so oft hierherkommen muss, hat einen besonderen Service mit vielen Leckereien verdient.«

Selbst die Sprechstundenhilfe hat Mitleid mit uns. Doch irgendwie bewältigen wir diesen Marathon heil und ohne bleibende Schäden. Im Anschluss geht es direkt weiter zu diversen Ämtern. Die Pässe müssen erneuert werden, die entsprechenden Visa zumindest für die ersten Ziele in Bearbeitung sein.

Zwischendurch tauche ich gedanklich ein in den Lifestyle digitaler Nomaden. Ein ganz großer Pluspunkt ist das minimalistische Leben. Also das Reduzieren auf das Wesentliche. Das Wichtige. Das Eigentliche. Weg mit dem Ballast, her mit dem puren Leben. Fast automatisch bin ich hierbei anscheinend schon auf dem richtigen Weg. Doch wie geht es weiter? Was passiert, wenn die eigenen vier Wände leer sind und das Portemonnaie dafür gefüllter ist? Und wie gestaltet sich das Ganze dann auf Reisen? Mit Kind sieht der Bedarf an Dingen vielleicht etwas anders aus. Weniger begrenzt. Was zu der Frage führt: Was müssen wir tatsächlich mitnehmen? Auf was können wir verzichten? Was gibt es überall auf der Welt zu kaufen? Und was nicht?

Handgepäck ist auf einmal das Zauberwort. Handgepäck als neue Religion. Rucksäcke zum Einchecken sind der Teufel. Und den will niemand auf seiner Reise dabeihaben. Also denke ich in völlig neuen Sphären.

Und ganz ehrlich: Wer braucht unterwegs mehr als zwei T-Shirts? Oder diverse Schuhe? Am Ende zieht man eh immer dasselbe an. Ich gehe tief in mich und stelle unsere persönliche Zweier-Regel auf: zwei T-Shirts, zwei lange Shirts,

zwei kurze Hosen, zwei lange Hosen, zwei warme Klei-
dungsstücke, zwei Paar Socken. Nur bei der Unterwäsche
schummele ich und lege großzügig vier Slips pro Person auf
den noch recht klein erscheinenden Haufen. Shampoo und
Co. müssen in 100-Milliliter-Flaschen umgefüllt und in ver-
schließbaren Beuteln verstaut werden. Überflüssiges Zeug
packe ich gar nicht erst ein. Laptop. Handy. Noch ein paar
Lego-Bausteine und Malstifte für Max. Bärti. Fertig. Ein
weiterer Punkt, den ich von der Liste abhaken kann.

Vor mir liegt nun alles, was wir im nächsten Jahr besitzen werden. Es scheint genug zu sein. Ich fühle mich frei
und sehr revolutionär, mit weniger als fünfzehn Kilo Gepäck eine Weltreise mit meinem Kind anzutreten. Auch
mein Rücken wird es mir danken.

Leider folgt nun eine ziemlich anstrengende Nummer.
Die ich tatsächlich nur durchhalte, weil ich eine Meisterin
in Disziplin bin. Morgens um vier Uhr klingelt mein Wecker,
ein paar Minuten später sitze ich mit der ersten Tasse Kaffee
an meinem Küchentisch und beginne mit der Arbeit.

Der Aufbau von Blog und Podcast ist kompliziert und
erfordert viel Zeit. Und Kreativität. Und Geduld. Doch das
Gute dabei ist, dass ich mein Ziel klar vor Augen habe. Es
sind inzwischen nur noch wenige Wochen bis zu unserem
Abflug, und ich spüre, dass ich ein wenig gestresst bin. Wenn
auch irgendwie positiv.

Eine große Hilfe ist eine Arbeitsgruppe, bei der ich seit
einiger Zeit Mitglied bin. Hört sich recht förmlich an, die
Gruppe besteht aber eigentlich nur aus mir und meiner
digital nomadischen Freundin Birgit, die ich in der Hostel-
Küche in Santa Cruz kennengelernt hatte. Sie war früher
Marketingchefin in einem großen Unternehmen und hat
sich mittlerweile als ortsunabhängiger Coach auf Probleme
in zwischenmenschlichen Beziehungen spezialisiert. Nun

steht sie mir mit Rat und Tat zur Seite. Ein ziemlich wichtiger Punkt, denn im Gegensatz zum Arbeiten in einem richtigen Büro mit guten Kollegen und schlechter Kantine kann es zu Hause manchmal ganz schön einsam sein. Gerade wenn es um Entscheidungen geht. Sosehr ich es genieße, Chefin meines Projekts zu sein, sosehr bin ich auch dankbar für den ein oder anderen Blick von außen.

Mein Küchentisch und ich werden beste Freunde, Kaffeeabhängigkeit bekommt ein völlig neues Gesicht. Meins. Mehr als vier Stunden Schlaf sind aktuell nicht drin. Macht nichts, das hole ich irgendwo in der Welt am Strand nach. Mein Deutschstudium läuft genauso nebenher wie meine journalistische Tätigkeit. Trotzdem schaffe ich mein Diplom wenig später, und auch mein aktueller Arbeitgeber ist mit meinen Auftritten weiterhin zufrieden.

Max bekommt von dem Ganzen nicht so viel mit. Doch über die bevorstehende Reise reden wir jeden Tag. Und freuen uns.

>> Ich möchte unbedingt zu den Koalas
und einen davon auf den Arm nehmen.
Die sind so süß und kuschelig und
flauschig. <<

Oft sitzen wir zusammen auf der Couch und sammeln unsere Ideen. Wen wir unterwegs besuchen wollen. Was wir uns unbedingt ansehen müssen. Was lieber nicht. »Und zu dieser Brücke möchte ich gerne. Dieser roten in Amerika.« Max strahlt und ist aufgeregt. Er freut sich auf die fremden Kinder und neuen Abenteuer. Auf Sonne, Strand und Meer und das Fliegen in großen Flugzeugen. In solchen Momenten bekomme ich richtiges Herzklopfen. All das werden wir erleben. All das haben wir vor uns. Nur wir zwei!

Während ich anfangs noch versucht habe, den Ball flach zu halten und meine Pläne vor der breiten Masse zu verstecken, geht das langsam nicht mehr. Mein Chef, für den ich die letzten Jahre beim Fernsehen gearbeitet habe, weiß Bescheid. Er findet die Idee toll und freut sich auf meine Rückkehr in einem Jahr. Das war easy, das sind die Vorteile vom freiberuflichen Arbeiten. Ähnlich leicht verläuft es auch mit den Eltern im Kindergarten oder aus der Nachbarschaft. Alle finden die Reise super, alle möchten uns irgendwie unterstützen. Max' Vater ist ebenfalls einverstanden, und meine Familie reagiert sogar entspannter als erwartet.

»So was musste ja mal kommen. O je, ein ganzes Jahr ohne euch. Aber vielleicht können wir euch mal besuchen. Und für Max ist es bestimmt toll. Für euch beide. Wir wissen ja, dass du am liebsten in der Weltgeschichte umherreist.« Meine Mutter versucht, die Tränen am anderen Ende der Leitung im Norden Deutschlands mit einem unkoordinierten Rascheln zu übertönen. Doch sie schlägt sich wacker. Was ist schon ein Jahr?

Anscheinend war es für meine Eltern sogar irgendwie absehbar. Sie kennen meine Reiselust und sehen die Chancen: für meine berufliche Weiterentwicklung, für Max, der mit anderen Kulturen vertraut wird. Sie stehen hinter uns, wo sie nur können. Das ist mittlerweile auch richtig nötig. Denn je näher das Abreisedatum rückt, desto öfter fahren meine Gefühle Achterbahn. Wir geben immerhin alles auf. Und wer weiß schon, was in einem Jahr sein wird. Vielleicht wollen wir ja gar nicht mehr zurück? Doch solche Gedanken lasse ich vorerst nicht an mich heran. Ein Jahr ist eine lange Zeit. In einem Jahr kann sich so viel verändern. Wir können uns verändern. Dramatische Szenen, fließende Tränen und die Frage, ob die Entscheidung auch die richtige ist, braucht momentan niemand. Ich am wenigsten. Also Emotionen aus und Malocher-Modus an. Denn der allein bringt mich weiter. Alles andere blockiert nur. Und verwirrt.

So wie die vielen Zweifel, die mich trotz der positiven Reaktionen aus meinem Umfeld erreichen. Versteckt unter dem Deckmantel beiläufiger Nachfragen. Gerne zwischen Tür und Angel, wenn ich Max zum Kindergarten bringe oder ihn abhole. Interessanterweise sind sie oft nur von einem Gefühl bestimmt. Angst. »Hast du denn gar keine Angst, allein mit deinem Kind loszuziehen? Was, wenn euch etwas passiert? Ihr krank oder entführt werdet? Das Geld ausgeht und euer eigentliches Zuhause dann so weit weg ist ... Also, für mich wäre das nichts.«

Bei all den Momenten, in denen ich emotional werde, Angst kommt mir nie in den Sinn. Auch keine Horrorszenarien. Warum sollte uns unterwegs etwas passieren? Warum etwas schiefgehen? Warum ist es dramatisch, im Ausland krank zu werden? Warum wird das so aufgebauscht? Ich verstehe das nicht, fange aber aufgrund der akkuraten Gehirnwäsche trotzdem an, mich selbst zu hinterfragen. Warum habe ich all diese Gefühle nicht? Warum verfalle ich nicht in Panik? Warum überwiegt die Vorfreude?

> Bin ich etwa naiv oder womöglich eine schlechte Mutter, die sich zu wenig sorgt und ihr Kind in Gefahr bringt? Oder bin ich von einem tiefen Urvertrauen geleitet und glaube an mich und meine Entscheidungen?

Kann ich absehen, ob ein Land zu gefährlich ist oder nicht und dementsprechend rational handeln und entscheiden? Sind all diese Bedenken womöglich typisch deutsch und damit für unsere geplanten Reiseländer eh nicht anwendbar? Letztlich sage ich mir: Ich bin dreiunddreißig und kann selbst über unser Leben entscheiden. Damit fahre ich ganz gut. Meine Ohren stelle ich auf Durchzug und finde so wieder rasch zu mir und dem Wissen, was das Beste für Max und mich ist. Ohne Angst, ohne Misstrauen, sondern in heller Vorfreude.

Die Monate vergehen schneller als gedacht. Die Dinge laufen besser als angenommen. Mittlerweile ist Juni. Knapp ein halbes Jahr harte Arbeit liegt hinter mir. Der Blog kann gestartet werden, letzte Anschaffungen sind erledigt. Um uns zu verabschieden, organisiere ich eine Party an der Isar. Meine Familie kommt angereist, Freunde von nah und fern feiern uns und unsere Entscheidung mit Bier und Tofu-Würstchen. »Wir werden euch so vermissen! Aber es ist genial, wie du das durchziehst. Du machst das richtig, und Max wird dir ewig dankbar sein.«

Max' letzter Tag im Kindergarten nimmt mich mit. Stundenlang verabschieden wir uns von all seinen Freuden und Erzieherinnen. Das Kapitel ist mit einem Schlag beendet. Wenn wir in einem Jahr zurückkehren, geht die Schule los. Max ist relativ cool, fast gelassen, aber nicht ohne Gefühle.

> » Meine Freunde im Kindergarten werde ich schon vermissen. Und auch die leckeren Nudeln mit Tomatensoße. Können wir nicht allen Postkarten schicken, damit sie mich nicht vergessen? «

Langsam wird aber auch ihm bewusst, dass wir in ein paar Stunden einen ungewöhnlichen Neustart hinlegen. Ich beruhige ihn: »Es ist ganz normal und auch gut, dass sich das ein bisschen komisch anfühlt. Aber warte mal ab, bis wir im Flugzeug sitzen. Dann geht's endlich los!«

Wir nehmen uns fest in den Arm und setzen uns auf eine der übrig gebliebenen Kisten, die bis zum letzten Moment im Weg herumstehen. Den Aufbruch bildlich darstellen. Die letzte Nacht ist komisch, ebenso der letzte Morgen. So fühlt es sich also an, wenn ein neuer Abschnitt beginnt. So, wie wir uns das gewünscht haben. Das, was jetzt folgt, ist meine Entscheidung. Unsere Entscheidung. Unser neues Leben, so wie wir es haben wollen.

Und da stehen wir jetzt. Am Flughafen. Zwei Menschen, zwei Rucksäcke, die Welt. Nun kann ich auch meine persönlichen Niagarafälle nicht länger zurückhalten. Ich kann mich gar nicht mehr beruhigen. Die Tränen fließen nur so. Unsere Freunde winken, unsere Herzen pochen. Kollabieren fast, als der Zollbeamte noch ein paar Fragen hat. Mich kurzerhand der Kindesentführung außerhalb der Ferienzeiten verdächtigt. »Ist das denn auch wirklich Ihr Kind? Können Sie das nachweisen? Haben Sie auch die entsprechenden Papiere dabei, dass Ihr Kind trotz Kindergarten aus Deutschland abreisen darf?«

Also krame ich mit einer sekündlich wachsenden Warteschlage in meinem Rücken meinen Laptop aus dem Rucksack. Geburtsurkunde und Co. hatte ich schlauerweise als Teil der Vorbereitung akkurat eingescannt und digital abgeheftet. Wie es sich für eine digitale Nomadin gehört. Kurzer Check. Kurzes Nicken. Kurzer Wink. Wir dürfen passieren. Letzter Blick zurück. Ab jetzt nur noch nach vorn.

Die Wartezeit am Gate kommt mir vor wie eine Ewigkeit. Die ich jetzt aber irgendwie genießen kann. Wir haben alles geschafft. Von der Idee, die mich vor ein paar Monaten gepackt hat, über die Umsetzung bis zu genau diesem Moment. Mein neues Business läuft, unser altes Leben ist verstaut und das Abenteuer nur noch einen kleinen Gang entfernt.

Und auf einmal sitzen wir im Flugzeug nach Bali und können nicht mehr aufhören zu grinsen. Ein Jahr Abenteuer. Das sich beschleunigende Flugzeug drückt uns in die Rückenlehnen. Max' Hand liegt in meiner, fest umschlungen. Das Flugzeug rollt immer schneller und immer schneller. Mein Herz ist kurz vor dem Herausspringen. Wir heben ab. Es geht los.

Nicht lange überlegen, sondern machen

Die Zeit, in der Du mit den Vorbereitungen für eine längere Reise beginnst, ist verdammt stressig und oft von Zweifeln begleitet. Da heißt es: Nägel mit Köpfen machen, aka, so schnell es geht, Flüge organisieren. Der Moment ist aufregend, der Moment ist spannend, und der Moment ist angsteinflößend. Doch hast Du die Tickets für Dich und Dein Kind erst einmal gebucht, gibt es kein (günstiges) Zurück mehr. Die größte Entscheidung ist der Online-Klick. Was für eine Erleichterung. Jetzt schaffst Du auch den Rest. Whoop, whoop: Du wirst zusammen mit Deinem Kind auf Reisen gehen. Und Ihr startet bald. Sehr bald. Stoßt darauf an, freut Euch darauf. Es gibt nichts Schöneres.

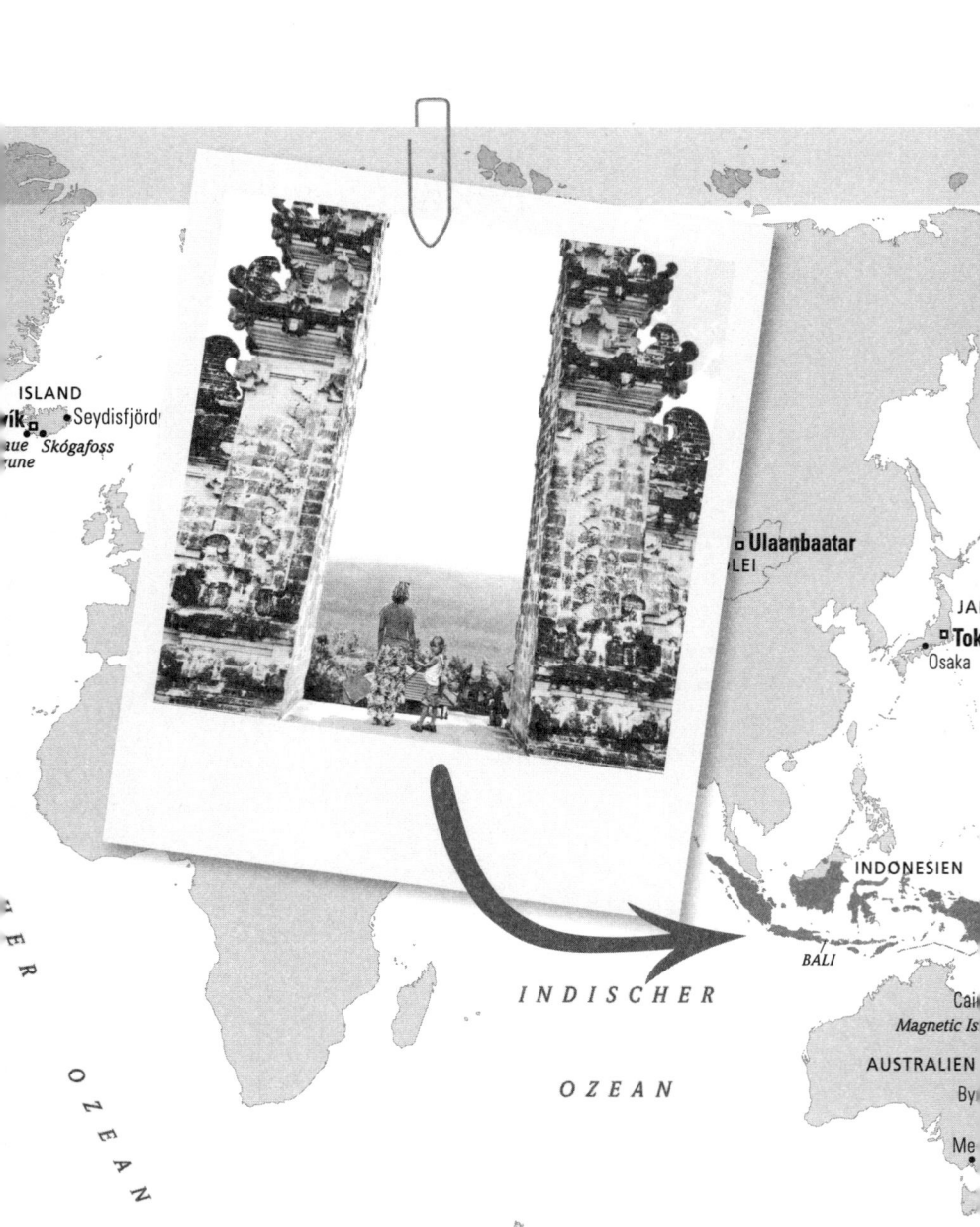

ISLAND

ik ●Seydisfjörd
aue *Skógafoss*
rune

□ **Ulaanbaatar**
LEI

JA
□**Tok**
Osaka

INDONESIEN

BALI

INDISCHER

OZEAN

Cai
Magnetic Is

AUSTRALIEN
By

Me

Bali! Der perfekte Ort
für den Neuanfang

Bali hat eine ganz spezielle Farbe. Bali hat eine ganz spezielle Energie. Und Bali hat einen ganz speziellen Duft. Der uns am Flughafen Ngurah Rai direkt in die Nase steigt. Ein Gemisch aus den Abgasen der Zweitakt-Motorroller und den überall brennenden Räucherstäbchen. Je nach Ort und Tageszeit vermengt sich diese Mixtur mit lokalen Gerüchen. Am Flughafen mit Kerosin, beim Restaurant um die Ecke mit dem Duft von angebratenen Zwiebeln und Knoblauch. Das Bali-Aroma liegt wie ein Parfum über der gesamten Insel und ab jetzt auch über uns.

Im Internet hatte ich bereits im Vorfeld eine kleine Unterkunft für den ersten Monat gebucht. Ein Häuschen mitten im Dschungel von Ubud, dem spirituellen Zentrum Balis, im Hochland der indonesischen Insel gelegen. Einfach und dennoch mit Liebe hergerichtet: eine Matratze mit Mückennetz, eine kleine Kochzeile inklusive Kühlschrank und ein offenes Badezimmer. Ich hätte mir nichts Besseres aussuchen können, zumal wir von unserem Häuschen aus, das zu einem Hostel gehört, mit anderen Gästen in Kontakt treten, uns aber auch jederzeit zurückziehen können. Für einen guten Start eine ideale Kombination.

Das Ankommen löst eine Menge Gefühle aus. Hochstimmung. Zufriedenheit. Begeisterung. Aber auch ein bisschen

Heimweh. Denn nur weil ich viel und gerne reise, heißt das nicht, dass ich es nicht kenne. Dieses seltsam flaue Gefühl im Magen. Zugleich verspüre ich nach dem ganzen Stress der letzten Monate aber auch ein bisschen Ruhe. Zum ersten Mal kann ich das, was gerade passiert, auch tatsächlich reflektieren. Wir sind gestartet. Wir haben es durchgezogen. Wir sind tatsächlich auf Bali und werden hier nun für eine Weile bleiben. Den ersten großen Schritt haben wir geschafft.

Max verpennt dank Zeitumstellung meine emotionalen Tiefs. Aus Erfahrung weiß ich, dass die ersten Tage in einer neuen Umgebung oftmals eher semi-toll sein können. Ich lasse mich davon aber nicht beunruhigen. Öffnet Max gegen Mittag voller Entdeckerlust die Augen, habe ich meine Dosis Gefühlschaos schon hinter mir und bin fit, um die Gegend zu erkunden und die Menschen, die hier leben, kennenzulernen. Beides bekommt eine Eins plus. Max ist mit mir einer Meinung.

>> Das ist so cool, wie die immer lachen und voll nett sind. Wenn wir mit dem Roller fahren, winken die mir zu. Ich glaube, die denken, wir sind ganz berühmte Stars oder so. <<

Balinesen strahlen übers ganze Gesicht. Die Putzfrau in unserer Unterkunft genauso wie der Verkehrspolizist auf der Straße. Einem blonden Kind gegenüber wird die Herzlichkeit gleich noch mal verdoppelt. Jeder will ein Foto von Max machen oder ihm über die Haare streicheln. Wir werden mit Süßigkeiten und Umarmungen überschüttet, und das ist genau das, was wir brauchen. Menschen, die uns mit ihrer guten Laune und mit ihrer positiven Art anstecken.

Damit helfen sie uns, heimisch zu werden. Das am Morgen geträllerte »*Selamat pagi*« legt den Grundstein für einen schönen Tag. Und schiebt aufkommende Zweifel schnell beiseite. Wir wollen am balinesischen Leben teilnehmen. Was auch bedeutet, deutsche Ideen ins Reisfeld zu werfen.

Aufgrund unserer regelmäßigen Besuche beim Tropenarzt in München hatte ich mich besonders gut auf die medizinischen Verhältnisse vorbereitet. Die Reiseapotheke ist prall gefüllt, die Klamotten sind genau nach Vorschrift gegen Moskitoangriffe imprägniert. Ein Anti-Mücken-Mittel habe ich stets zur Hand, auch beachte ich den Hinweis, niemals auf lange Kleidung zu verzichten. Mein Wille ist groß, diesen Rat konsequent in der Praxis umzusetzen. Und so kommt es, dass wir an unserem ersten Tag bestens geschützt durch Ubud laufen.

»Mir ist so heiß, Mama. Ich sterbe gleich! Warum müssen wir das überhaupt so machen? Ich sehe hier keine einzige Mücke rumfliegen!«

Lange Hose, geschlossene Schuhe, leichtes T-Shirt – trotz Genöle überlasse ich nichts dem Mückenzufall. Ich sehe den Tropenmediziner anerkennend vor meinem inneren Auge nicken, mein Kind vor mir allerdings fast kollabieren. Auch mir läuft die Suppe nicht nur den Rücken runter. So viel zu Plänen und ihrer Durchführung in der Realität. Bei der tatsächlich gegebenen Hitze auf Bali und der lediglich vermuteten Gefahr, die von den saugenden Viechern ausgeht, steht unser aktuelles Verhalten in keinem Verhältnis. Die erste wichtige Reiselektion ist gelernt: losziehen, Lage checken, Leben anpassen.

Viele Dinge sind vor Ort komplett anders, als man sie in Deutschland eingeschätzt hatte. Siehe deutsche Mückenangst versus balinesische Mückengefahr. Zurück auf Los, zurück in unsere Unterkunft und raus aus der Imker-ähnlichen Bekleidung. Ab jetzt machen wir es wie die Einheimischen, und die sind nicht nur bei stechenden Quälgeistern äußerst lässig.

Unser Leben auf Bali wird dadurch immer unbeschwerter. Von Tag zu Tag mehr. Zum Teil schiebe ich es auf das Farbkonzept der Insel. Sattes Grün, wohin wir auch gucken. Reisfelder, so weit das Auge reicht. Grün symbolisiert Entspannung und Ausgeglichenheit. Hier stimmen Theorie und Praxis überein. Es lässt auch uns entspannt und ausgeglichen sein. Bald bekommt unser Alltag einen neuen Rhythmus. Und dieser Alltag beinhaltet ja nicht nur Urlaub, sondern ab jetzt auch Arbeit. Doch selbst das klappt.

Ich halte an meiner Gewohnheit fest, früh aufzustehen, und nutze die Zeit bis zu Max' Erwachen, um all das, was wir erleben, aufzuschreiben. Es in spannende Artikel zu verpacken. Stundenlang sitze ich auf der Terrasse vor unserem Haus und lasse mich von Räucherstäbchen benebeln und Einfällen leiten. Der Blog läuft gut an, mittlerweile habe ich erste Anfragen. Verschiedene deutsche Zeitschriften und Magazine wollen, dass ich von unterwegs für sie berichte. Über das Leben und Reisen mit Kind. Über das Arbeiten in der Fremde. Mit so schnellen Reaktionen habe ich gar nicht gerechnet, doch es scheint zu interessieren, was wir hier machen. Auch das minimalistische Dasein kommt an. Die Sachen, die wir bei uns haben, reichen völlig aus, und bis auf eine Apfelsaftschorle hin und wieder vermissen wir nichts. Wer hätte gedacht, dass es nichts weiter als einen Rucksack voller Dinge braucht.

Wer hätte gedacht, dass selbst Max auf so vieles verzichten kann. Er lernt spielend, mit wenig glücklich zu sein.

Unser erster Stopp Ubud entpuppt sich schnell als alternatives Nest mit viel Yoga und spirituellem Klimbim. Ein kleiner Ort in Dauermeditation und mit unglaublich ausgeglichenen Menschen. Warum ich diesen Platz für unseren Start ausgewählt habe, weiß ich nicht mehr. Doch er scheint passend. Die Unterkunft und die balinesisch-österreichischen Gastgeber Made und Birci werden zu Freunden. Birci hat der Zufall nach Indonesien geführt: »Als ich 2003 mit dem Rucksack nach Bali kam, wollte ich nur Urlaub machen. Doch dann habe ich mich verliebt. In die Insel und in Made. Kurze Zeit später wurde ich schwanger, und mittlerweile ist unsere Tochter Lila sechzehn. Unser Leben läuft super, und ich kann mir nicht mehr vorstellen, wieder in Österreich zu leben. Da ist es mir inzwischen auch viel zu kalt.«

Freunde finden wir aber auch in der näheren Umgebung. Kadek kellnert in einem landestypischen Imbiss, einem Warung. Mit ihren langen schwarzen Haaren und ihren großen dunklen Augen strahlt sie uns über beide Ohren an. Händchen haltend führt sie Max durch das Lokal. Präsentiert ihn stolz den anderen Kellnerinnen und möchte ihn gar nicht mehr loslassen. Schon in den ersten Minuten fliegen zwischen den beiden die Herzen, und die Liebe ist so groß, dass wir auch den Rest von Kadeks Familie kennenlernen sollen. Mit stark balinesisch angehauchtem Englisch erklärt sie mir, dass am nächsten Tag Vollmond ist. »Da gibt es bei uns im Tempel immer eine ganz spezielle Zeremonie. Habt ihr nicht Lust, uns zu begleiten? Dann könnt ihr mein Dorf besuchen. Bitte, sag ja!«

Was für eine wunderbare Gelegenheit, um die neue Freundschaft zu vertiefen. Sie zeigt mir auf Google Maps, wo wir am nächsten Tag hinkommen sollen, und versichert noch einmal, dass wir weder etwas mitbringen noch uns in irgendeiner Form vorbereiten müssen. »*Sampai jumpa besok.*« Bis morgen! Ich bin gespannt.

Kadek ist neunzehn und lebt im Zentrum von Ubud. In einfachsten Verhältnissen, zusammen mit der kompletten Sippe. Die Häuser der einzelnen Familien stehen dicht beieinander, in der Mitte befindet sich ein kleiner Tempel; eine große Anzahl von Hühnern läuft frei herum. Der Boden ist aus Lehm, das Wasser wird aus einem Brunnen geholt. Eine Toilette gibt es nicht, dafür eine Baracke mit einem Loch im Boden und einem Eimer mit Wasser daneben. Auf dem Gelände wachsen zahlreiche tropische Früchte, und zur Begrüßung drückt man uns eine frisch gepflückte Banane in die Hand.

Kadek schämt sich ein wenig. »Meine Familie und ich leben sehr einfach, aber ich hoffe, es gefällt euch trotzdem.«

Mir bricht es fast das Herz zu sehen, wie sichtlich peinlich ihr die Wohnsituation ist. Max hingegen findet alles nur spannend. Es ist schon erstaunlich, wie unbefangen und wertneutral er an viele Situationen herangeht. Er jubelt:

>> Toll, diese ganzen Hühner und der Brunnen und das viele Obst an den Bäumen. Das gibt es so in Deutschland nicht. Kadek ist eine richtige Freundin, dass sie uns zu sich nach Hause einlädt. <<

Der Rest der Familie ist genauso herzlich wie sie und freut sich mindestens so sehr wie wir auf unsere erste balinesische Zeremonie.

Für die werden wir dem Anlass entsprechend sogar passend eingekleidet. Max von Kadeks älterem Bruder, ich von Kadek und ihrer Mutter. Ab und zu springt einer der vielen Hunde um uns herum, auch das ein oder andere Huhn verdreht den Kopf über unsere stattfindende Verwandlung. Der Bruder bindet Max einen kleinen braunen Sarong um die Hüften, dazu knotet er ihm eine komplizierte Kopfbedeckung. Noch eine duftende Frangipani-Blume ins blonde Haar, und schon sieht er aus wie ein kleiner Balinese. Mir wird ebenfalls ein in Braun gehaltener Sarong umgebunden. Dazu ziehe ich eine hübsche Bluse an, und um die Hüften wickelt man mir einen farblich passenden Schal. Hätte ich gerade meine Menstruation, dürfte ich nicht mit in den Tempel gehen.

»Blutende Frauen sind zu sehr mit dem Universum verbunden und dadurch offen und angreifbar für schlechte Energien. Und für die Zeit zwischen den Tagen tragen wir balinesische Frauen im Tempel ein Tuch, um das weibliche Epizentrum zu schützen.« Zum Glück bin ich gerade keine »blutende Frau«, ich darf also mit.

Der Tempel liegt in derselben Straße, in der sich auch Kadeks Haus befindet, und dennoch ist der Weg weit genug, um das komplette Dorf auf uns aufmerksam zu machen. Lachende Gesichter, winkende Hände; wir stehlen dem Vollmond heute eindeutig die Show. Kadek ist sichtlich stolz. »Das sind meine Freunde aus Deutschland«, ruft sie jedem zu, dem wir begegnen.

Vier kleine aus Beton gebaute und mit Stroh überdachte Hütten, die zu allen Seiten offen sind, bilden den Tempel. Ein paar Stufen führen jeweils in die Mitte der Gebäude, wo große Körbe mit bunten Blumen stehen. Überall stecken Räucherstäbchen im Boden und verbreiten einen süßlich-blumigen Duft.

Wir setzen uns mit Kadeks Familie in die hintere Reihe auf den Boden; der Priester ist ein paar Meter vor uns. Er freut sich, dass wir der Zeremonie beiwohnen. Von der verstehe ich allerdings kein Wort. Max hält es nicht lange im Schneidersitz aus, er läuft mit einem anderen Kind und einem Räucherstäbchen in der Hand durch die Sitzreihen und beduftet die Teilnehmer der Feierlichkeiten. Ich schaue ihnen dabei zu. Auch kann ich nicht genug vom Anblick der balinesischen Frauen vor mir bekommen. Von ihrer Kleidung, der Art, wie sie sitzen, wie sie sich anmutig bewegen, wie sie so hübsch lächeln. Dadurch verpasse ich fast meinen Einsatz. Der Priester steht auf einmal vor mir, in der Hand eine versilberte Gießkanne, an seiner Seite eine Helferin mit einem großen Tablett. Auf ihm befinden sich diverse Accessoires, darunter Reis und Blumen. Wir sind dran. Kadek führt vor, was wir zu tun haben, sie ist sehr darauf bedacht, dass Max und ich ja alles richtig machen.

Zuerst müssen die Hände wie eine Schüssel geformt werden. Die rechte Hand unter der linken. Dann gießt der Priester dreimal hintereinander Wasser hinein, von dem wir erst trinken und das wir anschließend auf unserem Kopf verteilen sollen. Der letzte Akt besteht in einer Reisgabe. Den Reis sollen wir essen und die verbleibenden Körner auf Stirn und Hals kleben. Noch ein paar magisch erscheinende Kreisbewegungen mit einem Räucherstäbchen und die Übergabe einer ebenfalls mit Wasser bespritzten Blume, die hinter das Ohr gesteckt wird. Fertig.

Kadek strahlt, ich auch. Sogar Max ist fasziniert. Wir sind weit und breit die einzigen Europäer, doch die Gastfreundschaft und Art und Weise, wie wir aufgenommen werden, lässt mich diese Tatsache sofort vergessen. Denn ab jetzt gehören wir dazu. Das merke ich an Kadeks nächster Bemerkung: »In ein paar Wochen, ungefähr in der Mitte des nächsten Monats, heiratet mein Cousin. Da feiern wir alle zusammen, und meine Eltern würden sich freuen, wenn ihr auch kommen würdet. Ihr könnt dann bei mir mit im Zimmer schlafen. Das ist gar kein Problem!« Kadek weiß, dass wir noch weiter die Insel erkunden, nicht allein in Ubud bleiben wollen.

Was mich verzaubert, ist die Gastfreundschaft der Balinesen. Kadeks Familie besteht aus einfachen Reisbauern. Jeden Tag verbringen sie viele Stunden auf dem Feld, um das Geld zu verdienen, das sie für ihren Lebensunterhalt brauchen. Sie müssen richtig ackern, um über die Runden zu kommen. So wie sie leben, könnte es nicht schlichter sein. Und dennoch teilen sie das, was sie haben, mit uns. Ohne ein großes Ding daraus zu machen. Nicht weil sie es müssen, sondern weil sie es wollen. Von Herzen. Diese Nächstenliebe lässt mich über das Leben in meiner Heimat nachdenken. Über die Art und Weise, wie Menschen sich dort begegnen und wie sie miteinander umgehen. Häufig auf den eigenen Vorteil bedacht, oft unfreundlich und mit schlechter Laune garniert, die mir angesichts meiner jetzigen Erfahrungen ziemlich unangebracht erscheint. Im Vergleich zu anderen Ländern ist vieles in meiner Heimat um einiges leichter. Es gibt soziale Netze, die einen auffangen, und Dinge wie eine Gesundheitsversorgung und Bildung stehen jedem Bürger zur Verfügung. Doch leider wird all das viel zu oft als selbstverständlich hingenommen, der eigene Umgang damit nur selten reflektiert. Vergleiche ich das Verhalten von Deutschen mit dem von Balinesen, stellen sich mir die Nackenhaare auf. Grimmige Gesichter am Morgen in der U-Bahn versus strahlende Menschen überall hier auf der Straße. Statt Neid größte Nächstenliebe. Umso mehr freue ich mich, Max dieses Geschenk live und in Farbe mit auf den Weg geben zu können. Und nicht nur Nächstenliebe, sondern auch Achtsamkeit und Toleranz. Angereichert mit Dankbarkeit. Wenn er nur ein wenig davon in seinen Rucksack packt und auf all seinen Wegen mit sich trägt, ist ein

Teil meiner Aufgabe als Mutter erfüllt. Meinem Kind zu helfen, ein achtsam durchs Leben gehender Mensch zu sein.

Vielleicht war es das Wasser. Vielleicht der Reis. Oder das Nasi Goreng von gestern Abend. Doch egal, was es war, es will wieder raus. Max liegt schwitzend neben mir, die Plastikschüssel in der Hand. Ich renne zwischen Badezimmer und Bett hin und her. Dass es uns erwischen wird, war klar. Der »*Bali Belly*« macht vor niemandem halt. Nur der Zeitpunkt hätte noch ein bisschen nach hinten verlegt werden können. Auch gern getrennt voneinander. Ich plädiere nämlich für Unabhängigkeit selbst an Krankheitstagen. Dann kann man sich wenigstens unterstützen, Händchen halten und dem anderen die schweißnasse Stirn abtupfen. Doch weit gefehlt. Wir liegen beide flach, und zwar so richtig. Da ich bei Durchfall und Erbrechen vorzugsweise gar nichts mache, höchstens versuche, die schlimmste Phase einigermaßen zu überstehen, bleiben wir für die nächsten Tage im Bett und vegetieren vor uns hin. Netflix in Dauerschleife, höchstens unterbrochen von liebevollen Krankenbesuchen unserer Vermieterin Birci.

»Ihr müsst viel trinken«, rät sie, »am besten frisches Kokosnusswasser. Das hilft immer, denn es tötet sämtliche Bakterien ab. Ich habe euch welches mitgebracht, dazu Zitronengrastee und weißen Reis.«

Der gekochte Reis bleibt nicht mal im Ansatz in uns drin, sodass ich gezwungen bin, meinen Weg zum Badezimmer noch etwas effizienter zu gestalten. Doch so schlimm es anfangs ist, so schnell ist es auch wieder vorbei.

Krank mit Kind, weit weg von der Heimat – eine Situation, die von vielen Menschen im Vorfeld als größter Horror dargestellt und in den schrecklichsten Farben ausgemalt wurde, haben wir mit Bravour überstanden. Und sogar noch mehr: Wir ziehen ab jetzt (hoffentlich) nicht nur mit gegen jegliche balinesischen Bakterien gewappneten Mägen weiter, sondern haben zudem eine neue Erkenntnis gewonnen:

Selbst wenn wir unterwegs krank werden, selbst wenn es uns mal so richtig zerlegt, wir bleiben ruhig. Überstehen schlechte Zeiten viele Tausend Kilometer von zu Hause entfernt ohne größere Probleme.

Diese Tiefenentspannung fehlt mir in anderen Momenten leider völlig. Besonders an einem Abend, an dem wir erst spät in unser kleines Häuschen zurückkehren und möglichst schnell nach einem Zähneputz-Zwischenstopp in unser Bett springen wollen. Doch auf dem Weg vom Bad in unser Schlafzimmer fällt mir etwas Komisches an der Tür nach draußen auf. Bislang hat sich der Rahmen nie so seltsam bewegt. Wieso auf einmal? Licht an, Entsetzen. Mein absoluter Albtraum.

»Da ist eine Schlange!«, schreie ich Max zu. »O mein Gott! Wie ekelhaft! Bleib, wo du bist, und rühre dich nicht von der Stelle. Mach auf gar keinen Fall irgendeine dumme Bewegung, okay? Wir wissen ja nicht, ob die giftig oder ungefährlich ist!«

Selbst in den zoologischen Gärten, hinter Tonnen von Glas, hört bei mir die Freundschaft zu diesen Lebewesen auf. Mit diesem exotischen Exemplar, das nur ein paar Zentimeter von mir entfernt ohne jegliche Schutzvorrichtung einen eigenen Plan verfolgt, kennt meine Panik keine Grenzen mehr. Max ist noch auf der Terrasse, zwischen uns rekelt sich in ihrer vollen Pracht die Schlange. Zugegeben, sie ist nicht so groß wie die Würgeschlange aus dem »Dschungelbuch«, doch gefühlt erreicht sie mindestens zwei Meter Länge. Vielleicht auch mehr, wahrscheinlich weniger. Im Farbton hat sie sich eher an eine hölzerne, herbstblättrige Umgebung angepasst, ein mattes Braun gemischt mit ein paar beigefarbenen Streifen. Kein giftiges Grün zeichnet sie aus, keine roten Augen oder sonstige grausigen Merkmale. Sicher, ein Pluspunkt, doch hilft das nicht gegen meine aufsteigende Panik.

»Klettere schnell da hoch und lass die Füße nicht nach unten baumeln.« Ich delegiere Max mit zitternden Fingern auf den Tisch vor der Tür und damit hoffentlich aus dem Bewegungsradius des Tiers.

»Die Schlange ist doch gar nicht so schlimm, Mama«, versucht mich mein Sohn zu beruhigen. »Die ist voll klein und hängt nur so rum. Die verzieht sich bestimmt von allein.«

Woher er die Ruhe nimmt, bleibt mir ein Rätsel. Ich kann nicht entspannt durchatmen, sondern mir nur ganz klassisch helfen: mit Schreien. In der Stille des Abends versuche ich, auf uns aufmerksam zu machen und hoffentlich einen heldenhaften Retter anzulocken. Ich weiß, dass die zeitliche Wahrnehmung in solchen Fällen oft ein wenig beeinträchtigt ist, aber es kommt mir vor, als würde es Stunden dauern, bis endlich unser australischer Nachbar auftaucht.

»Wir haben hier eine Schlange«, erkläre ich ein wenig hysterisch mein SOS-Signal. »Ich weiß nicht, was ich machen soll. Das Viech darf auf keinen Fall in unser Zimmer, sonst schlafe ich nie wieder in diesem Raum!«

Der anscheinend mit gefährlichen Tieren durchaus vertraute Aussie schnappt sich gekonnt einen Stock. Und schwupps, der unwillkommene Gast landet im Garten. Hoffentlich auf Nimmerwiedersehen. Max kann sich vor Lachen gar nicht mehr halten, der Australier grinst sich einen ab, während ich immer noch zittere. Die Fenster bleiben fortan in der Nacht geschlossen, das Licht auf der Terrasse wird nicht gelöscht. So wissen potenzielle Nachahmer, dass wir zu Hause sind. Womöglich überdenken sie das Ziel ihrer Ausflüge dann noch einmal ganz genau. Meine Taktik scheint aufzugehen, in den darauffolgenden zwei Tagen hat nur noch unsere unmittelbare Nachbarin Schlangenbesuch. Doch das Reptil wird von Made mit einem gekonnten Griff geschnappt, in einen Wasserkanister gesetzt und in den nahen Wald gebracht. Danach herrscht, was Schlangen betrifft, Ruhe.

Wir reisen weiter, mit unserem gemieteten Roller Richtung Norden. Nach Amed. Amed ist ein kleiner Ort abseits des Tourismus. Ist ursprüngliches Bali. Das noch schönere Bali. Schon der Weg dorthin ist einzigartig. Ein grünes Reisfeld reiht sich an das andere. Zwischendurch müssen wir einen kleinen Pass überqueren, der durch ein Stück Regenwald führt. Der Nebel liegt auf den Pflanzen, und von einer Sekunde zur nächsten wird es so kalt, dass wir unsere Jacken anziehen müssen. Der Blick vom Berg hinunter ist so atemberaubend, dass wir gar nicht weiterwollen. Kurzerhand legen wir eine kleine Pause ein und lauschen der Natur. Dem Zwitschern der Vögel, dem Rascheln der Blätter. Hier und da undefinierbare Geräusche von Affen. Max konstatiert weltmännisch:

>> Würden wir jetzt in München mit der U-Bahn fahren, wäre das nicht so aufregend! Eher langweilig und nicht so dschungelmäßig wie hier. «

Unsere Art der Fortbewegung ist auch wirklich nicht vergleichbar mit einer deutschen U-Bahn. Seit unserem ersten Tag in Indonesien sind wir mit einem der hier üblichen Zweitakter unterwegs. Egal ob auf ausgebauten Straßen oder mitten durchs Reisfeld, mittlerweile sind wir Profis.

Weil wir keine Ahnung haben, wie lange wir an unserem neuen Ziel bleiben wollen, haben wir alles mitgenommen und unsere Rucksäcke hinten auf dem Roller mit diversen Schnüren festgebunden. So praktisch und traditionell balinesisch, dass neben unserem Hab und Gut sicherlich noch ein paar Hühner oder Matratzen Platz gehabt hätten. Es ist schon sehr verwunderlich, wie viel Gepäck auf einen so kleinen Roller passt. Wenn man nur will. Wenn es denn sein muss.

Genug geguckt und gelauscht. Max hat die freie Wahl: Entweder steht er vor mir mit seinen Händen am Lenker. Oder er nimmt hinter mir Platz. Falls die kleinen Augen unterwegs mal zufallen, binde ich zur Sicherheit noch einen Sarong um uns beide, der vor einem unerwarteten seitlichen Abdriften schützt. Einfach und effektiv, so sind wir unterwegs.

Wir fahren durch kleine Dörfer und hoch gelegene Wälder, in denen Affen von Bäumen glotzen. Sonnenschein, Nebel, der ein oder andere Regenschauer begleiten uns in den nächsten Stunden. Zwischendurch halten wir an und essen eine Kleinigkeit. Oder genießen wieder nur die Aussicht. Denn davon bekommen wir beide nicht genug. Besonders die terrassenartig angebauten Reisfelder, die in kräftigem Grün erstrahlen, sind sensationell. Ähnlich wie die kleinen Stopps, die wir hin und wieder einlegen müssen, um zu tanken. Natürlich gibt es auf der Insel herkömmliche Tankstellen, wie wir sie aus Deutschland und vielen anderen Ländern kennen. Viel spannender sind aber die »Zapfsäulen« vor den Privathäusern, kleine aus Holzlatten zusammengebastelte Regale, in denen sich alte Wodkaflaschen aneinanderreihen. Gefüllt mit Benzin. Müssen wir tanken, halten wir einfach an, zeigen auf die Flaschen, und schon kommt eine meist recht alte Dame auf uns zu. Bewaffnet mit einem großen Trichter aus Plastik, füllt sie die blaue Flüssigkeit aus den Flaschen in den Tank des Rollers. Schnell. Sauber. Und zudem noch billig. Gratis gibt es noch ein fröhliches »*Hati Hati*« zum Abschied. Passt auf euch auf. Ja das machen wir.

Da unsere Tankanzeige kleine Probleme hat, kommt es jedoch immer mal wieder vor, dass wir zu wenig Benzin im Tank haben und plötzlich stehen bleiben. Gerne mitten in der Pampa. Macht aber nichts, denn jedes Mal kommt wie aus dem Nichts ein netter Balinese angerauscht, der sofort weiß, was Sache ist, und die Situation fachgerecht löst.

»Habt ihr kein Benzin mehr? Kein Problem, das passiert häufiger. Bleib ganz normal sitzen und lenk so, als würdest du fahren. Ich schiebe euch mit dem Fuß an.«

Der Insulaner fährt rechts von uns und lagert seinen linken Fuß auf der Fußstütze unseres Rollers, die ursprünglich für den hinten hockenden Beifahrer gedacht ist. Das macht er eindeutig nicht zum ersten Mal, und das bereitet ihm offensichtlich Spaß! Sein ausgelatschter Schuh hat uns fachgerecht im Griff und schiebt uns in durchaus schnellem Tempo die Straße entlang. Bis zur nächsten Tankstelle. Bis zur nächsten Flasche Benzin. Bis zum nächsten Mal.

Amed ist ganz anders als Ubud. Viel schöner, viel ursprünglicher, viel spiritueller. Seitdem ich im Vorfeld unter Tränen Liz alias Julia Roberts in dem Film »Eat Pray Love« gesehen und die Darstellerin gedanklich auf ihrer Reise zu sich selbst und einem balinesischem Heiler begleitet habe, geht mir ihre dort gemachte Erfahrung nicht mehr aus dem Kopf. Ich will auch ein solches Erlebnis. Und anscheinend bin ich in Amed dafür am richtigen Ort. Unsere Unterkunft ist ein herrliches, noch nicht einmal offiziell eröffnetes Resort, das neue Projekt von Made und Birci. Wir dürfen in dem Gebäude Probe wohnen und bleiben, so lange wir wollen. Am Ende ziehen wir für einen ganzen Monat in das Resort ein. So gut gefällt es uns. Da Made ursprünglich aus Amed stammt, kennt er sich aus. Kennt nicht nur die Gegend, sondern auch die dort lebenden Menschen. Einen davon besonders gut.

In meiner Hand halte ich zwei prall gefüllte Plastikpäckchen. Das eine voll mit Zucker, das andere mit Kaffee. Max habe ich hingegen nicht dabei. Er ist bei Birci geblieben. Meine Konzentration gilt somit ganz den beiden Mitbringseln. Dass ich keines davon fallen lasse, wundert mich, so aufgeregt wie ich bin. Warum das so ist, weiß ich nicht. Doch Tatsache ist Tatsache. Der kleine Hof, auf dem ich jetzt stehe, ist typisch balinesisch. Boden aus Lehm, herumlaufende Hühner, eine kleine Veranda mit Dach in der Mitte. Auf ihr sitzen mehrere Menschen. Sie unterhalten sich. Lachen. Klatschen. Ausgelassene Stimmung. Dazwischen ein alter Mann. Er guckt zu mir rüber und grinst. Es funkt, ich zittere. Eine Sekunde später stürmt eine Frau auf mich zu. Begrüßt erst herzlich meinen Begleiter Made, dann mich.

»Setzt euch erst mal hin und trinkt einen Kaffee mit mir. Sobald Gentong fertig ist, kommt er zu uns.« Die Unterhaltung zwischen Made und der Frau verläuft auf Balinesisch, ich sitze lächelnd daneben. Doch der äußere Schein trügt. In mir drin geht es ziemlich wild zu. Was wird er mir sagen? Was werde ich ihn fragen? Wie geht es danach weiter?

Verschrumpelte Füße in alten Latschen schlurfen plötzlich heran. Die schmalen Hüften werden bedeckt von einer verwaschenen Sporthose, auf dem Kopf trägt Gentong einen verknoteten Turban. Seine Rastazöpfe sehen aus wie eine

Mischung aus Krone und Vogelnest, ihr Besitzer wie ein Zwischending aus Großvater und Märchenfigur. Irgendwie zerbrechlich, aber irgendwie auch nicht zu zerstören. Aus sehr armen Verhältnissen stammend, hatte er immer wieder versucht, sich umzubringen. Geklappt hat es nie. Das eine Mal riss der Strick, das nächste Mal krachte der Baum zusammen. Sein selbstmörderisches Vorgehen hörte erst auf, als er eines Nachts eine Erscheinung hatte. Dabei wurde ihm eine Botschaft überbracht, es hieß, er könne heilen. Er könne sehen. Doch nur, wenn er nie mehr sein Haar abschneide. Würde er dem zuwiderhandeln, wäre es sein Tod.

Seine Seele, so erklärt es mir Made, kann Kontakt mit meiner aufnehmen. Er legt los. Ohne auch nur eine einzige Frage zu stellen, berichtet Gentong mir detailgetreu, was ich die letzten Tage getan habe. Mit wem ich Kontakt hatte und mit wem nicht. Was sich in meinem Leben gerade verändert. Made übersetzt den lokalen Dialekt. Ich bin sprachlos und bringe außer einem Nicken nichts zustande. Ich fühle mich leer, auch, als müsste ich gleich anfangen zu heulen. Angespannt und gelöst zur selben Zeit. Verunsichert und bestätigt. Was für eine merkwürdige Mischung. Mein Blick spricht anscheinend Bände.

»Ist alles in Ordnung mit dir?«, fragt Made. »Du siehst so komisch aus. Glaub mir, es ist alles gut und ganz normal, was gerade passiert. Du musst dir keine Gedanken machen. Lass einfach los.«

Ich versuche es.

Der Heiler nennt mir Details aus meinen vorherigen Leben, aber auch einiges aus meiner für mich eher greifbaren Vergangenheit. Mit wem ich vor ein paar Stunden noch telefoniert habe und wie das Gespräch verlief. Er trifft meine Seele bis ins Mark. Auch von Max erzählt er mir, lacht über seine Wildheit.

Und was kommt nach Vergangenheit und Gegenwart? Wie geht es weiter? Wo geht es hin? Auch die Fakten, die meine Zukunft betreffen, sind präzise und sogar zeitlich ziemlich genau eingegrenzt. Beruf, Privatleben, Unterwegssein. Ein Jahr gibt er mir. Ein Jahr werde ich vorerst mit Max auf Reisen sein. Auch sagt er mir noch ein paar andere Dinge, die ich in diesem Moment aber gar nicht so recht realisieren kann. In einem Jahr werde ich mich an seine Worte und Voraussagen erinnern. Wenn das, was er mir heute gesagt hat, eintrifft.

Julia Roberts sah nach ihrem Besuch bei dem Heiler nicht so platt aus, wie ich mich jetzt fühle. Geistesabwesend verabschiede ich mich. Fragen habe ich keine mehr. Auf der Fahrt zurück zu unserer Bleibe laufen mir die Tränen die Wangen herunter. Es hat gestimmt. Es wird stimmen. Da bin ich mir sicher. In unserer Unterkunft falle ich direkt ins Bett. Ich möchte nur noch schlafen. Am liebsten den ganzen Tag. Meine Knochen tun weh, als hätte ich gerade einen Marathonlauf absolviert. Made schaut zwischendurch immer mal wieder nach mir.

»Auch das ist jetzt ganz normal«, sagt er. »Die Kommunikation der Seelen beeinflusst auch deinen Körper. Das ist ergreifend und erschöpfend zugleich. Es ist notwendig, dass du dir ein bisschen Ruhe gönnst.«

In der Nacht schlafen Max und ich auf dem Dach des Resorts. Unter den Sternen. Zwischen den Welten. Mit dem Vulkan Gunung Agung im Rücken und dem Meer, dem Indischen Ozean, zu unseren Füßen. Zwei für Balinesen so wichtige Elemente, Feuer und Wasser, und hier so nah beieinander. Max und ich sind ein Teil davon. Diese Weite. Irgendwo in ihr ist unsere Vergangenheit zu Hause, irgendwo unsere Zukunft. Teile davon durfte ich vor wenigen Stunden wiedersehen und neu entdecken. Die Tränen sind getrocknet, meine Energie und mein Lachen zurückgekehrt. Denn das, was vor uns liegt, erscheint großartig. Einzigartig. Unvergleichbar. Wir kuscheln uns aneinander und schlafen gemeinsam ein. Die Welt hat noch viel mit uns vor. Das hier ist erst der Anfang.

Mit ziemlich dreckigen Füßen hocke ich auf dem Lehmboden. Max vor mir. Seine Hände hält er unter eine rostige Pumpe, die das Wasser eher schleppend ausspuckt. Über uns ein klarer Sternenhimmel, neben uns ein riesiges Loch, das man in den Boden gegraben hat. Max ist begeistert: »Mama. Seitdem wir in Amed waren, haben die hier richtig viel verändert. Guck mal, der große Haufen Erde da drüben. Die bauen bestimmt einen Pool.«

Das wage ich zu bezweifeln. Wir sind zurück in Ubud. Zurück bei Kadek. Morgen heiratet ihr Cousin, und wir sind mit dabei. Die heutige Nacht verbringen wir bei ihrer Familie. Die Zähne putzen wir auf dem Hof. Hühner, Hütten, Hunde – dieses Szenario sind wir mittlerweile gewohnt, und Max scheint damit keine Probleme zu haben. Stolz zeigt er mir seine blank polierten Zähne, wandert mit seinem Schlafanzug in Richtung Matratze und kuschelt sich an Kadek. Licht aus, Augen zu, der nächste Tag startet früh, wie wir von Kadek wissen: »Wir alle stehen schon mitten in der Nacht auf, um mit den Vorbereitungen für das Fest zu beginnen. Ihr schlaft einfach aus und kommt dazu, wenn ihr fertig seid.«

Als wir erwachen, ist bereits das ganze Dorf versammelt. Mal wieder. Und wir sind mittendrin. Mal wieder. Überall wuseln bereits die Helfer herum. Frauen bereiten in der Küche etwas wunderbar Duftendes vor, eine Gruppe von Männern hat sich auf dem Rasen vor einem selbst gebauten Grill postiert. Saté-Spieße werden gegrillt, auf dem Boden wird ein Huhn fachgerecht auseinandergenommen. Überall sind kleine Stände mit verschiedenen Speisen errichtet, jeder kann sich an ihnen bedienen. Reis, Gemüse, Fleisch, hier und da ein paar Süßigkeiten. Und neugierige Augen, die uns genau beobachten. Schließlich sind wir die Einzigen, die ganz offensichtlich nicht aus der Nachbarschaft stammen.

Die Hochzeit findet in einem balinesischen Wohnblock statt, in einem Quadrat aus Häusern, das meist von einer Familie bewohnt wird. Mehreren Generationen, versteht sich. In der Mitte steht ein Tempel, für den heutigen Anlass ist alles wunderschön dekoriert. Selbst der Eingang zur Straße ist pompös geschmückt und erinnert mich an eine Showtreppe aus den Achtzigern.

Das Brautpaar ist auch schon da und lässt sich mit allen neu ankommenden Gästen fotografieren. Auch mit uns. Was mich sehr erstaunt, ist allerdings das Styling der beiden.

>> Die Kleider von denen finde ich total hübsch, und ich mag auch, dass sie so bunt im Gesicht sind. <<

Max hat gut beobachtet, denn nicht nur die Braut sieht aus wie nach einer ausführlichen Avon-Beratung, auch der Bräutigam hat tief in den Schminktopf gegriffen. Sehr tief. Fast hätte ich gelacht, aber das wäre unhöflich gewesen. Doch solch ein Anblick ist für mich fremd und gewöhnungsbedürftig. Max findet die karnevalähnliche Verkleidung nur klasse und kann meine Verwunderung so gar nicht verstehen.

Der Tag verläuft bis zur eigentlichen Zeremonie eher ruhig. Leute kommen, Leute gehen. Zwischendurch wird gegessen, aber jeder bleibt eher für sich, es bilden sich höchstens kleine Gruppen. Mit einer typischen Hochzeitstafel wie bei uns in Deutschland hat das nichts zu tun. Auch die Trauung selbst verläuft völlig anders. Ohne feste Sitzordnung, ein einziges Durcheinander. Kaum einer bleibt lange auf seinem Platz. Andächtig ist etwas anderes. Die Zeremonie erscheint wie eine Nebensache. Doch niemanden scheint das zu stören. Ich aber verharre auf meinem Sitz, um alles genau zu verfolgen. Max ist irgendwo mit anderen Kindern auf Süßigkeitensuche.

Brautpaar und Priester sitzen auf der Empore des Tempels. Da ich leider nichts verstehe und auch Kadek nirgendwo zu entdecken ist, verhalte ich mich einfach so wie der Rest der Festgemeinde. Ich klatsche, wenn alle anderen klatschen. Stehe auf, wenn alle anderen aufstehen. Der Priester läutet zwischendurch immer wieder mit einer Glocke; Frauen setzen sich um den Tempel herum auf den Boden und fangen an zu beten. Um das Jawort zu besiegeln, füttern sich Braut und Bräutigam gegenseitig mit Reis und Hühnchen. Anscheinend das Ritual, auf das alle gewartet haben, denn sobald der letzte Bissen der zwei Hauptpersonen runtergeschluckt ist, sind auch die Gäste wieder in Richtung Büfett unterwegs. Wer schon gehen will, bekommt noch ein Essenspaket mit auf den Weg. Wer bleibt, wird am Abend mit Karaoke beglückt. Allerdings nur die Männer, wir Frauen sind somit davon befreit.

Kurz darauf rollern Max und ich zu unserem nächsten Ziel. Canggu. Das Hipster-Zentrum von Bali, ein Dorf an der Südküste der Insel. Mit veganen Coffeeshops und perfekten Surfwellen, und zum Sonnenuntergang gibt's Bier am Strand. Für mich genügend Gründe, um länger zu bleiben. Den Flug nach Australien habe ich bereits vor ein paar Tagen umgebucht. Nach ein bisschen Organisation hatten Max und ich beschlossen, unseren Aufenthalt auf Bali um zwei Monate zu verlängern. Warum weiterziehen, wenn es so schön hier ist und Canggu so vielversprechend?

Außerdem spüre ich, dass ich gerne ein bisschen mehr Zeit für mich hätte. Für mich allein. Denn immerhin sind Max und ich mittlerweile seit vier Monaten unterwegs und dabei fast ohne Unterbrechung vierundzwanzig Stunden am Tag zusammen. Genau das, was ich mir erhofft hatte, genau das, was ich wollte. Doch sosehr ich meinen Sohn liebe, ein bisschen mehr Zeit, in der ich mich ungestört auf meine Arbeit und mich fokussieren kann, ohne nebenher die Entertainerin zu sein, wäre nicht schlecht. Durch Zufall finde ich einen einheimischen Kindergarten bei uns um die Ecke. Nach kurzer Absprache mit der Leiterin darf Max hier jeden Tag für zwei Stunden hingehen. Beim Preis von 20 Euro pro Monat ein überraschend günstiges Babysitter-Angebot.

»Wir hatten noch nie ein weißes Kind bei uns in der Gruppe«, erklärt die Kindergartenleiterin. »Die Touristen bringen ihre Kinder natürlich nicht hierher. Und die Leute aus dem Westen, die hier wohnen, finden internationale Gruppen besser. Aber das wird bestimmt spannend. Für uns alle.«

Blondes Kind trifft auf kleine Balinesen und herzliche Erzieherinnen. Perfekt. Für Max zum Sozialisieren, für mich zum Entspannen, Arbeiten und Surfen.

Zwar komprimiert auf äußerst kurze Zeit, dennoch besser als nichts.

So beginnt unser balinesischer Alltag ab jetzt immer morgens um acht. Hübsch gemacht mit extra erstandener lilafarbener Schuluniform, bringe ich Max jeden Tag mit dem Roller für zwei Stunden in den Kindergarten. Die anderen Mütter staunen nicht schlecht, sind aber von Beginn an sehr hilfsbereit. Englisch spricht hier fast niemand, sodass Ankündigungen für die kommenden Tage mir immer mit Händen und Füßen erklärt werden. Max scheint es zu gefallen. Dass er nichts versteht, ist kein großes Problem. Die zwei Stunden verbringt er mit Malen, Basteln und dem einmal wöchentlich stattfindenden Sportunterricht. Auch dafür gibt es eine spezielle Uniform, der ganze Unterricht erinnert ein bisschen an militärischen Drill. In Reihen aufgestellt, singen die Kinder Lieder und laufen umher. Max findet das doof. »Da müssen wir immer lange stillstehen. Und die Kindergärtnerin sagt Dinge in ihr Mikrofon, die ich nicht verstehe.« Auch für mein pazifistisches Herz ist das sicher nicht die beste Variante, die Kleinen auszupowern, doch immerhin eine Erfahrung, die Max später bestimmt erinnert und gerne erzählt.

Gepaart mit der Geschichte, wie er zu seiner Piratennarbe unter dem Auge gekommen ist. Damit Max nicht nur in seiner lilafarbenen Uniform, sondern auch auf dem Wasser eine glänzende Figur macht, melde ich ihn in einer Surfschule an. Der Trainer stammt aus Hawaii, die restlichen Kinder aus der ganzen Welt, und die Wellen sind besonders für kleine Anfänger ideal. Max plant bereits seine Karriere als Profisurfer und freut sich jedes Mal wie Bolle, wenn es losgeht. Ich nutze die Zeit zum Arbeiten, sitze dazu in meinem Lieblingscafé und freue mich über meine neu erworbene Freiheit. Die Freude wird allerdings ziemlich schnell zu Panik, als ich an einem Nachmittag drei überhörte Anrufe in Abwesenheit von Max' Surflehrer auf meinem Telefon sehe. Meine Hände zittern, meine Gedanken spielen verrückt. Wasser, Surfboard, Kind. Es wird hoffentlich nicht so schlimm sein. Angespannt wähle ich die Nummer.

»Max hatte einen Surfunfall«, erklärt der Hawaiianer.
»Aber es geht ihm gut. Wir haben ihn sofort am Strand ver-
arztet und getröstet. Sein Gesicht war zwar voller Blut, aber
er selbst mehr als cool. Ein echter Surfer eben. Dennoch
wäre es ganz gut, wenn du ihn bald abholen könntest und
ins nächste Krankenhaus fährst. Vielleicht muss die Wunde
ja doch genäht werden.«

Vorsichtshalber rase ich auf dem Weg zum Ort des
Schreckens noch schnell beim Supermarkt vorbei: Über-
raschungseier, Schokocroissants, Oreo-Kekse. Jegliche Zweifel, jegliche Ängste, jemals wieder auf ein Surfbrett zu steigen, müssen mit Zucker im Keim erstickt werden. Auf jede
mögliche Reaktion will ich vorbereitet sein. Was mich allerdings erwartet, überrascht mich fast ein wenig.

»Ich werde trotzdem nicht aufhören mit Surfen, Mama!«
Das getrocknete Blut klebt noch an der Wange, doch Max'
gebräuntes Gesicht strahlt schon wieder.

Entwarnung. Durchatmen. Entspannen. Ein anderes Kind,
so erfahre ich, hat die Kontrolle über sein Surfbrett verloren.
Das Ding knallte mit voller Wucht in das Gesicht meines
Sohns, nur knapp hat es das Auge verpasst. Als ich den pro-
visorischen Verband abnehme, klafft die Wunde auseinan-
der, Kelly Slater in spe scheint das nicht zu stören. Trotzdem
kutschiere ich ihn in die nächste Notaufnahme und hoffe,
dass das Krankenhaus nicht versifft ist. Doch entgegen meinen schlimmsten Erwartungen ist es sauber, modern und
durchaus westlich angehaucht. Der Arzt im weißen Kittel ist
freundlich, die Krankenschwestern mit ihren grünen Häub-
chen auf dem Kopf behandeln Max wie einen kleinen König.
Zum Glück dürfen wir ein paar Pflaster später schon wieder
gehen. Keine Gehirnerschütterung, kein Nähen, kein großes
Drama. Auch den Besuch in einem balinesischen Krankenhaus können wir jetzt auf unserer Liste abhaken.

Mittlerweile sind wir seit fünf Monaten auf Bali. Der Blog wird in Deutschland immer bekannter, und meine Auftragslage hat sich mit der Zeit um einiges verbessert; mit ein paar kleinen Einschränkungen können wir uns gut mit meinem Schreiben finanzieren. Unser neues freies Leben ist schöner als vermutet, und auch Max fühlt sich sehr wohl. Es ist toll zu sehen, wie anpassungsfähig er ist. Wie offen er auf eine für ihn fremde Kultur zugeht. Wie er mit den Menschen umgeht und ihre Andersartigkeit gar nicht mehr richtig wahrnimmt.

Bali war der perfekte Start, die Insel der beste Neubeginn. Doch irgendwie zieht es uns weiter. Vielleicht liegt es auch am Wetter: Immer öfter fängt es nun an zu regnen. Unter bunten Capes versteckt, bleiben wir zwar auf unserem Roller mobil, doch die Insel verändert sich. Ein bisschen wie Winter in Deutschland. Die Menschen bleiben in ihren Häusern, draußen wird nur das Wichtigste erledigt. Und auch wir verbringen jetzt mehr Zeit in unserer Unterkunft. Die genutzt wird, ein bisschen zu organisieren, ein bisschen zu planen, um nach vorne zu schauen. Im Internet finde ich ein Auto, das wir für unsere Zeit in Australien nutzen können. Einen kleinen Lieferwagen, ausgebaut, um darin wohnen zu können.

Langsam nehmen wir Abschied von Bali, von den Menschen, die wir auf der Insel kennengelernt haben. Und klammern uns an die Dinge, die wir hier erleben durften. Die wir nicht zurücklassen müssen. Die mit uns auf Reisen gehen. Auch unser Rucksack fühlt sich mittlerweile ein bisschen schwerer an als zu Beginn. Fünf Monate sind eine lange Zeit, da sammelt sich einiges an. Wie die kleine bunte Schachtel. Bali zum Mitnehmen, Bali zum Erinnern, Bali to go. Diese ganz spezielle Farbe. Diese ganz spezielle Energie. Dieser ganz spezielle Duft. Und den haben wir ab jetzt dank der Räucherstäbchen immer mit dabei. »*Sampai jumpa!*« Bis bald!

Bali – Kulturschocks schnell überwinden

Die fremden Gerüche, die fremden Geräusche, die fremden Menschen. Der erste Morgen an einem neuen Ort kann sich ganz schön merkwürdig anfühlen. Auf der einen Seite total aufregend und schön, auf der anderen Seite auch fremd und verunsichernd. Was machen wir jetzt? Wo gehen wir hin? Und mit wem? Lasst es am Anfang eher ruhig angehen und gönnt Euch ein entspanntes Ankommen. Jetlag ist ja meistens auch noch mit im Gepäck. Ein hübsches Restaurant oder ein nettes Café sind da nie verkehrt. Erkundet die Gegend und versucht, mit anderen Reisenden oder Leuten aus der Gegend Kontakt zu knüpfen. Bester Ort dafür: ein Strand bei Sonnenuntergang. Hier tummelt sich alles, und Ihr habt die Chance, auf Gleichgesinnte zu treffen.

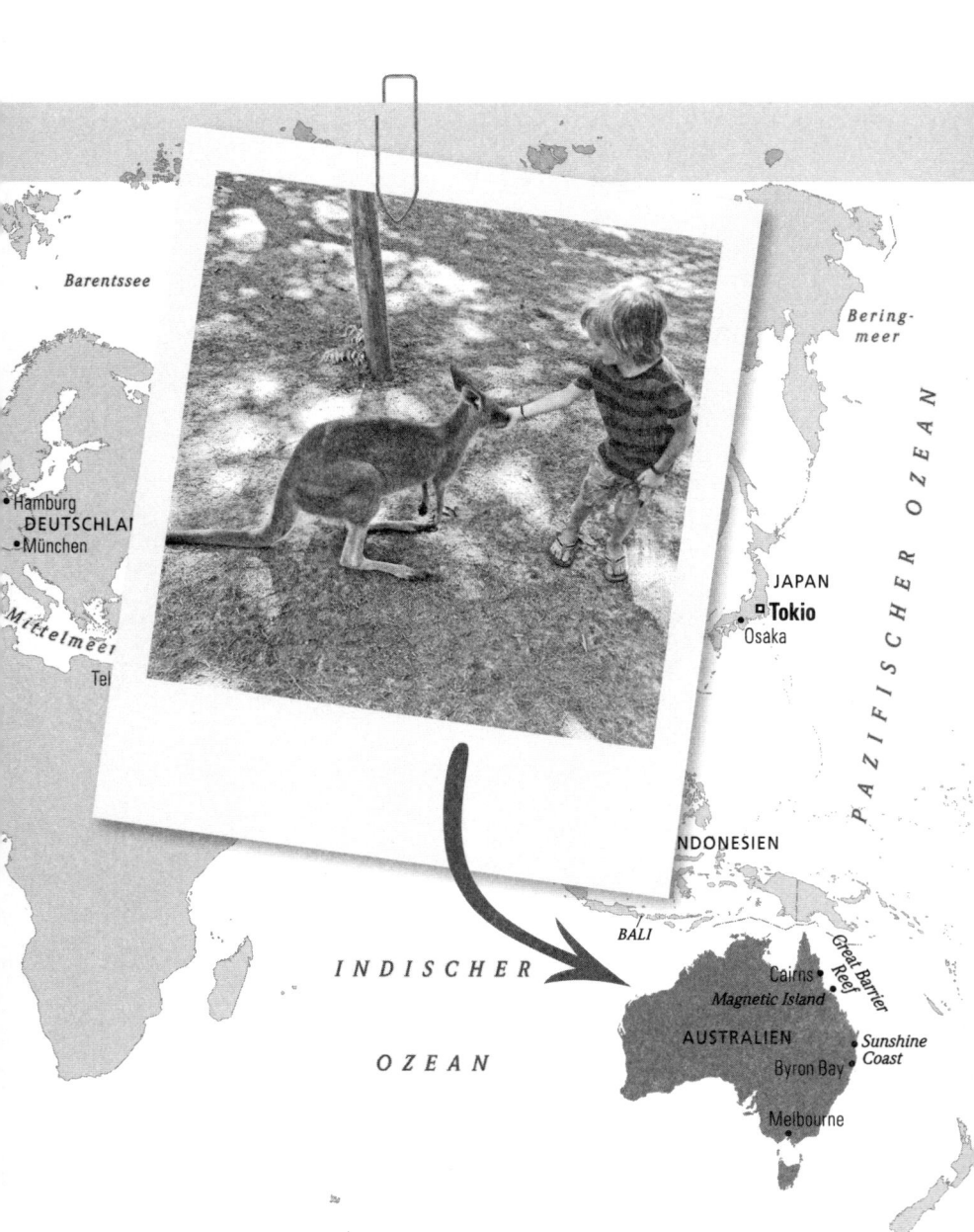

Barentssee

Beringmeer

PAZIFISCHER OZEAN

•Hamburg
DEUTSCHLAN
•München

Mittelmeer

Tel

JAPAN
□ **Tokio**
Osaka

NDONESIEN

INDISCHER

OZEAN

BALI

Cairns •
Magnetic Island

AUSTRALIEN

Byron Bay •

Melbourne

Great Barrier Reef

Sunshine Coast

Gypsy-Leben
Down Under

Wir laufen die Reihe entlang. Rauf und wieder runter. Klappern eine Lücke nach der anderen ab. Ich komme mir vor wie in einer typischen Parkhaus-Situation, in der ich nicht mehr weiß, wo ich mein Auto abgestellt habe. Noch nicht einmal, in welcher Etage. Die Lage hier ist ganz ähnlich. Mit ein paar Unterschieden. Wir befinden uns nicht in einem deutschen Parkhaus, sondern auf einem australischen Parkplatz. Cairns. Flughafen. Und auch das Auto, das wir suchen, kenne ich nicht. Habe es noch nie in echt gesehen. Habe noch nicht einmal einen Schlüssel dafür. Und trotzdem ist es meins.

Mit dem Foto im Kopf irren wir umher. Weiß. Groß. Kastenwagen. Funktionell ausgebaut. Hoffentlich fahrtüchtig. Im Internet hatte ich es vor einiger Zeit gefunden. Nach ein paar Telefonaten einem deutschen Backpacker abgekauft. Der Deal: Ich überweise das Geld, dafür steht die Karre am Flughafen für uns bereit. Ziemlich mittig, so hieß es. Eigentlich eher auffällig.

Max entdeckt den Wagen als Erster. »Da drüben steht er. Der sieht aus wie auf dem Bild. Da ist unser neues Zuhause. Das ist unser Johnny.«

Die Heckklappe ist nicht abgeschlossen, lässt sich aber nur durch einen kleinen Trick öffnen. Passt. Der Schlüs-

sel liegt unter einer Packung Nudeln versteckt. Passt auch.
Rucksäcke rein. Los geht's. Und mit dem Drehen des Schlüssels beginnt auf einmal unser Australien-Abenteuer.

Das Auto ist in einem super Zustand und hat alles, was
wir für die nächsten Monate Down Under brauchen. Fast
alles. Denn wenn es um unser Zuhause geht, bin ich ein
bisschen speziell. Möchte es gerne schön haben. Mich heimisch fühlen und auch für Max ein gemütliches Nest schaffen. Also fahren wir den nächsten Campingplatz an und
machen erst einmal Frühlingsputz. In Deutschland wäre
das mein absoluter Horror, hier in Australien bringt es sogar richtig Spaß. Max hilft mit, und nach ein paar Stunden
haben wir es geschafft. Das Auto blitzt und riecht nach uns.
Aus Bali hatte ich noch ein paar Dekorationsgegenstände
mitgebracht, und mit baumelnden Palmen, dampfenden
Räucherstäbchen und der obligatorischen Gitarre unterm
Dach starten wir endgültig in unser neues Leben *on the
road*.

Wir fahren durch die Weite Australiens. Das Gefühl
ist unbeschreiblich: Die Fenster sind runtergekurbelt, die
Musik der australischen Band Men at Work ist aufgedreht.
Max sitzt in seinem Kindersitz neben mir und starrt aus
dem Fenster. Schließlich sagt er:

> » Jetzt weiß ich auch, warum Australien
> der rote Kontinent genannt wird. Das
> ist ja hier alles total rot, die ganze
> Erde. «

Der trockene Boden, die heiße Sonne, der spezielle Geruch.
All das lässt mein Herz hüpfen. Auch in Deutschland wa-
ren wir schon oft mit unserem alten VW-Bus unterwegs.
Haben das freie Leben genossen, es gemocht, ungebunden

durch die Gegend zu fahren und dort anzuhalten, wo es uns gefällt. Wir sind das Camper-Leben gewohnt. Sind in das Camper-Leben verliebt. Doch hier ist es etwas ganz anderes. Auf Australien habe ich mich besonders gefreut, weil es so einzigartig ist. So weit entfernt von allem. So außergewöhnlich. Und ein spannender Gegensatz zu Bali.

Der erste Einkauf im Supermarkt ist für uns ein Highlight. Gang für Gang fahren wir mit unserem Einkaufswagen umher und packen ein, was uns gefällt. Denn obwohl Bali das Paradies war, mussten wir die letzten Monate auf einige westliche Dinge verzichten. Dunkle Schokolade, kerniges Brot, naturtrüben Apfelsaft. In Australien sieht das anders aus.

Solche Momente möchte ich gerne für immer festhalten.

Es ist schön zu sehen, wie Max auf dieser Reise lernt, dass nicht alles immer zur Verfügung steht.

Wie sehr wir uns auch an kleinen Dingen erfreuen können, die im normalen Leben selbstverständlich erscheinen! An leckerem Käse oder knackigen Haferkeksen. An vollen Regalen und riesigen Obstabteilungen. Max' Augen leuchten wie sonst nur an Weihnachten.

»Du kannst heute so viel einpacken, wie du willst. Ganz egal. Abends machen wir eine kleine Party im Bus. Heute feiern wir den zweiten Teil unserer Reise!«

Er ist happy, umso mehr, als er am Ende auch noch jedes Produkt über die Selbstscanner-Kasse ziehen darf. Technik, die begeistert. Konsum, der begeistert. Wir verlassen voll beladen und pleite den Supermarkt, doch wir sind mehr als glücklich. Diesen Luxus haben wir irgendwie gebraucht. Die Möglichkeit, alles zu jeder Zeit haben zu können. Dies bildet einen angenehmen Kontrast zu der Art und Weise, wie wir ab jetzt hier leben werden. Im Auto. In der Wildnis.

Die ersten zwei Tage hatte ich uns auf einem Campingplatz einquartiert, aber ziemlich schnell bemerkt, dass das für uns nicht funktioniert. Zum einen standen wir eingequetscht wie in einer Sardinenbüchse mit höchstens ein paar Metern Abstand zum Camper nebenan. Zum anderen wegen des Preises. Australien ist teuer. Sehr teuer. Wenn wir hier drei lange Monate mit unserem knappen Budget überleben wollen, müssen wir uns etwas einfallen lassen. Abseits der typischen Touristenpfade. Abseits der Kostenfallen. Unter welchem Busch verstecken sich in Down Under bloß die kleinen Preise?

Durch Zufall entdecke ich eine App, die Orte zum Schlafen anzeigt. Gratis. Anscheinend gibt es auf diesem Kontinent mehr als genug davon. Australischer Insidertipp. Also planen wir unsere Route nach genau solchen Camping-Möglichkeiten – und sind positiv überrascht. Es gibt tolle, teilweise völlig einsame Plätze mit sauberen Toiletten, und das Ganze kostenlos. So geht es hier also auch. Gott sei Dank, denn die wenigen Tage auf dem Campingplatz haben ein beträchtliches Loch in unseren Geldbeutel gerissen. Auf Bali bin ich mit unserem Budget von 1000 Euro pro Monat gut hingekommen. Klar, es ist nicht besonders viel, aber es hat gereicht. Wie es sich andere Reisende allerdings leisten können, in Australien einen Camper zu mieten und dann noch auf den entsprechenden Plätzen zu schlafen, bleibt mir ein Rätsel. Nicht nur, was das Finanzielle angeht, auch der Abenteuerfaktor ist dabei gleich null.

Es ist früh am Morgen. Mein Kaffee brodelt auf dem kleinen Campingkocher neben dem Auto. Die Vögel über mir fangen an zu zwitschern. Ansonsten höre ich nur das leise Schnarchen von Max, der bestimmt von wilden Kängurus träumt.

Regenwald. Stille. Regenwald. Paradies. Mit meiner dampfenden Tasse in der Hand erkunde ich die Gegend. Weit und breit sind keine anderen Menschen zu sehen. Die Sonne bahnt sich Stück für Stück ihren Weg durch das dichte Grün des Urwalds. Ein paar Schritte von mir entfernt entdecke ich einen kleinen Tunnel, der durch das Gebüsch führt. Nach einem intensiven Schlangen-Check klettere ich durch das Gestrüpp und vergesse dabei auf einmal zu atmen. So erstaunt bin ich. So überrascht. So geflasht. Vor mir liegt ein schneeweißer Sandstrand. Palmen säumen das Ufer, davor das Meer mit seinen seichten Bewegungen. Ich bin immer noch allein. Weiterhin keine Menschenseele. Nur die Dschungelbewohner müssen irgendwo sein, im Dickicht verborgen.

Am liebsten würde ich mich sofort ausziehen und nackt ins Wasser hüpfen. Doch das wäre wahrscheinlich mein letzter Sprung. Denn was hier so himmlisch aussieht, kann ganz schnell zur Hölle werden. Schilder, die darauf hinweisen, gibt es in der Umgebung genug. Denn im Norden der australischen Ostküste gibt es jede Menge (tierische) Gefahren. Etwa Krokodile. Eine Begegnung mit ihnen kann tödlich enden. Selbst ein Spaziergang zu nahe am Wasser sie an Land locken. Lieber nicht. Und so genieße ich den Anblick aus der Entfernung. Mit einer ordentlichen Portion Sicherheitsabstand, und dennoch von purer Freude erfüllt. Diese Einsamkeit. Diese Schönheit. Diese Natur.

Hinter mir fängt es plötzlich an zu rascheln, und als ich mich umdrehe, steht ein kleiner blonder Mogli vor mir. Mit zerzausten Haaren und verschlafenem Gesicht.

>> Ich bin gerade aufgewacht und habe gedacht, wir sind im >Dschungel- buch<. <<

Wir kuscheln uns in die frisch installierte Hängematte. Zwischen den Palmen, vor unserem Bus. Ein bisschen lesen, ein bisschen Gitarre spielen, ein bisschen das Leben genießen. Dann springt Max auf, schnappt sich sein Taschenmesser und fängt an, kleine Äste zu bearbeiten. Für das Lagerfeuer heute Nacht.

»Wenn wir hier überleben wollen, brauchen wir ein Feuer. Ein großes Feuer. Da können wir dann auch kochen.«

Bis auf ein paar Lego-Steine aus seinem Rucksack nutzt Max sein mitgebrachtes Spielzeug mittlerweile fast gar nicht mehr. Sucht sich viel spannendere Dinge aus der Umgebung zusammen. Kann sich stundenlang damit beschäftigen und daran erfreuen. »Dschungelbuch« live. Natürlich mit Einschränkungen. Denn hier gelten schließlich andere Regeln als in Deutschland oder auf Bali. Unsere Krokodil-Nachbarn sind nur der Anfang. Wieder und wieder erkläre ich Max die Überlebenstaktik in der Wildnis: Den Bus immer zumachen. Keine Schuhe draußen lassen. Niemals barfuß gehen. Immer laut stampfen. Ein bisschen mulmig ist mir schon, denn ihn auf Schritt und Tritt auf seinen Missionen zu kontrollieren, liegt mir äußerst fern. Mach ich nicht. Muss ich nicht. Denn wenn ich mir auch sonst immer den Mund fusselig reden muss, die Informationen scheinen in diesem Fall verständlich zu sein. Also lehne ich mich zurück. Wird schon alles gut gehen. Urvertrauen-Schalter an.

Sonstige Schalter bleiben momentan allerdings aus. Denn so weit weg von der Zivilisation gibt es einige Dinge nicht. Zum Beispiel Internet oder Strom. Also muss ich mich umstellen und gut planen. Der Blog läuft super, und unsere

Fans werden immer zahlreicher. Nicht nur in Deutschland, sondern auch unterwegs. Manchmal werde ich sogar von fremden Menschen angesprochen: »Seid ihr die mit dem Teddybär? Mit Bärti? Die die ganze Welt bereisen? Ich verfolge den Blog schon, seitdem ihr losgezogen seid.« Ich kann es nicht fassen. Bin sprachlos. Wer hätte das gedacht? Da treffe ich im australischen Dschungel auf Leser von unseren Geschichten.

Sosehr ich die Abgeschiedenheit genieße, so kompliziert gestaltet sich mein Arbeitsalltag in der Einsamkeit. Selbst das Aufladen meines Laptops muss ich organisieren. Wann, wie, wo. Unser Nomadenleben steht vor einer neuen digitalen Herausforderung, die sich aber recht einfach bewältigen lässt: Bei Sonnenaufgang stehe ich auf, mache mir meinen Kaffee, meditiere und lege dann los. Gerade durch diese Ruhe am Morgen habe ich viele Ideen. Also sitze ich ab fünf Uhr morgens mit meinem Laptop entweder im Bus oder liege gemütlich in unserer Hängematte. Diese Stunden sind mir heilig, und wird Max, von Anfang an ein ausgesprochener Langschläfer, wach, klappe ich meinen Laptop wieder zu. Danach bleibt er auch zu, so verbrauche ich weniger Strom. Und falls ich Internet benötige, klappern wir lokale Bibliotheken ab. Max kann dann in Büchern herumstöbern, während ich meine Artikel hochlade und zugleich meinen Akku auflade. Es ist schon lustig, wie erfinderisch wir werden. Und wie wir dabei auf Gleichgesinnte stoßen. Neben kleinen Aussie-Kindern mit ihren Müttern lungern in den Büchereien auch jede Menge Backpacker herum. Handy in der Hand, Laptop auf dem Schoß: Dass es in Bibliotheken kostenloses Internet gibt, hat sich herumgesprochen. Die meisten Gleichgesinnten haben keine Kinder mit im Bus, dafür jede Menge wertvoller Tipps im Gepäck. Gerade was Ausflugsziele und kostenlose Schlafmöglichkeiten angeht.

Von zwei Mädels, mit denen wir einige Tage zusammen am gleichen Ort in Queensland hausen, bekomme ich die Empfehlung, unbedingt Magnetic Island aufzusuchen, eine kleine vorgelagerte Insel: »In der Nähe vom Hafen gibt es eine Steinbucht, in der Wallabys frei leben. Da haben wir uns einfach mit unserem Auto hingestellt, und niemand hat etwas gesagt.«

Tatsächlich scheint der Platz die Touristenattraktion Nummer eins zu sein, und tagsüber ist er immer voll. Doch sobald es dunkel wird, ziehen die Tagestouristen ab, sodass die Bucht sich hervorragend zum Übernachten eignet. Max und ich machen es uns auf dem Platz nach Sonnenuntergang gemütlich und kochen, umringt von neugierigen Mini-Kängurus. Ich schneide unser Gemüse, Max verfüttert es an die kleinen Tierchen. Wir sind tatsächlich die einzigen Menschen an diesem wundervollen Ort. Auf der anderen Seite der Bucht sehen wir die Lichter vom Festland, wir legen uns vor unseren Bus und schauen in die Sterne. Arm in Arm.

»Jetzt stell dir mal vor, wir wären in München. Dort wäre es kalt, und du müsstest schon lange im Bett sein, weil morgen Kindergarten ist. Stattdessen liegen wir hier und gucken uns die Sterne an. Was für ein tolles Leben wir haben!«

Manchmal kann ich es gar nicht fassen, dass wir zwei diese Freiheit genießen, wie jetzt in Australien, auf einer kleinen Insel. Dass wir auf dem Boden liegen, in die Sterne gucken und uns dabei völlig unabhängig fühlen. Weit weg von Deutschland. Weit weg von irgendwelchen Konventionen.

Am nächsten Tag lernen wir ein paar Australier kennen, die uns zu sich nach Hause einladen und uns die folgenden Nächte ihre Einfahrt als Schlafplatz anbieten. Selbst gepflückte Mangos zum Frühstück inklusive.

»Ihr könnt so lange bei uns bleiben, wie ihr wollt«, sagt Lyle, der zusammen mit seinen Mitbewohnern in einer kleinen Holzhütte lebt. »Ich habe auch viele Freunde auf dem Festland, und wenn ihr mir mitteilt, wohin ihr im Anschluss fahren wollt, rufe ich die an. Ihr könnt dann bestimmt bei dem ein oder anderen unterkommen. So lernt ihr gleich noch weitere echte Aussies kennen!«

Da Lyle etwas von Autos versteht, bekommt unser Johnny noch einen Extraservice. Oft stelle ich mir die Frage, ob die Menschen in Deutschland ähnlich reagieren, ob sie ihre Häuser und Herzen für Reisende öffnen würden. Ohne Hintergedanken. Aus reiner Freundlichkeit und mit dem Wunsch, dem anderen etwas zu geben.

Wir finden Australien ausnahmslos toll, besonders die magischen Orte, die es hier gibt. Wie die versteckte Bucht, zu der wir am Morgen zusammen mit Lyle und seiner Freundin Penny fahren. Wir wollen den Tag am leider doch schon ziemlich zerstörten und trotzdem immer noch wunderschönen Great Barrier Reef schnorcheln gehen. Max hüpft ins Wasser und taucht mit Nemo um die Wette.

»Habt ihr eigentlich schon Koalas gesehen?«, fragt Lyle in einer Schnorchelpause. Bedeckt mit einem landestypischen Hut sieht er aus wie Crocodile Dundee. »Hier in der Nähe gibt es einen Wald, da findet man immer welche. Wenn ihr wollt, fahren wir später noch dort vorbei.« Lyle freut sich offensichtlich, uns möglichst viel von seiner Heimat zu zeigen. Max flippt fast aus, als er das hört. Die Koalas sind einer der Gründe, warum er überhaupt mit mir die Weltreise angetreten hat. Koalas sind seine absoluten Lieblingstiere. Und tatsächlich entdecken wir auf unserer Rückfahrt die ersten Exemplare in einer Gruppe Eukalyptusbäume. Schlaftrunken sitzen sie im Geäst und machen eigentlich nichts. Außer glotzen. Wenn überhaupt. Max springt dafür wie verrückt umher.

>> Guck mal, wie süß die aussehen.
Können wir bitte, bitte einen mitnehmen? Den können wir doch hinten
im Auto in einen Kindersitz packen. <<

Auf diesen Augenblick hat er lange gewartet. Monate. Stundenlang sitzen wir unter den Bäumen und beobachten die Tiere. Schnell weiterziehen? Fehlanzeige. Immerhin komme ich am Ende ums Mitnehmen herum.

Der Heiler auf Bali hatte es mir prophezeit: »Ihr werdet auf eurer Reise fast immer auf nette Menschen treffen. Immer Zuspruch erfahren. Immer umsorgt sein.« Und tatsächlich werden wir weitervermittelt. Zu Freunden von Freunden, die auf dem Festland in einer Hippie-WG wohnen.

Häufig frage ich mich, ob ich auch ohne Max
so viele tolle Menschen kennenlernen würde.
Reisen mit Kind öffnet sehr wahrscheinlich
doch mehr Herzen und Häuser.

In diesem Fall sogar mit viel Platz und großer Einfahrt, in der wir ein paar gemütliche Tage mit unserem Van verbringen. Mit spannenden Gesprächen. Und natürlich den obligatorischen Tipps, die mittlerweile unseren Trip bestimmen.

Einer davon führt uns schließlich in Richtung eines geheimen Teebaum-Waldes, mitten im Nirgendwo. Abseits von allem. Ein paar Hundert Kilometer weiter südlich. Die

Strecken, die wir in Australien zurücklegen, sind ziemlicher
Wahnsinn, aber nie langweilig. Selbst Max genießt es, stundenlang im Bus unterwegs zu sein, Musik zu hören, Landschaften zu bestaunen. Zwischendurch halten wir immer
wieder an, um Dinge anzuschauen oder für die Nacht zu
pausieren. Und treffen auf diese Weise weitere spannende Menschen. Zwei davon begegnen wir kurz vor unserem
neuen Ziel. Theresa und Maike kommen aus Deutschland
und haben sich ein paar Monate Auszeit genommen, sind
nun mit ihrem ausgebauten Kombi in Australien unterwegs.
Einmal die Küste hoch und runter. Ab jetzt mit uns. Zu viert
in zwei Autos sind wir auf der Suche nach dem geheimen
Teebaum-Wald. Und werden fündig. Er befindet sich in
der Mitte eines Nationalparks. Schon die Fahrt dorthin ist
abenteuerlich, denn es geht lange durch die Pampa.

Gemeinsam mit den beiden neuen Gefährtinnen richten
wir unser Quartier ein. Sammeln Holz fürs Lagerfeuer, spielen Gitarre am Wasser und sind guter Dinge. Bis es langsam
dunkel wird und uns recht schnell mulmig wird. Warum,
weiß keine von uns Frauen, aber irgendwie ist dieses Gefühl da. Selbst Max spürt es, er sagt plötzlich: »Wollen wir
nicht lieber wieder fahren? Ich finde es hier komisch, und
die Bäume stinken ekelhaft.«

Da die nächste Stadt aber knapp eine Stunde entfernt
liegt, entschließen wir uns zu bleiben. Wir sind immerhin
zu viert. Schlafen ja sowieso in unseren Autos und haben
auch sonst schon wild gecampt. Licht aus, Augen zu. Morgen früh geht's weiter.

Mitten in der Nacht werde ich wach. Schreie. Panik.
»Janina, wach auf! Wach auf!« Dann merke ich es auch. Ein
anderes Auto steht hinter unserem Bus. Weil ich völlig verschlafen bin, verstehe ich die Situation erst gar nicht. Denke,
ein anderer Camper ist auf der Suche nach einem Schlaf-

platz. Bis der Motor aufheult. Wieder und wieder. Und die Lichter sich in Bewegung setzen. Der fremde Wagen kommt näher.

Theresa und Maike, die mit ihrem Kombi direkt neben uns stehen, drehen fast durch. »Der fährt in euer Auto rein«, schreit Maike. »Der will euch rammen.«

Und tatsächlich. Ich höre ein lautes Krachen, ein lautes Scheppern. Tisch und Stühle vor dem Bus sind wohl platt. Vor und zurück, der unbekannte Fahrer drückt das Gaspedal durch. Das Geräusch schallt durch die Stille der Nacht. Nur wir und das Auto. Und unsere Angst. Auf einmal: Ruhe. Der Motor stoppt. Das Auto bleibt stehen. Ein großer Vorteil, wenn es um schwierige Situationen geht: Egal, was passiert, ich bleibe ruhig. Warum, weiß ich auch nicht. Das Notfall-Management liegt also in meiner Hand. Ich rufe den anderen zu: »Ihr bleibt in eurem Auto. Schließt alles ab. Ich rufe die Polizei.«

Schluchzen nebenan, ein Klicken in der Leitung. Noch während ich telefoniere, dreht das fremde Auto ab. Dem Motorgeräusch nach zu urteilen ein ziemlich großer Geländewagen. Fährt weg. Bleibt wieder stehen. Fährt weiter. Endgültig. Ich schildere all dies dem Polizisten, den ich in der Leitung habe. Er sagt beschwichtigend, dennoch bestimmt: »Ihr seid zu weit weg von der nächsten Stadt. Ehe ein Polizeiauto euch erreicht, ist wahrscheinlich eh alles vorbei. Trotzdem solltet ihr von dort so schnell wie möglich abhauen. Meldet euch später noch mal bei uns, wenn ihr in Sicherheit seid.«

Mit Theresa und Maike bespreche ich die Lage, dann bugsiere ich den schlafenden Max in seinen Vordersitz. Er hatte es ja irgendwie schon geahnt, dass an diesem düsteren Ort noch etwas Düsteres kommen musste. Im Schneckentempo durchqueren wir in Kolonne den Wald. Und müssen ständig stoppen. Riesige Kängurus hüpfen vor den Wagen. Bleiben im Scheinwerferlicht stehen, gucken uns kurz an, ehe sie ihren Weg fortsetzen. So geht es eine Stunde lang. Immer hintereinander, immer nah beieinander. Als endlich die Lichter der Stadt auftauchen, fange ich an zu zittern. Auf dem ersten Parkplatz halten wir an, fallen uns in die Arme und heulen um die Wette. »Was war das denn? Was wollten die denn bloß ...?« Das war dann wohl das »fast« in Gentongs Prophezeiung.

Solche Augenblicke schockieren. Solche Momente verbinden. Solche Situationen bleiben die Ausnahme. Die nächsten Tage reisen wir trotzdem mit Theresa und Maike weiter und versuchen, die Waldgeschichte zu vergessen. Keine von uns erwähnt noch einmal, was in jener Nacht geschehen ist. Nicht einmal Max fragt nach. Verschlafen ist verschlafen. Sicher ist sicher.

Stück für Stück klappern wir die nächsten Tage die australische Ostküste ab und halten an deutschen Traditionen fest. Weil in ein paar Tagen Weihnachten ist, backen wir Plätzchen auf öffentlichen Campinggrills. Mariah Carey schallt durch die tragbaren Boxen, und Max rollt und dekoriert einen Keks nach dem anderen. Vorweihnachtliche Stimmung bei 30 Grad. Fehlt nur noch der Glühwein auf Eis, dann wäre es perfekt.

Weihnachten verbringen wir bei Freunden von Freunden an der Sunshine Coast. Mit Surfsession am Morgen und Barbecue am Abend. Max bekommt ein neues Skateboard, ich ein bisschen australisches Familienleben. Eigentlich läuft das Fest unspektakulär ab, nahezu wie in Deutschland. Es wird gegessen, es wird erzählt, es wird angestoßen. Nur eben im Bikini statt im Wollpullover. Irgendwie komisch, irgendwie verrückt. Vor allem aber *hot*.

Bevor es auf Silvester zugeht, ziehen wir weiter und treffen auf neue Leute. Einer davon ist Felix, ein Deutscher, der schon seit zwei Jahren durch Australien reist. Mit Allradantrieb und jeder Menge Dschungel-Wissen begeistert er Max von der ersten Sekunde an. Felix ist bereit, uns für die nächsten Tage den Dschungel zu zeigen, und so packen wir unsere Schlafsäcke in seinen Geländewagen. Es geht durch Wälder und Flüsse, wir kommen an kleinen Seen vorbei und queren völlig entlegene Gebiete. Im Regenwald sitzen Max und ich oben auf dem Dachgepäckträger, fahren unter lautem Geschrei durch reißende Flüsse und auf nicht vorhandenen Wegen. Danach geht es an den Strand, und Max darf sich sogar hinters Steuer des Landrovers setzen und selbst fahren. Die Augen leuchten, der Mund bleibt offen. Nicht nur vor Staunen, auch zum Fragen: »Können wir eine Angel bauen? Können wir Fische fangen? Wie wird ein Fisch zerlegt? Was passiert, wenn wir nicht mehr genug Trinkwasser haben?«

Felix hat viel zu erzählen, Max noch mehr zu lernen. Dschungelkunde im Schnellformat. Mit Macheten und Angeln bewaffnet ziehen die beiden am Abend durch das Gestrüpp, kehren mit Fischen und Feuerholz ein paar Stunden später zurück. Gegessen wird am Lagerfeuer, gebadet im Fluss. Max kann nicht genug bekommen. Vom wilden Leben, von seinem weisen Gelehrten. Er saugt die Informationen auf wie ein Schwamm und ist so dermaßen in seinem Element. Nachts fällt er halb tot auf die Luftmatratze, am Morgen kann er es kaum erwarten, mehr zu erleben.

Silvester liegen wir um Mitternacht vor den Zelten. Die Sterne funkeln wie Wunderkerzen über uns. Mit Kaffeelikör begrüßen wir Erwachsenen das neue Jahr. Und verabschieden uns von den Monaten, die hinter uns liegen. Voller Entscheidungen. Aufbrüche. Neuanfänge. Belohnungen. Und einem dauerhaften Glücksgefühl. Als ich am nächsten Tag aufwache, schläft der Rest noch. Ich klettere aus unserem Zelt, begrüße den neuen Morgen. Das neue Jahr. Der Tag liegt still vor mir. Als müsste ich ihn erst noch anschalten, so unberührt. Ich fühle mich wie neu geboren. Neujahr ist für mich immer ein besonderer Tag. Auch auf der anderen Seite der Welt. Auch in unserem komplett anderen Leben. Auf die nächsten 365 Tage! Auf die nächsten 365 Abenteuer!

Von der Küstenstadt Byron Bay im südöstlichen Bundesstaat New South Wales hatte ich schon ziemlich viel gehört. »Das wird euch auf jeden Fall gefallen, da wollt ihr wahrscheinlich nie wieder weg«, hatten mich australische Freunde vorgewarnt. Das klang ziemlich vielversprechend. Als wir in der Stadt eintreffen, wird unsere Erwartung nicht enttäuscht. Ganz im Gegenteil: Wir fühlen uns sofort heimisch. Die Leute sehen aus wie in Canggu auf Bali. Westliche Hipster mit großen Hüten und tätowierten Armen, unter denen sie ihr Surfbrett transportieren. Auch die Cafés scheinen nur rübergebeamed zu sein. Schon lustig, dass manche Gegebenheiten fast exakt die gleichen sind. Nur eben woanders.

Wohnen dürfen wir für die nächsten Tage und Wochen bei einem ehemaligen Profisurfer. Der Freund einer Freundin einer Freundin. Mittlerweile hat Derek graue Locken, aber immer noch braune Haut, ein typischer Surfer, wie einem YouTube-Video entsprungen. Vor vielen Jahren hatte er beim Surfen einen schweren Unfall, bei dem er sein rechtes Auge verlor. Trotzdem blieb er weiterhin einer der besten Surfer der Welt. Mittlerweile zwar schon etwas in die Jahre gekommen, dennoch in seinem Dasein jung und revolutionär. Nicht nur, was die Art des Surfens angeht, auch seine Einstellung bringt frischen Wind in meine Ansichten. Unsere Geschichte trifft auf offene Ohren, und wir gewinnen mit Derek sofort einen neuen Unterstützer.

»Gratulation, dass du in Deutschland die Biege gemacht und die richtigen Entscheidungen zur richtigen Zeit getroffen hast. Was für eine einzigartige Erfahrung für euch zwei. Was für geniale Surfmöglichkeiten für *little Maxi*.«

Da Derek sein Haus gerade komplett umbaut, ziehen wir wieder in die Einfahrt. Schnell ist absehbar, dass wir dort auch vorerst bleiben. Die letzten Wochen haben wir so viele Stunden fahrend in unserem Bus verbracht, jetzt ist Parken angesagt. Byron Bay ist dafür wahrscheinlich einer der besten Orte in Australien. Mit allem, was wir brauchen.

Morgens gehen wir zusammen surfen, nachmittags skaten, und am Abend machen wir es uns in unserem Bus gemütlich. Am Strand lernen wir schnell viele Leute kennen: »Wollt ihr für ein paar Tage bei uns wohnen? Duschen? Wäsche waschen?« Perfekt, wenn wir genug von der Baustelle haben. Oder einfach mal was Neues erleben wollen. Obwohl die Zeit für uns in Byron Bay so wichtig und einzigartig ist, erleben wir einen Monat lang eher Alltag statt Abenteuer. Und das gefällt uns. Mehrmals denke ich: Mittlerweile sind wir schon gut sechs Monate unterwegs. Halbzeit. Bergfest. Was machen wir eigentlich, wenn das Jahr vorbei ist? Gehen wir dann wieder zurück in unser altes Leben, kehren zurück nach Deutschland? Nehmen wir nach dieser Auszeit problemlos die alten Gewohnheiten auf? Sind wir in einem halben Jahr bereit, unsere Freiheit wieder aufzugeben? Hier und jetzt kann ich mir das so gar nicht vorstellen. Und erwische mich immer öfter dabei, einen Schritt weiter zu denken. Weiter zu planen. In meinem Kopf. In meinen Gedanken. Am meisten in meinem Herz. Warum sollten wir? Warum müssen wir? Kann es nicht Ewigkeiten so weitergehen?

Vor mir steht ein kleiner Kuchen. Neben mir sitzt ein großes Kind. Gemeinsam genießen wir die Aussicht auf dem Berg. Unten im Meer schwimmen Delfine. Oben am Himmel scheint die Sonne. Nur für mich. Denn ich habe Geburtstag. Vierunddreißig. Erst? Schon? Keine Ahnung. Es ist mir in diesem Moment an diesem Tag auch völlig egal. Denn ich bin glücklich. Max ebenfalls.

>> Happy Birthday, Mami. Danke, dass wir immer so tolle Sachen machen. <<

Diese Worte sind das schönste Geburtstagsgeschenk überhaupt. Danke, Universum. Ich weiß es sehr zu schätzen.

Wenige Tage später sind wir erneut unterwegs. Haben Byron Bay mit Tränen in den Augen verlassen.
»Können wir Händchen halten, wenn wir wegfahren? Dann tut es nicht so weh.« Auch Max ist mittlerweile ein großer Fan von diesem kleinen Ort. Geteiltes Leid ist halbes Leid. Diese vielen kleinen Abschiede. Diese vielen kleinen Herzstiche. Bali war schon schlimm. Australien noch ein bisschen schlimmer. Es sind nicht nur die Orte, die wir nicht verlassen wollen. Auch die Menschen machen es uns schwer. Begegnungen. Trennungen.
»Das gehört mit dazu, mein Schatz«, höre ich mich sagen. »Wir lernen Menschen kennen, verlassen sie wieder und treffen neue. Ist ja auch eigentlich ganz schön, so finden wir jeden Tag mehr und mehr Freunde.«
Mittlerweile sind wir in Melbourne und sitzen vor unserem Bus. Wie oft habe ich in den letzten Monaten Backpacker in genau dieser Situation beobachtet. Beim Sortieren. Aussortieren. Immer wieder. Überall. Jetzt sind wir dran.

Zwei Haufen Habseligkeiten. Der eine bleibt, der andere kommt mit. Zwei Bekannte werden unseren Johnny vorübergehend adoptieren. Ihn fahren und behüten, bis wir irgendwann vielleicht wieder zurückkehren. Falls ... Irgendwie möchte ich mich von Australien nicht trennen. Also behalten wir vorerst ein Auto in Down Under. Nur der Rucksack kommt mit. Prall gefüllt, auch mit Erinnerungen. Parklücke. Flughafen. Das kommt mir bekannt vor. Drei Monate sind seitdem vergangen. Das war's. Und mit dem Drehen des Schlüssels endet unser Australien-Abenteuer.

Australien – Der frühe Vogel schreibt den Artikel

Mein Büro ist ein aufklappbarer Campingstuhl, meine Arbeitszeit beginnt noch vor Sonnenaufgang. Um Kind und Job auf Reisen erfolgreich zu kombinieren, benötigst Du nicht nur sooft es geht eine stabile Internetverbindung, sondern auch einen zuverlässigen Wecker. Wenn Max sich in unserem Bus noch einmal gemütlich umdreht, geht der (Arbeits-) Alltag für mich in die erste Runde. In den Stunden, bevor er die Augen aufschlägt, haue ich in die Tasten und sorge dafür, dass wir uns unsere Reise leisten können. Wenn Du Arbeit und Alltag unterwegs verbinden willst, brauchst Du eine Menge Disziplin. Gegebenenfalls unterstützt von viel Kaffee. Doch das frühe Aufstehen hat auch seine Vorteile. Während der Rest der Reisegruppe noch schläft, gehört meine Zeit mir allein. Ohne Zwischenrufe, ohne Ablenkungen. Nur der Morgen, mein Laptop und ich.

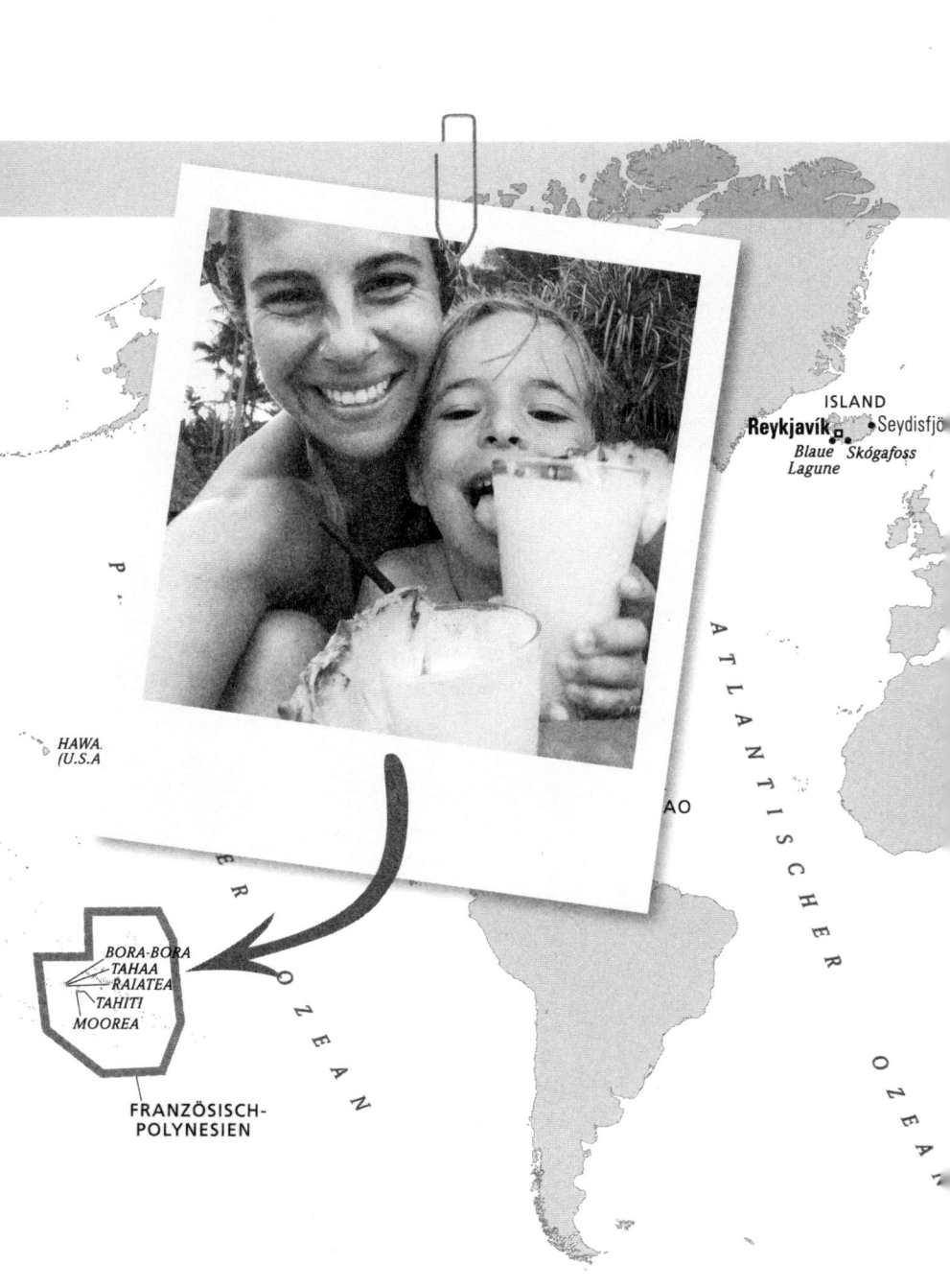

ISLAND

Reykjavík Seydisfjö

Blaue *Skógafoss*
Lagune

ATLANTISCHER

HAWA.
(U.S.A

AO

OZEAN

OZEAN

BORA-BORA
TAHAA
RAIATEA
TAHITI
MOOREA

FRANZÖSISCH-
POLYNESIEN

Per Anhalter
durch das Paradies

Unser nächstes Ziel liegt erst einmal in der Vergangenheit. Und obwohl das eigentlich nur ein kleines Detail ist, mag ich die Idee, nach vorne, Richtung Südsee zu reisen, einmal über die Datumsgrenze und damit gleichzeitig zurück, nach »gestern«.

Schon seit vielen Jahren geht mir Tahiti, die größte Insel Französisch-Polynesiens, nicht mehr aus dem Kopf. Ich habe eine konkrete Vorstellung, wie es dort aussieht. Wie es dort riecht. Wie die Menschen sind. Wie die Wellen brechen. Mein Traum ist es, eine große davon irgendwann einmal zu surfen. Die Exemplare in Teahupoo, dem Surfspot vor der Küste Tahitis, gelten weltweit als besonders kraftvoll und gefährlich. Jetzt sind wir auf dem Weg zur Insel und mehr als gespannt, was uns dort erwartet. Die ersten Nächte wohnen wir wieder bei Freunden von Freunden. Direkt in Papeete. Direkte Enttäuschung. Papeete ist die Hauptstadt von Tahiti und hat auch ein entsprechendes Flair. Viele Autos, viel Beton, viel Schmutz an den Stränden. Es gibt zwar schöne Ecken, doch die Südsee hatte ich mir anders ausgemalt. Weiß. Blau. Klar.

Nur die Leute sind so wie in meinen paradiesischen Träumen. Eigentlich sogar noch besser. Wir stehen am Straßenrand und halten den Daumen hoch. Kenne ich schon aus anderen Ländern, wurde mir für Polynesien aber besonders ans Herz gelegt. Denn so kommt man hier am besten von A nach B und lernt dabei auch gleich noch die Einheimischen kennen. Also stehen Max und ich da, in der brütenden Mittagshitze, und warten geduldig auf einen Freiwilligen. Die mitgebrachte Wasserflasche wandert zwischen unseren Händen hin und her. Allerdings warten wir nicht lange. Das erste Auto, die erste Gelegenheit, der erste Erfolg. Mit einem Strahlen öffnet uns eine junge Frau hinter dem Steuer die Tür und nimmt uns mit. Mareva ist neunzehn, studiert Jura, kommt gerade von der Uni und hat an diesem Tag nur durch Zufall die Route gewählt, die an uns vorbeiführt. Ihre schwarzen Haare hat sie mit Öl nach hinten gebunden und mit einer Blume dekoriert. Das Auto riecht, als wäre der Kofferraum voll von diesen Blüten. Mit ihrer Familie wohnt sie etwas außerhalb von Papeete. Als ich ihr unsere Geschichte erzähle, ist sie hellauf begeistert. Ruft sofort bei ihren Eltern an und strahlt auf einmal noch mehr. Als sie aufgelegt hat, sagt sie: »Meine Eltern möchten euch zum Abendessen einladen. Ihr könnt auch bei uns übernachten, wenn ihr eine Bleibe sucht. Wir haben zwar nicht so viel Platz, aber für euch reicht es auf jeden Fall. Ihr könnt bleiben, so lange ihr wollt.«

Ich bin fassungslos. Und überrascht. Doch irgendwie auch nicht. Die vielen Warnungen, die mir vor unserer Reise in Deutschland mit auf den Weg gegeben wurden: dass wir aufpassen sollen; dass wir achtsam sein sollen; dass die Welt an sich ein schlechter Ort sei und viel zu gefährlich für uns zwei – und nun sitzen wir hier, Tausende und noch mehr Kilometer von diesen Vorurteilen entfernt, im Auto eines wildfremden Mädchens, das uns in den nächsten Tagen gerne bei sich und ihren Eltern aufnehmen will. Nett, freundlich, hilfsbereit. Ohne Hintergedanken. Einfach so setzt sie damit all die Glaubenssätze ach so vieler Menschen mit einem herzlichen Lächeln außer Gefecht. Natürlich muss man bei solchen Aktionen vorsichtig sein, und natürlich würde ich nicht zu einem finster aussehenden Lkw-Fahrer in die düstere Kabine steigen. Doch die Welt ist im Grunde ein guter Ort. Die meisten Menschen sind hilfsbereit und unterstützend. Wenn man sich darauf einlässt. Wenn man dafür bereit ist. Mit Herz und Verstand. Und das sind wir.

Der Tisch ist reichlich gedeckt, die Stühle um ihn herum sind prall gefüllt. Tahitianer sind massig. Ihre Essgewohnheiten verraten, warum: frittiertes Hähnchen, frittiertes Fleisch, frittiertes Baguette. Sehr offensichtlich alles andere als gesund. Tante, Onkel, Großeltern sitzen mit am Tisch, sie alle sind wegen uns gekommen. Die komplette Familie. Sogar die altersschwache Großmutter, die zwischendurch fast vom Stuhl fällt.

»Neben der will ich aber nicht sitzen. Die ist irgendwie gruselig. So alt und faltig. Wie ein Gespenst.« Max hat vor älteren Menschen immer ein bisschen Angst. So auch hier. Macht nichts. Heute wird gefeiert. Heute wird angestoßen. Auf uns. Auf die Freundschaft. Auf die Familie. Wir sitzen in der Mitte, Blumen hinterm Ohr, Hände auf unseren Köpfen. Immer wieder steht eines der Familienmitglieder auf und streichelt uns über die blonden Haare. Nimmt uns in den Arm. Mareva ist ganz vorne mit dabei. Seitdem sie uns in ihrem Auto mitgenommen hat, sind wir Teil ihrer Familie. Und die scheint groß zu sein. Max spielt mit anderen Kindern, ich poliere mein Französisch auf. Viele Dinge, die ich erzähle, findet Marevas Familie äußerst spannend. Einzelne wollen wissen: »Warum reist ihr? Wo wart ihr schon? Wie ist das Leben in Deutschland?« Einiges ist ihnen fremd und bleibt ihnen unverständlich. Zum Beispiel die Tatsache, dass wir kein Fleisch essen. Auch nicht frittiert. »Wie soll das denn gehen? Was esst ihr dann? Auch kein Hühnchen? Nicht mal zum Frühstück?« Nein, auch nicht zum Frühstück. Geschmäcker sind verschieden. Selbst im Paradies.

Marevas Familie lebt unter recht einfachen Bedingungen in einer kleinen Wohnung, die sich in einer Siedlung im Norden der Insel befindet. Die Wände sind bunt, die Farbe bröckelt ab.

»Wir streichen unsere Häuser wegen der Sonne innen farbig«, erklärt Mareva. »Wären die Wände weiß, würden sie das Licht zu sehr reflektieren. Das tut in den Augen weh. Deshalb sind hier alle Häuser bunt.«

Fließendes Wasser gibt es nur ein paar Stunden am Tag. Für uns reicht das allemal. Dass es aber auch anders geht, erleben wir ein paar Tage später.

Lisa hatte ich bereits beim Yoga auf Bali kennengelernt. Eine äußerst ausgefallene Australierin mit äußerst ausgefallenen Ideen und anscheinend auch äußerst ausgefallenen Jobs. Seit ein paar Jahren arbeitet sie immer mal wieder als Yoga-Lehrerin auf Schiffen und erkundet auf diese Weise die Welt. Diesen Teil ihrer Biografie kannte ich. Dass diese Schiffe eher groß und ihre Besitzer eher reich sind, ist für mich neu.

»Hey Babes, wir sind für die nächsten Tage auch auf Tahiti, und heute Abend gibt es eine Grillparty. Kommt doch vorbei, dann kann Max sich das Boot angucken. Das ist nämlich ziemlich cool!«

Am Morgen bekomme ich ihre Nachricht per SMS, am Abend stehen wir am Hafen. Scherzen beim Warten auf Lisa noch ein bisschen rum, auf welchem Boot wir wohl landen werden. Ich tippe auf das kleine Segelschiff vor unserer Nase. Max denkt in anderen Dimensionen und ist überzeugt von der Variante mit eigenem Helikopter hintendrauf.

Bingo. Übermut gewinnt. Also werden wir kurze Zeit später vom Wachpersonal auf Waffen und Sprengstoff abgesucht, danach dürfen wir eintreten. In eine völlig neue Welt. Mit offenem Mund und der Erkenntnis, dass Leben und Leben doch unterschiedlich sein können.

Der Schiffseigner ist ein recht wohlhabender Mann aus der Computerindustrie, meine Freundin Lisa gehört bereits seit ein paar Jahren zu seinem Team. Wir bekommen eine Privatführung und können es kaum fassen. So viel Platz, so viele Angestellte, so viel Geld. Max fragt:

>> Und hier lebt wirklich nur ein einziger Mensch? Nur eine Person? Warum das denn? Da können wir doch auf der Couch schlafen! <<

Recht hat er. Am Ende sind wir zwar nur ein paar Stunden Teil dieser Lebensform, doch jede Minute wird genossen. So viel Luxus hatten wir lange nicht mehr. Eigentlich noch nie. Gegensätze ziehen sich an. Auch wenn es nur für einen Abend ist. Lisa kann alles gut einordnen. »Lass dich von den polierten Türklinken nicht blenden«, sagt sie zu mir. »Am Ende des Tages haben diese Leute dieselben Probleme wie wir. Nur ein bisschen anders.« Na, da bin ich aber beruhigt. Und kann mit gutem Gefühl den goldenen Käfig verlassen und zurück in unsere Low-Budget-Sphären wechseln.

Nicht mehr exklusiv, dafür aber bezahlbar ist das Schiff, das jedermann nimmt. Gewöhnliche Touristen und Einheimische. Gemeint ist die Fähre von Tahiti zur Insel Moorea. Eine gute halbe Stunde dauert die Überfahrt, dann betreten wir völlig anderen Boden. Schon vom Hafen aus kann ich den Unterschied erkennen. Moorea ist klein. Moorea ist Dschungel. Moorea wird unser Zuhause für die nächsten Tage sein. Und gleichzeitig mein neuer Arbeitsplatz. Über Airbnb bin ich zufällig auf eine kleine Unterkunft gestoßen. Ein Zimmer über einem Kindergarten, geführt von Marie und Antoine, einem jungen französischen Pärchen. Beide sind immer auf der Suche nach Leuten, die bei ihnen gegen Kost und Logis jobben wollen. Für mich der absolute Jackpot. So kann ich Geld sparen und habe gleichzeitig eine pädagogisch wertvolle Betreuung für Max. Perfekt.

Die Arbeit ist für mich mehr als einfach. Ob ich ein Kind oder sechs bespaße, ist mir im Grunde egal. Und nebenher ein paar Nudeln mit Tomatensoße zu kochen, schaffe ich auch noch. Für Max ist das Ganze super. So viele Kinder auf einmal hatte er schon länger nicht mehr um sich versammelt. Auch unsere Gastgeber sind äußerst nett und teilen mit uns spannende Geschichten von exotischen Lebensweisen. Eine Tatsache, die mir immer mehr auffällt: Wenn in Deutschland von Menschen die Rede ist, die mit ihren Kindern um die Welt reisen, segeln oder sonst was machen, gelten solche Familien als absolute Ausnahme; unterwegs hingegen treffe ich auf so viele Gleichgesinnte, dass das Reisen mit Kind mir mittlerweile als etwas völlig Normales vorkommt. Als etwas, das weltweit viele Menschen machen. In den unterschiedlichsten Variationen.

Marie erzählt: »Vor vielen Jahren haben wir uns ein Boot gekauft. Da waren wir noch frisch verliebt und dachten, jetzt oder nie. Das war die beste Prüfung überhaupt. Wenn man so etwas als Paar schafft, ist alles andere ein Witz. Mit dem Boot, übrigens eine ziemlich schrottige Angelegenheit, sind wir dann lange Zeit umhergesegelt. Irgendwann wurde ich mit Moana, unserer ersten Tochter, schwanger, und wir haben zu dritt auf dem Boot gelebt. Bis Sophie geboren wurde und wir was Neues wollten. Moorea hat uns ziemlich gut gefallen, und seitdem sind wir hier. Der Kindergarten läuft hervorragend, und wir lernen spannende Leute wie euch kennen.« Die beiden Franzosen sind inspirierend und gleichzeitig eine Genugtuung für mich.

Die Vormittagsstunden im Kindergarten gehen schnell vorbei, die Nachmittage haben Max und ich dann für uns. Es ist die Zeit, in der wir die Insel erkunden, einen weißen Sandstrand nach dem anderen finden. Die Kombination aus weißem Strand, klarem Wasser und blauem Himmel ist einzigartig. So schön. So speziell. So perfekt. Wir schnorcheln stundenlang umher und sehen nicht nur jede Menge Fische, sondern begegnen auch Stachelrochen, die uns im Vorbeigleiten berühren. Eine gute Übung für unsere Tour zu einer besonderen Stelle im Meer, an der man mit Haien schwimmen kann.

Am Strand mieten wir uns ein kleines Kajak und paddeln los. Bis wir die erste Flosse aus dem Wasser herausgucken sehen. Ein mulmiges Gefühl steigt in mir hoch. Jahrelang habe ich mich vor diesem Anblick gefürchtet, insbesondere in Verbindung mit meinem Surfbrett. Und jetzt sind diese Flossen zum Greifen nah. Allerdings die ungefährliche Version davon. Riffhaie sind völlig harmlos und außerdem gewöhnt an zweibeinige Besucher. Wir können also bedenkenlos ins Wasser springen und mit ihnen umherschnorcheln. Machen wir auch. Ohne lange nachzudenken, hüpfen wir Hand in Hand ins Meer. Ich bin schon ein bisschen nervös, aber irgendwie auch ganz ruhig. Max ist super aufgeregt. »Da kommt einer, da kommt einer«, ruft er.

Durch den Schnorchel verstehe ich zwar nichts, weiß aber nach ein paar Sekunden, was Max meint. Da ist er, der erste Hai. Schwimmt nur wenige Meter entfernt an uns vorbei. Ich bekomme Gänsehaut. Unter Wasser. Die starren Augen gucken uns an, die Schwanzflosse bewegt sich hin

und her. Max ist völlig außer sich. »Noch einer, noch einer!«
Immer wieder zeigt er mit seiner kleinen Hand in Richtung
eines großen Hais.

Von rechts schwimmt schon der nächste heran, dicht
an uns vorbei. Meine Unterwasserkamera läuft auf Hoch-
touren, und ich schieße ein Foto nach dem anderen. Es erstaunt mich immer wieder, wie mutig Max ist. Vor allem,
wenn es um Tiere und Natur geht. Egal ob im Dschungel
oder im Wasser, Angst hat er nie. Respekt ja, aber keine
Panik oder Unsicherheit. Noch einer dieser Momente für
die Ewigkeit. Wir zwei mitten im Pazifik, umringt von
einem Dutzend Haien. So weit haben wir es also schon geschafft.

Am Abend nehmen uns unsere französischen Gastgeber
mit zu einem Parkplatz direkt um die Ecke. Auf den ersten Blick wirkt alles ziemlich unspektakulär. doch in ein
paar Wochen ist das Heiva-Fest, ein Wettbewerb, bei dem
die besten Sänger und Tänzer aus Französisch-Polynesien
gegeneinander antreten. Das Team der Insel Moorea probt
jeden Tag auf dem Parkplatz. Jeden Abend. Unter den Sternen. In mehreren Reihen haben sich die Tänzer aufgestellt.
Die Frauen in kurzen Röcken und knappen Oberteilen. Die
Männer mit Tüchern bedeckt. Allein dieser Anblick, diese
Stärke, die sie ausstrahlen, lässt mich schlucken. Ich weiß
nicht warum, aber in meinem Hals bildet sich ein riesiger
Kloß. Vielleicht ist es die Kraft, vielleicht die tief wurzelnde
Kultur, vielleicht das Szenario an sich – aber als die rund
hundert Menschen vor mir anfangen zu tanzen, verschlägt
es mir den Atem. Auf einer kleinen Bühne steht eine Frau
mit Gitarre und begleitet die Bewegungen mit traditionel-
lem Gesang. So eine unglaubliche Anmut.

»Ich will auch mitmachen!«, schreit Max. Er und seine
zwei französischen Freundinnen, die Töchter unserer Gast-

geber, springen zwischen den Tänzern umher. Ich stehe starr an einem Fleck. Das ist ohne Zweifel wunderschön. Ich fühle mich verbunden. Mit diesen Menschen, mit dieser Insel, mit diesem Leben, mit dieser Nacht. Max rennt hin und her, schwingt seine Hüften im Takt.

»Guck mal, das ist der Wackeltanz. Du musst einfach ganz viel wackeln.«

Ich muss mich eher setzen. Ich bin berührt. Das Meer rauscht zu den Bewegungen der Polynesier, die Sterne beleuchten sie.

Am Ende der Probe stellen sich alle in einem Kreis auf. Hand in Hand. Das Licht der Laternen wird ausgeschaltet. Auf einmal sind alle leise. Bis auf das Meer. Bis auf den Wind. Absolute Stille. Und plötzlich fangen sie an zu singen. Gemeinsam. »O e te a, o e te mana...« Ein Gebet für Mutter Erde. In ihrer ursprünglichen Sprache. Die ich natürlich nicht spreche, aber deren Bedeutung ich dennoch spüre. Unglaublich faszinierend. Unglaublich intensiv. Unglaublich echt. Und jetzt haut es mir endgültig den Schalter raus. Ich fange an zu weinen. Und zwar richtig.

Auch Max steht jetzt still neben mir und hört einfach nur zu. Hält meine Hand. Fest. »Ist das schön, Mama!«

Ja, so schön!

Dieser Augenblick packt mich in den tiefsten Sphären meines Herzens. Trifft alle Sehnsüchte, alle Gefühle, alle Ängste auf einmal.

Warum gerade hier, warum gerade jetzt? Ich kann es nicht erklären. Doch ich fühle mich zu diesem Volk hingezogen. Zu Max sage ich: »Wären wir in München geblieben, hätten wir das niemals erlebt. Solche Momente sind einzigartig. Wir müssen sie in unserem Herzen bewahren, damit wir uns jederzeit an sie erinnern können. Versprochen?« Max nickt.

Noch Tage später habe ich eine Gänsehaut, wenn ich an die Magie dieses Abends denke. Hervorgerufen auf einem einfachen Parkplatz, an einem ganz gewöhnlichen Tag, den Max und ich für immer in uns tragen werden.

Mehr und mehr wird mir klar, dass das Geheimnis von Tahiti die umliegenden Inseln sind. Um so viel wie möglich zu entdecken, gibt es die Möglichkeit, von Insel zu Insel zu fliegen, von Traumstrand zu Traumstrand. Für uns ist das nicht drin, da es zu teuer ist. Und irgendwie auch zu einfach. Zu touristisch. Also fange ich an herumzufragen, will wissen, was die Einheimischen so machen, wie sie sich fortbewegen, wie sie umherreisen. Nicht mit dem Flugzeug. Auch nicht mit dem Schnellboot. Versorgungsschiff heißt das Zauberwort. Zweimal die Woche legt es ab. Von Tahiti fährt es von Insel zu Insel, bis nach Bora Bora. Und zurück. An Bord sind nicht nur Gemüse und Obst, sondern auch immer ein paar Passagiere. Auf manchen Strecken öffentlich und legal, auf anderen ist das nur mit den richtigen Beziehungen möglich.

In zwei Tagen, nachts um zwei, soll sich die nächste Gelegenheit bieten. Dann kommt ein Schiff an, fährt nach einem kurzen Stopp weiter nach Raiatea und somit direkt zu unserem nächsten Ziel. Die Tickets können wir im Vorfeld kaufen, in der Nacht sollte somit alles ohne Probleme klappen. Auf dem Weg zum Hafen nehmen uns am Nachmittag ein paar Einheimische bei sich im Auto mit. Wohin? Wieso? Weshalb?

»Wir wollen heute Nacht nach Raiatea fahren. Mit dem Containerschiff«, erkläre ich.

Ein paar Blicke werden ausgetauscht. »Aber bis dahin dauert es noch ewig. Warum kommt ihr nicht mit zu uns?

Dann essen wir alle zusammen, ihr legt euch noch ein paar Stunden hin, und um halb zwei bringen wir euch zum Hafen.«

Gesagt, getan. Abendessen auf der Terrasse. Spielen im Garten. Ausruhen auf der Couch. Mit Max im Arm. »Ist das nicht toll«, sage ich, »wie uns die Menschen immer bei sich aufnehmen und uns jederzeit helfen? Das ist nicht selbstverständlich! Das musst du dir merken und zu anderen Menschen auch immer großzügig sein. Okay?«

Noch ein Nicken, schon ist er eingeschlafen. Zumindest für kurze Zeit, denn mitten in der Nacht klingelt der Wecker, und die ganze Familie bringt uns zum Hafen. Winkt fröhlich und versichert uns, wir seien jederzeit herzlich willkommen. Für mich werden solche Aktionen immer normaler. Und dennoch weiß ich sie sehr zu schätzen.

Also stehen wir am Hafen. Mit unserem Rucksack, die Tickets in der Hand. Und müssen erst einmal warten. Das Schiff ist zwar schon da, muss aber noch ent- und beladen werden. So wie alle Mitreisenden setzen wir uns auf den Boden und beobachten das Geschehen. Max ist trotz der späten Uhrzeit nicht müde. Mit großer Begeisterung starrt er auf die Gabelstapler, die umliegenden Augen ruhen auf uns. Wir sind die Einzigen, die diese Art der Fortbewegung ausgewählt haben und keine Inselbewohner sind. Einsam oder unwohl fühle ich mich jedoch nicht. Denn egal wen ich anschaue, immer lächeln die Menschen uns zu. Fragen, ob wir Hilfe brauchen.

Max ist völlig außer sich. »Wow! Ein echter Containerhafen in der Nacht. Sieht aus wie bei den Bienen, so schnell und fleißig fahren die hier herum.«

Noch vor Kurzem hatten wir uns das Be- und Entladen eines Schiffs in Büchern angeschaut. Jetzt sind wir mittendrin. Die Container werden aufs Schiff gehoben und vertäut. Als alles erledigt ist, gehen auch wir an Bord. Über eine ziemlich steile Treppe klettern wir nach oben. Und bekommen einen Ehrenplatz beim Kapitän. Die erste halbe Stunde dürfen wir auf der Kommandobrücke sitzen, und Max kann Knöpfe drücken und tausend Fragen stellen. Da die Wellen allerdings ziemlich schnell ziemlich wild werden, müssen wir zu den anderen in eine kleine Holzbaracke in der Mitte des Schiffs umziehen, umringt von Containern. Dicht nebeneinander liegen die Menschen auf ihren Matten. Als sie uns sehen, machen sie sofort Platz: »Legt euch hier hin, zwischen uns. Am Rand wird man manchmal ein bisschen nass. Braucht ihr was zum Zudecken?«

Wir sind vorbereitet. Rollen unsere Yogamatte aus und legen eine Decke über uns. Die hatte mir in weiser Voraussicht noch die Mutter unserer spontanen Couchsurf-Familie mitgegeben. Das Schiff neigt sich von einer Seite zur anderen. Die Wellen schlagen gegen den Bug, die Gischt prescht links und rechts am Schiff empor. Mein Magen findet das Ganze nicht so lustig, ich merke, wie es mir richtig schnell richtig schlecht wird. Gut, dass ich für solche Fälle entsprechende Tabletten dabeihabe. Schon als Kind musste ich oft im Auto brechen. Doch mit der entsprechenden Betäubung meines Gleichgewichtsorgans kann ich den Moment genießen. Max hat meine Probleme nicht.

>> Ich hoffe, es dauert noch ganz lange, bis wir ankommen«, flüstert er. »Können wir ab jetzt immer mit so einem Schiff reisen? «

Da liegen wir also. Max und ich. Arm in Arm. Umringt von Französisch-Polynesiern. Auf einem Containerschiff. Auf dem Weg zu einer kleinen Insel mitten im Pazifik. Über uns leuchtet der Vollmond, in mir mein Herz. Von allen Seiten geschützt, schlafe ich ein. Sechs Stunden später sind wir da.

Raiatea. Noch auf dem Boot fragen uns die Ersten aus: »Wohin wollt ihr? Bei wem werdet ihr schlafen? Wie kommt ihr zu eurem Ziel?« Antworten habe ich noch keine parat, dafür jede Menge Gegenfragen.

Da Max und ich gern etwas Zeit für uns hätten, entscheide ich mich für eine kleine Pension direkt am Strand. Doch erst einmal gibt es Frühstück auf dem Markt im Zentrum der Insel. Auch dort scheinen wir die einzigen Fremden zu sein und werden von vielen Augenpaaren verfolgt. Als wir uns an die Straße stellen, um per Anhalter zu unserem Ziel zu gelangen, sind wir schon allseits bekannt. Die Nachricht von den zwei Blonden vom Containerschiff hat sich sofort herumgesprochen. Ein Auto hält, die darinsitzende Frau lacht. »Ich habe euch schon auf dem Markt gesehen. Wo wollt ihr hin? Ich nehme euch gerne mit.«

Auf dem Weg zu unserer Unterkunft gibt es einen kurzen Zwischenstopp. Ein großer Hof mit einer großen Familie. In der Einfahrt steht sie schon bereit. Wir steigen aus und werden von allen in den Arm genommen. Wir seien doch sicherlich hungrig, bekommen wir zu hören. Wir hätten doch sicherlich Durst. Und schon sitzen wir am Tisch und essen Ananas und Papaya aus dem hauseigenen Garten. Nach ein paar Minuten tauchen weitere Familienmitglieder auf. Staunen. Lachen. Fragen. Wir sind die Attraktion, und besonders Max genießt das. Er wird von allen angefasst, über den Kopf gestreichelt.

>> Wie die sich alle freuen «, sagt er.
>> Ich glaube, die denken, ich bin der König der Südsee. «

Je weiter wir uns von Tahiti entfernen, desto ursprünglicher wird es. Mit einem Kajak paddeln wir am Morgen zu einer nahe gelegenen Insel. Unser Frühstück haben wir mit dabei, Schnorchel und Taucherbrille sind schon zum Einsatz bereit. Das Wasser unter unserem Boot ist glasklar. Fast durchsichtig. Die Korallen leuchten, überall schwirren Fische umher. Immer wieder leisten wir ihnen Gesellschaft, ziehen unser Kajak schwimmend hinter uns her, bis wir das Ufer einer Insel erreichen. Einer völlig einsamen Insel. Nur für uns. Es ist unglaublich. Das Paradies. Wir sitzen am Strand, essen ganz nach französischer Manier mitgebrachtes Baguette mit Käse und starren benebelt vor Glück in die Ferne.

Ein paar Tage später folgt die nächste Insel. Über Facebook habe ich wieder ein französisches Paar gefunden, das seit einigen Jahren auf Tahaa wohnt und eine Couch zum Schlafen anbietet. Die beiden haben mir geantwortet, dass sie uns gerne bei sich aufnehmen würden. Als wir den kleinen Hafen erreichen, fehlt von unseren Gastgebern allerdings jede Spur. Abwarten. Wir setzen uns zu Menschen, die anscheinend auch auf irgendetwas warten, und bleiben ruhig. Max spielt mit ein paar Kindern Fußball, ich sitze rum und halte Ausschau. Zwei Stunden später immer noch nichts. Komisch. Seltsam. Und trotzdem nicht beängstigend. Denn mittlerweile fühle ich mich in der Umgebung fast schon heimisch. Und sicher. Denn ich weiß, selbst wenn wir unsere Gastgeber nicht finden, irgendjemand von den hier bei uns Sitzenden wird uns bei sich aufnehmen, uns helfen und unterstützen. Dieses Urvertrauen, diese Gewissheit – seit Monaten festigt sich diese Zuversicht, mehr und mehr.

»Seid ihr Janina und Max?« Am Ende tauchen unsere Gastgeber doch noch auf. »Entschuldigung, wir dachten, ihr würdet mit einem ganz anderen Boot kommen, in einem anderen Hafen anlegen. Aber egal, jetzt seid ihr ja da. *Ia Orana*. Herzlich willkommen.«

Wieder sind wir die Attraktion. Die Kinder klopfen am Morgen an der Haustür und rufen: »Maaaaax, Maaaaax.« Ihre Mütter stehen hinter ihnen, bringen uns Obst und selbst gebackene Kekse. Am Abend sitzen wir alle zusammen am Hafen. Die Kinder springen ins Wasser, die Eltern quetschen mich aus. »Und du bist wirklich allein mit deinem Kind unterwegs? Wie oft seid ihr dann schon mit dem Flugzeug geflogen? Ist das nicht komisch? Stimmt es, dass ihr kein Fleisch esst? Warum denn nicht? Hast du schon mal Schnee gesehen? Wie fühlt sich das an?«
Solche oder ähnliche Fragen kenne ich mittlerweile. Was mich wundert, sind allerdings die Reaktionen auf meine Antworten. Sobald ich beginne zu sprechen, zucken meine Gesprächspartner mit ihren Augenbrauen. Immer wieder. Immer deutlicher. Ich erzähle von Deutschland, die Augenbrauen gehen hoch. Ich erzähle von unserer Reise, die Augenbrauen bewegen sich auf und ab. Ich frage selbst etwas, die Augenbrauen bleiben nicht still. Irgendwie komisch, irgendwie fremd. Fast schon wie eine Daueranmache in einer Münchner Disco. Ich bin verunsichert. Was ist da los? Habe ich etwas im Gesicht? Mache ich etwas falsch? Plötzlich verstehe ich das Mienenspiel. Das Zucken bedeutet »Ja«. Kopfnicken war gestern, Augenbrauenzucken ist angesagt. Zumindest hier. Zumindest in dieser Kultur. Und ab jetzt auch bei Max und mir.

Bora Bora. Anfangs schien uns die Insel zu weit weg und zu teuer. Von Tahaa ist sie jedoch nur noch ein kleines Stück entfernt. Die Entscheidung ist also gefallen, zumal mir im Internet jemand sein Haus für ein paar Tage angeboten hat.

Bora Bora ist somit unser nächstes Ziel und das Container-schiff mittlerweile das Transportmittel unserer Wahl.

Doch die Reise gestaltet sich diesmal nicht so einfach. Es gibt keine offizielle Mitfahrgelegenheit, keine offiziellen Tickets. Man muss schon jemanden kennen, der jemanden kennt. Am besten den Kapitän. Doch der scheint ein komplizierter Zeitgenosse zu sein. Er lässt nur ungern blinde Passagiere an Bord. Fremde schon gar nicht. Versuchen wollen wir es trotzdem. Vielleicht hat er ja einen guten Tag. Vielleicht haben wir ein bisschen Glück. Vielleicht trifft auch beides aufeinander.

Wann das Schiff ankommt und wieder abfährt, weiß auf der Insel keiner so richtig. Deshalb schlafen wir die erste Nacht am Hafen auf unserer Yogamatte. Nach ein paar Stunden trudeln die ersten Bewohner von Tahaa ein. Laden Kisten von ihren Autos. Anscheinend rechnen sie schon bald mit der Ankunft des Schiffs.

Plötzlich tauchen mitten aus dem Nichts Lichter auf. Sofort ruckle ich Max wach. Das ist unsere Chance. Als der Kapitän von Bord kommt, stürme ich auf ihn zu. Erkläre ihm mein Anliegen, starre auf seine Augenbrauen. Stillstand. Die Brauen bleiben unten und wir leider hier. Das Boot sei schon voll, die Ladung außerdem explosiv, erklärt er seine Ablehnung. »Und für ein Kind ist auf dem Schiff eh kein Platz.« Vielleicht in ein paar Tagen, vielleicht auch nicht.

Ein Vielleicht ist bekanntlich kein Nein. Bora Bora ist ein ganz besonderes Ziel, und um dorthin zu gelangen, müssen wir uns eben auch ganz besonders anstrengen. Aber ich bin mir trotzdem sicher, dass wir es schaffen, auf die nur gut dreißig Quadratkilometer große Insel zu kommen. Haben wir bislang nicht alles geschafft? Auch Max hat die Abenteuerlust gepackt. Nächster Tag, gleicher Hafen, gleiche Zeit, gleicher Kapitän. Leider auch gleiche Antwort. Doch immerhin ein paar bekannte Gesichter. In meiner Verzweiflung wende ich mich an die Menschen um uns herum. Ob sie uns nicht helfen und noch mal mit dem Kapitän reden könnten? Der hört durch den einheimischen Beistand wenigstens zu, dann vertröstet er mich. Vielleicht in ein paar Tagen.

Mein Ehrgeiz ist geweckt, Bora Bora will ich sehen. Nächste Nacht, nächster Versuch. Hafen. Yogamatte. Max. Schiff. Kapitän. Als er von Bord kommt, wackeln die Augenbrauen hin und her. Er grinst breit, lacht laut. »Ihr schon wieder!« Ganz richtig. Wir schon wieder. Bora Bora, wir kommen! Überraschenderweise sogar schon heute. Mit seinen großen Pranken klopft er auf Max' kleinen Kopf. »Deine Mutter ist ja ganz schön hartnäckig, mein Kleiner.«

Wir dürfen mit. Wir sind dabei. Wir haben es hingekriegt. Geduldig warten wir, bis alle Kisten verladen sind, dann dürfen wir aufs Schiff. Über eine Hebebühne werden wir an Bord gehievt. Meter für Meter. Plötzlich ein Stopp. Eine Frau kommt angerannt, mit einer kleinen Tüte in der Hand. Die wird in unsere Richtung gestreckt. »Hier ist noch Frühstück für euch. Die Fahrt ist lang, und ihr werdet später bestimmt Hunger haben.«

Das Schiff legt nun endgültig ab. Auf nach Bora Bora! Wir müssen uns auf den Boden setzen, dürfen nicht stehen. Wild gestikulierend erklärt uns der Kapitän, dass wir unter keinen Umständen über die Reling gucken dürfen. »Ich darf keine Menschen transportieren. Wenn euch die Polizei an Bord erwischt, wird das teuer.« Also zahle ich lieber die umgerechnet 10 Euro für unsere Tickets und bleibe auf der Yogamatte. Die paar Stündchen kriegen wir schon rum, ein bisschen Leiden fürs Paradies muss schließlich drin sein.

Als wir dann am Morgen Bora Bora erreichen und wir wieder aufstehen können, verschlägt es mir den Atem. Die

Insel ist unser persönlicher Mutter-Sohn-Honeymoon. Schon der erste Anblick ist unglaublich. Der Südseetraum wirkt unecht und liegt dennoch direkt vor unserer Nase.

Am Hafen das alte Spiel. Wir stellen uns an die Straße, halten den Daumen hoch und werden sofort mitgenommen. Wohin wir wollen, ist noch unklar. Romain, unser Gastgeber, muss tagsüber arbeiten und kann uns erst am Abend treffen. Auf Empfehlung unseres Fahrers Edo geht's deshalb erst mal an den nächsten Strand. Doch vorher zeigt er uns noch die gesamte Insel. Unser persönliches Sightseeing-Programm.

»Eigentlich müsste ich zu einem Termin«, erklärt Edo. Er ist ungefähr Mitte dreißig, hat extrem tiefe Grübchen und ebenso weiße Zähne. Die Sonne geht auf, wenn er laut und äußerst ansteckend lacht. Er hat sein ganzes Leben auf Bora Bora verbracht. »Ihr geht jetzt aber erst mal vor. Schließlich sollt ihr sehen, woher ich komme. Die echte Seite von Bora Bora kennenlernen.«

Da sind wir gerne mit von der Partie. »Können wir irgendwo an der Straße anhalten und diese leckeren Krapfen kaufen? Firi Firi?«, fragt Max.

Edo lacht. Perlweiß-Alarm. »Firi Firi willst du haben? Du bist ja schon ein richtiger kleiner Polynesier!«

Am nächsten Morgen sitze ich mit einer Tasse Kaffee in der Hand vor unserem Haus, das blaue Wasser direkt vor mir. Auf einmal biegt Edo um die Ecke. Es stellt sich heraus, dass er unser Nachbar ist.

»Warum habt ihr mir nicht gesagt, dass ihr hier wohnt? Dann hätte ich euch sofort mitgenommen. Lebt ihr bei Romain? Er ist ein Freund von mir! Wir arbeiten zusammen.«

Das liebe ich an kleinen Inseln: Jeder kennt jeden, jeder hilft jedem. Auch Neuankömmlingen. Auch uns.

Unser Gastgeber arbeitet in einem ziemlich teuren Hotel auf einer noch kleineren Insel, die unmittelbar vor Bora Bora liegt. Mit einem Privatstrand und Privatatmosphäre. Ab und zu kann er Freunde mit in das Resort nehmen. Dieses Mal dürfen wir mit. Und staunen nicht schlecht. Die vorgelagerten Mini-Inseln sind noch mal schöner, der Strand ist noch mal weißer, noch mal paradiesischer.

Max und ich drehen völlig durch. Springen im Wasser herum. Schreien vor Freude. Wir leben in einer Postkarte.

Erst am Strand, während ich mich in den weißen Sand fallen lasse und dem Rauschen des Meeres zuhöre, wird mir bewusst: Wir sind auf Bora Bora. Einer der bekanntlich teuersten Inseln der Welt. Mit wenig Geld haben wir es hierher geschafft, dafür mit umso mehr Vertrauen. Wer wagt, gewinnt. Und das muss gefeiert werden. Darauf müssen wir anstoßen. »Wenn wir es nach Bora Bora schaffen, geb ich einen aus. Dann darfst du dir einen Cocktail bestellen.« Das hatte ich Max versprochen.

Ein Blick auf die Karte des Resort-Restaurants lässt mich meine großzügige Ankündigung allerdings recht schnell bereuen. Der Preis eines Getränks schluckt unser komplettes Tagesbudget. Doch versprochen ist versprochen.

Dem Anlass entsprechend, lassen wir uns am Pool nieder und winken dem Kellner zu. Max bestellt. Zweimal Piña Colada. Einmal mit Schuss, einmal mit Saft. Wir strahlen. Halten Händchen. Zwei Verliebte. Verliebt in das Leben.

Als der Kellner mit den Cocktails und der Rechnung kommt, ahne ich Schlimmes. Bei der Frage nach der Zimmernummer schüttle ich den Kopf. Wir seien nur zu Besuch hier. Nur für ein paar Stunden.

»Ach, ihr übernachtet gar nicht in unserem Hotel? Seid nur kurz hier? Weißt du was, die Cocktails gehen auf mich!«

Die Tränen im Anschluss dafür auf mich. Danke, liebes Universum.

Der Flughafen von Bora Bora ist klein, fast winzig. Auch auf die Taschenkontrolle wird verzichtet. Paradies bleibt Paradies. Für die Strecke zurück nach Tahiti gibt es leider kein Schiff. Der Flug ist teuer, macht aber nichts, denn bei all dem Couchsurfing, dem Trampen und der Arbeit im Kindergarten ist Französisch-Polynesien für uns mit Abstand das günstigste Reiseziel seit Start unseres Trips. Und deswegen das beste Beispiel: Es geht auch anders. Es geht auch bezahlbar. Es geht auch für uns.

Zurück auf Tahiti, brennt mein Arm wie Feuer. Er tut höllisch weh. Seit sieben Stunden halte ich ihn mittlerweile still. Seit sieben Stunden sticht die Tattoo-Nadel auf mich ein. Seit sieben Stunden starre ich an die Decke. Seit sieben Stunden ist auch Max geduldig. Schläft die meiste Zeit auf meinem Bauch. Zwischendurch ein kleiner Check und ein großes Lob: »Das sieht so toll aus, Mama. Wie bei den Tänzern auf Moorea. Und hier unten hast du das Herz von Tahiti aus dem Disneyfilm ›Vaiana‹. Das will ich auch haben.«

Kraft. Schutz. Liebe. Weibliche Stärke. Nach polynesischer Tradition. Verbunden mit den Orten und den Menschen, die mich so berührt haben. Uns so berührt haben. All das trage ich ab jetzt immer bei mir. Sichtbar. Für mich. Für jeden.

Französisch-Polynesien – Und was ist mit money, honey?

Reisen ist nicht gleich reisen: Drei Wochen im Luxushotel mit Bedienung und diversen Büfetts gehen ins Geld. Leben bei Insulanern unter einfacheren, dafür auch herzlicheren Bedingungen sind wesentlich günstiger. Wie viel Ihr auf Eurer Reise ausgeben wollt, liegt allein bei Euch. Dank dem Surfen von Sofas, dem Reisen per Anhalter oder dem Leben in vorübergehend gekauften Autos könnt Ihr unvorstellbar viel Geld sparen. Fragt einfach rum, wie es die anderen machen, und lasst Euch vor Ort inspirieren. Containerschiffe in der Südsee? Davon hatte ich vorher noch nie etwas gehört. Dass man für einen Monat mit Kind in Französisch-Polynesien sogar unter einem Budget von 1000 Euro bleiben kann, auch nicht.

SLAND
Seydisfjördur
Skógafoss

Ulaanbaatar
EI

JAPA
Tokio
Osaka

INDONESIEN

BALI

I N D I S C H E R

O Z E A N

Cairns
Magnetic Islan

AUSTRALIEN
Byron

Melbo

Sushi
für Fortgeschrittene

Wir stehen in der Schlange. Wie alle anderen. Wir warten.
Wie alle anderen. Und werden mal wieder rausgefischt. Als
Einzige. Mit einem freundlichen Lächeln bittet uns der
Beamte in einen Raum nebenan. Wir sind auf dem Flughafen in Osaka. Willkommen in Japan. Das Büro ist so
schrecklich wie die gesamte Situation: hässliche Plastik-
blumen in einer noch hässlicheren Vase. Im Hintergrund
ein Poster von Delfinen, die bei Sonnenuntergang durch
die Träne eines japanischen Mädchens hüpfen. Wenigstens sorgt die Klimaanlage für angenehme Kühle. Denn ich
schwitze. Und zwar richtig.

»Es gibt Probleme mit dem Pass Ihres Sohnes. Das müssen wir prüfen. Entschuldigen Sie bitte.« Höflich ist er ja,
der Beamte, ich bin dennoch angespannt.

> »Kommen wir jetzt ins Gefängnis?«,
> fragt Max. »Nehmen die uns sofort
> mit? Was machen wir dann mit Bärti?«

Ich muss lachen. Kindliches Drama kommt in solchen Momenten gut. Im Kopf gehe ich die Optionen durch. Gefängnis ausgeschlossen. Wie war das noch mal mit dem Visum?
Hab ich da womöglich etwas durcheinandergebracht? Ist

der Pass nicht mehr gültig? Soll ich lieber die Botschaft kontaktieren?

Die Minuten vergehen wie Stunden, aber das Lächeln auf dem Gesicht des Beamten bleibt. Kurze Zeit später Entwarnung. Max' Kinderreisepass ist an allem schuld. Probleme damit hatten wir schon öfter, wenn auch nicht in dieser Form. Egal. Was mich allerdings wirklich beeindruckt, ist das Verhalten des Beamten. Diese unglaubliche Höflichkeit, dieser Respekt, diese Organisation; hier können wir uns sicher noch ziemlich viel abgucken.

Zum Beispiel, dass man sich in Japan nicht irgendwo auf den Boden setzt, um etwas zu essen. Nicht einmal Sushi. Mit diversen Varianten von rohem Fisch plus Reis hocken Max und ich vor dem Supermarkt auf dem Bordstein. Die Stäbchen in der Hand, die Sushi-Röllchen dazwischen. Auf das japanische Essen hatten wir uns fast am meisten gefreut. Da ich in meiner Schwangerschaft Unmengen an Sushi verschlungen habe, scheint der Grundstein für Max' Liebe zu diesem Gericht schon vor langer Zeit gelegt worden zu sein. Mit Vergnügen stopft er sich ein Stück nach dem anderen in den Mund.

»Das ist so lecker. Das ist viel besser als in München. Können wir das jeden Tag essen? Zum Frühstück, zum Mittag- und zum Abendessen? Geht das?«

Klar geht das, denn auch wenn viele Dinge in Japan ziemlich teuer sind, Sushi aus dem Supermarkt ist günstig. Und köstlich. Früher war Max, was Essen anging, eher zimperlich. Nur sein Nudeln-mit-Tomatensoße-Programm, das ging immer. Während unserer Reise hat sich das komplett geändert.

Die Japaner, die an uns vorbeilaufen, scheinen unsere Freude allerdings nicht so wirklich zu teilen. Sie gucken uns ganz komisch an und dann ähnlich komisch wieder weg.

Fast peinlich berührt, und das bin ich mit einem Mal auch. Sushi essen auf dem Bordstein vor dem Supermarkt geht anscheinend gar nicht.

Nacktsein auch nicht. Halb nackt ebenso wenig. Es ist früh am Morgen. In unseren Schlafsachen klettern wir vom Futon. Max ist noch spärlicher bekleidet als ich. Ein langes T-Shirt reicht ihm. Immerhin sind so die wichtigsten Stellen bedeckt. Noch verschlafen tapsen wir ins Wohnzimmer. Unsere japanische Gastfamilie ist schon wach. Ich hatte sie über eine Couchsurfing-Seite im Internet gefunden und mich bereits im Vorfeld mit Ayu ausgetauscht. Gemeinsam mit Mann und Kind lebt sie in einer Hochhaussiedlung im Zentrum von Osaka. Für ein paar Tage dürfen wir bei ihnen wohnen. Ihr Futon surfen. Das echte Japan kennenlernen.

Lektion Nummer eins beginnt sofort: »Lauft ihr in Deutschland immer so nackt herum?« Ayu prustet los. Sie ist ungefähr in meinem Alter, eigentlich alles andere als spießig, eher künstlerisch veranlagt, doch anscheinend nicht Hippie-mäßig unterwegs. Was für uns Europäer völlig normal erscheint, ist in Japan undenkbar. Max trägt ab jetzt einen richtigen Schlafanzug, der hauseigene ein Jahr alte Sumoringer Riku darf dafür in den nächsten Tagen immerhin öfter mal ohne Windel herumlaufen. Das sind genau die Dinge, die ich am Wohnen bei fremden Menschen liebe. Das Aufeinander-Eingehen. Das Voneinander-Lernen. Das Sich-Anpassen. Egal ob es um den Umgang mit Nacktheit oder die Zubereitung von Bratkartoffeln geht.

Ayu ist dafür das beste Beispiel. Immer wieder fragt sie mich nach bestimmten Dingen, will wissen, wie wir etwas in Deutschland machen, und erklärt mir im Anschluss daran das japanische Pendant.

»Wir duschen jeden Abend, waschen dann auch die Haare, meist kurz bevor wir ins Bett gehen. Tagsüber rol-

len wir das Futon zusammen, damit es nicht dreckig wird.«
Das ist zumindest die Quintessenz, die ich ihrem Japanisch-Englisch-Mix und den dazugehörigen Handbewegungen entnehme. Die Kommunikation klappt dennoch ganz gut, unsere Gespräche sind so um einiges unterhaltsamer.

Am Abend stehen Max und ich wie empfohlen unter der Dusche. In Australien wäre das purer Luxus gewesen. Meist wuschen wir uns unter irgendwelchen Strandduschen. Diese schnelle Variante war das absolute Gegenteil von einem Spa. In Japan wird dagegen großer Wert auf Sauberkeit gelegt. Sie wird fast schon zelebriert. Mit entsprechender Technik. Dass die Toiletten beheizte Sitze und diverse Po-Dusch-Programme haben, daran gewöhnen wir uns rasch. Besonders eine angewärmte Klobrille hat ihre Vorteile. Die vielen Knöpfe in der Dusche überfordern uns allerdings. Es gibt runde und eckige, weiße und farbige. Welche wir jedoch betätigen müssen, um einfach nur ganz normal duschen zu können, steht nirgends.

>> Ich glaube, du musst hier drücken,
Mama, der Knopf da drüben ist das
Radio. Das habe ich heute gesehen,
als Ayu den kleinen Riku abgeschrubbt
hat. Der Arme muss das jeden Tag
ertragen. Gut, dass wir nicht so
sauber sind. <<

Die Analyse finde ich mehr als amüsant, der Tipp ist leider dennoch falsch. Es kann doch nicht sein, dass wir zu zweit unter der Dusche stehen und zu doof sind, die richtigen Knöpfe zu finden. Dabei geben wir wirklich unser Bestes. Drücken alles, was sich drücken lässt, sogar in Kombination. Max hält an der einen Seite die verdächtig aussehenden

Schalter fest, während ich parallel an der anderen presse
oder drehe. Doch nichts passiert.

»Ayu, wie geht denn hier das Wasser an?«, rufe ich aus
dem Badezimmer.

Lautes Lachen erklingt, gefolgt von genauen Instruktionen. Und schon beginnt die japanische Dusch-Sensation.
Der Strahl kommt aus mehreren Richtungen, die Musik aus
geschickt installierten Boxen. Auch Shampoo und Duschgel
gibt's auf Knopfdruck in die Hand.

Als wir fertig sind, hat Ayu eine Überraschung für uns
vorbereitet. Auf dem Sofa liegen ein gelber Kimono und daneben eine kleine Version in weiß.

»Wollt ihr das anziehen? Und danach machen wir tolle
Fotos von uns allen? Deutsch-japanische Freundschaftsfotos!«

Ich bin gerührt.

Mit großer Hingabe fängt Ayu an, mich zu verwandeln.
Der Kimono besteht aus einem sehr langen, sehr festen
Stück Stoff, das in akkuraten Bahnen um mich gewickelt
wird. Ich will wissen, wo sie diese Technik gelernt hat.

»In einer speziellen Schule«, erwidert Ayu, »in der es
auch Kimono-Unterricht gibt. Alles muss exakt sitzen.«
Selbst hier im Wohnzimmer. Selbst mit deutschem Inhalt.
Ich fühle mich wie eine Zwiebel, so viele Lagen umgeben
mich. Wie eine äußerst förmliche Zwiebel.

Als Ayu fertig ist, blicke ich in den Spiegel. Ich sehe toll
aus. Geradezu anmutig, elegant, richtig schön. Doch ich
bin noch längst nicht fertig. Ich werde ins Badezimmer geschoben und geschminkt, mit Lidstrich und Lippenstift. Die
Haare werden nach oben zu einem Knoten gebunden, zuletzt drückt Ayu mir einen Fächer in die Hand. Fertig. Sie
selbst zieht sich einen lilafarbenen Kimono an. Dann kommen die beiden Jungs dran. Das geht recht schnell. Kimonos

für Kinder sehen ein bisschen wie Schlafanzüge aus. Eine Hose mit Gummizug zum Reinschlüpfen und ein bereits fertig gewickeltes Oberteil zum Drüberziehen. Max sieht super aus. Wir alle sehen super aus und halten die Situation auf unzähligen Fotos fest.

Kurze Zeit später sitzen wir zusammen in einem Sushi-Restaurant. Running Sushi. Mittlerweile tragen wir Frauen wieder ganz normale Kleidung, allein die Jungs halten weiterhin an ihrem Look fest. Doch auch Ayus normale Kleidung hat einen ziemlich speziellen Style, eine Mischung aus Zirkus und Laufsteg. Die Füße stecken in knallroten Schuhen, darüber eine pyjamaähnliche Hose mit dazugehörigem Oberteil. Den Kopf ziert ein riesiger Hut, und ihr Lippenstift stammt aus derselben Farbpalette wie ihre Schuhe. Jedes Mal, wenn ich sie angucke, muss ich lachen. Sie ebenfalls. Dann werden ihre Augen noch schmaler, und in ihrem Gesicht bilden sich tief liegende Grübchen.

An uns kreisen die mit rohem Fisch beladenen Teller vorbei. Die Auswahl ist riesig, unser Hunger ebenfalls. Das Sushi im Lokal ist um Welten besser als im Supermarkt (dabei war das schon sensationell), gut, dass wir so großen Appetit haben. Doch schon passiert uns der nächste Fauxpas.

»Klasse, die Teller muss man hier einfach nur vom Band nehmen, und dann kann man das Sushi essen.« Doch Max reißt etwas zu grob an dem kleinen Plastikteller herum. Plötzlich ist das Fließband blockiert, das Band wird zum Stillstand gebracht.

Ayu läuft rot an. »Nein, nein!«, ruft sie. »Du darfst nur den oberen Teller runternehmen, nicht das ganze Ding. Sonst stoppt das Band sofort.«

Nun haben wir das Prinzip endlich verstanden und legen los. Einen Teller nach dem anderen heben wir – wie gerade gelernt – vom Band. Sind sie leer, dürfen sie von den Kindern in einen speziellen Schlitz am Laufband geschoben werden. Nach fünf Tellern gibt es ein Gratis-Videospiel am tischeigenen Computer. Japan blinkt. Japan funkt. Japan ist Technik. Sogar beim gemütlichen Essen im Restaurant.

Es ist unglaublich, wie fortschrittlich dieses Land ist. Auch in Bezug auf Pünktlichkeit. Wir stehen ein paar Tage später am Bahnhof. Warten auf unseren Zug, den Shinkansen. Geplante Ankunft: 12:25 Uhr. Nach alter Gewohnheit rechne ich mit einer möglichen Verspätung. Züge kommen bei uns schließlich nie pünktlich an. Anders in Japan. 12:24 Uhr, der kleine Zeiger springt gerade auf die Fünf, da sehe ich ihn anrauschen. Auf die Sekunde genau. Nicht zu früh, nicht zu spät. Max kann es kaum glauben.

»Da ist er. Da ist er. Der Shinkansen. Der schnellste Zug der Welt. Guck mal, sieht aus wie ein Schnabeltier.«

Die Zugtüren werden geöffnet, Menschen steigen aus, Menschen steigen ein. Der Zug fährt los. Kein Gedränge. Kein Geschubse. Keine schlechte Laune. Mit einem Lächeln werden wir zu unserem Platz begleitet. Die Sitze sind sauber, der dazugehörige Fußboden ist es auch. Normalerweise hasse ich öffentliche Toiletten, versuche, sie möglichst zu meiden. Doch im Shinkansen könnte man Sushi locker von der angewärmten Klobrille essen. So sauber ist es hier. Für die Ticketkontrolle betritt der Schaffner das Abteil mit einem freundlichen Lächeln und einer tiefen Verbeugung. So etwas habe ich noch nie gesehen. Ich kann gar nicht aufhören, ihn anzustarren, so fasziniert bin ich. Beim Rausgehen das gleiche Spiel. Freundliches Lächeln, tiefe Verbeugung.

Im Zug ist es still. Richtig still. Weder von der Fahrt noch von den Menschen in unserem Abteil bekommen wir viel mit. Alle sind leise, alle sind achtsam. Selbst die Kinder rennen nicht wild im Abteil umher, sondern sitzen geduldig auf ihren Plätzen. Hände auf den Knien. Kein Scherz.

Max ist das ebenfalls nicht entgangen: »Die sehen alle aus wie Puppen, gar nicht wie echte Kinder. Und spielen will hier auch niemand so richtig. Was ist denn mit denen los?«

So spannend ich es finde, dieses Verhalten zu beobachten, so traurig erscheint es mir zugleich. So angepasst. So reglementiert. Ein völliger Kontrast zu unserem Leben. Max wächst frei und ungezwungen auf. Darf Erfahrungen machen und kann in einem gewissen Rahmen tun und lassen, was er will. Er lebt unbeschwert, schließlich ist er ein Kind.

In Japan ist das anders. Andere Werte, andere Normen. Die Gesellschaft ist stark auf Leistung ausgerichtet. Besonders der Anblick der jungen Menschen, die ich in den überfüllten Stadtbussen beobachte, schockiert mich. Am schlimmsten ist es abends. Sie sind völlig ausgelaugt, völlig übermüdet. Wie sie bereits im Stehen einschlafen... Einfach nur erschöpft. Selbst die Schulkinder, die in ihren Uniformen auf den Plätzen sitzen. Blass. Leer. Ohne Energie. Das ist die Schattenseite eines Systems, in das jeder passen muss. Sonst gibt es Probleme. Anderssein ist hier nicht erwünscht. Die breite Masse ist gefragt. Zum Betrachten ist das interessant. Zum Nachmachen nicht.

Max' Vater kommt uns besuchen. Für ein paar Tage, für ein paar gemeinsame Touren, für ein paar geteilte Erlebnisse. Bislang sind wir zu zweit gewesen, nur Max und ich. Und der Rest der Welt. Überall wurden wir mit offenen Armen empfangen, und man unterstützte uns. Zu dritt ist das anders. Die scheinbare Hilfsbedürftigkeit, die eine Mutter-Kind-Konstellation ausstrahlt, ist plötzlich verschwunden. Jetzt sind wir in den Augen vieler eine geschlossene Einheit. Eine komplette Familie. Stimmig. Wir machen auf einmal ganz andere Erfahrungen. Keine schlechten, einfach andere. Der Austausch mit den Einheimischen ist weniger intensiv – in dieser Hinsicht steht es 1:0 für das Mutter-Sohn-Gespann.

Es ist der 23. Juni 2017. Max' sechster Geburtstag. Der japanische Apfelkuchen aus dem Supermarkt steht auf dem Tisch. Sechs Kerzen sind auf ihm verteilt. Den Mund voller Krümel bläst Max los. Alle Kerzen sind auf einen Schlag erloschen. Das bringt Glück. Das wird ein tolles Jahr.

Das ist also der Moment, vor dem ich mich so gefürchtet hatte und der sich auf einmal gar nicht mehr so schlimm anfühlt. Ein Jahr sind wir jetzt unterwegs. Wir haben die Zeit genutzt. Für uns. Für die Welt. Für etwas, das wir nie vergessen werden. Und das noch nicht zu Ende ist. Vielleicht auch noch nicht zu Ende sein muss. Denn wollen wir wirklich schon so bald wieder zurück nach Deutschland? Zurück in den normalen Alltag? Doch was ist überhaupt normal?

Völlig aufgeregt rennt Max auf einmal los. Zieht mich hinter sich her. »Schnell, Mama. Schneller! Dahinten ist Donald Duck.«

Wir sind in Tokio, in Disneyland. Max' Geburtstagsgeschenk. Der Freizeitpark ist Reizüberflutung pur. Es ist viel zu laut, es ist viel zu bunt, eigentlich ist es unerträglich. Doch Max findet es super. Freizeitparks sind generell der Horror für mich, doch das japanische Disneyland ist noch um einiges schlimmer, als alles, was ich kenne. Was daran liegt, dass es das extreme Gegenteil vom üblichen Leben in diesem Land ist. Vom üblichen Benehmen. In der Fantasiewelt lassen die Japaner wie auf Kommando alles raus. Vergessen jegliche Etikette. Vergessen ihr Alter. Männer, die sonst in Anzug und Krawatte gesittet auf die U-Bahn warten, laufen nun verkleidet wie Micky Maus mit riesigen Ohren und grellen T-Shirts umher, eine Minnie Maus an der Hand. In den Schlangen vor den Fahrgeschäften wird gedrängelt, als gäbe es nie wieder die Chance mitzufahren. Unglaublich. Max findet es trotzdem toll. Die Augen leuchten, die Hände sind schwitzig. Achterbahn. Kettenkarussell. Sich drehende Teetassen. Wir nehmen alles mit. Bis wir nicht mehr können, bis wir genug haben von dem Lärm und dem kunterbunten Chaos. Von den vielen Menschen. Und irgendwie auch ein bisschen von Japan. Vier Wochen sind genug, um das Land anzuschauen. Jetzt ist es Zeit zum Weiterreisen. Jetzt brauchen wir wieder ein bisschen weniger Disziplin. Dafür ein bisschen mehr Freiheit.

Japan – Irgendetwas Leckeres findet sich immer

Am oberen Ende des Werkzeugs sitzt ein fester Gummi und überlässt nichts dem rutschigen Zufall. Die Hand, in der die Stäbchen liegen, ist zwar klein, doch wild entschlossen. Der rohe Fisch muss in das hungrige Kind. Irgendwie. Japan ist für uns ein kulinarischer Glücksfall, denn Max liebt Sushi. Kinder sind oft heikel, wenn es ums Essen geht. Erstaunlicherweise findet sich aber immer irgendetwas, das sättigt und schmeckt. Jedes Land hat sein eigenes Kinder-Menü: frittierte Bananen, Pfannkuchen, Reis mit Kokosmilch und natürlich jede Menge frisches Obst. Also nicht verzweifeln, es ist noch kein Kind auf Reisen verhungert.

Möm •Ulaanbaata
MONGOLEI

A T L

O

C H E R

O Z E A N

bisches
Meer

INDISCHER

OZEAN

BALI

Mit mongolischen Pferden durch das Land unserer Vorfahren

Neuer Plattenbau, alter Sowjetstyle. Wohnklotz an Wohnklotz, kein Grün, keine Natur, dafür grauer Beton überall. In der Mitte ein Spielplatz. Wenigstens der ist bunt. Jedes Klettergerüst hat eine andere leuchtende Farbe. Die Kinder darauf tragen ausgeblichene Klamotten. Das Bild erinnert mich an meine Kindheit. Vielleicht liegt es am Achtzigerjahre-Look der Menschen. Vielleicht am Stahlgerüst ein paar Meter von mir entfernt. Es kann auch die gesamte Situation sein. Mein eigenes Kind ist Teil der Szenerie, Max spielt mit den anderen Jungen und Mädchen, auch seine Anziehsachen sind mittlerweile alt. Seine Hose hat sogar ein paar Löcher. Wahrscheinlich passt er deswegen so gut hier rein.

Wir sind in der Hauptstadt der Mongolei, in Ulaanbaatar. Und wir sind durch einen reinen Zufall hier. Falls es so etwas überhaupt gibt.

Als ich vor ein paar Monaten das Visum für die USA online ausfüllen wollte, hatte es auf einmal geblinkt. Rot. Mist. Nicht gut. Es war nicht möglich, die nötigen Papiere zu bekommen. Schuld daran war mal wieder der Kinderreisepass. Also vorerst kein Hawaii, kein Kalifornien, kein American Dream. Eine Alternative musste her. Ein neues Reiseland. Warum eigentlich nicht die Mongolei? Die Idee kam mir spontan und war völlig aus der Luft gegriffen. Dennoch machte sie Sinn.

Seit meiner Geburt habe ich den sogenannten Mongolenfleck an meiner Hüfte. Ein leicht bläuliches Muttermal, das anscheinend auf Vorfahren in der Mongolei hinweist. Mythos, Legende, was auch immer. Doch weil es zu mir gehört, musste es eine Verbindung zu dem dazugehörigen Land geben, welcher Art auch immer. Der Umweg über die Mongolei scheint also zu passen.

Was mir hingegen nicht so wirklich passt, sind die hiesigen süßen Gewohnheiten. Jedes zweite Kind hat beim Spielen einen Lutscher im Mund. Als Erfrischung gibt es Limonade. Die Milchzähne schimmern eher schwarz statt weiß. Auch unsere Gastfamilie ernährt sich größtenteils von Zucker. Für mich eine recht schwierige Situation.

> Wo ansetzen, um nicht als Kritikerin zu gelten und dennoch auf die Missstände aufmerksam zu machen? Immerhin sind wir zu Gast.

Und dennoch probiere ich es, zumindest im Ansatz. Kaufe für die Kinder Obst anstatt Süßigkeiten, erzähle von Karius und Baktus. Ob es hilft, weiß ich nicht. Doch wenigstens habe ich es versucht. Max ist mit mir einer Meinung: »Das ist voll ekelig, was die hier essen. Nur Süßigkeiten und Fleischsuppe. Und hast du die verschimmelten Zähne gesehen? Putzen die sich die denn gar nicht?«

In solchen Augenblicken hoffe ich, dass der kulturelle Austausch etwas bewirkt. Nicht nur bei uns, sondern auch bei unseren Gastgebern. Dass sie vielleicht eine andere Perspektive einnehmen und unsere Anregungen dankbar annehmen, so wie wir dankbar für die mongolische Couch sind, auf der wir die ersten Nächte schlafen dürfen. Trotzdem werden wir von Tag zu Tag ein bisschen unglücklicher. Max bemerkt es als Erster.

>> Ich habe irgendwie keinen Bock mehr, ständig bei fremden Leuten zu schlafen. Ich will auch mal wieder ein eigenes Zimmer haben und mein Lego nicht jedes Mal wegräumen müssen! <<

Und plötzlich spüre ich es auch. Seit einem Jahr sind wir mittlerweile unterwegs. Schlafen die meiste Zeit bei fremden Menschen. Dürfen mit ihnen zusammenleben, ihre Gastfreundschaft genießen. Wir lieben es, in den Alltag vor Ort einzutauchen, doch gerade reicht es. Gerade wird es zu viel. Wir müssen hier raus. Wir brauchen was Eigenes.

Schon ein paar Stunden später sitzen wir im Taxi. Online hatte ich ein günstiges Hostel im Stadtzentrum für uns herausgesucht. Jetzt versuchen wir, es zu finden, zusammen mit unserem Taxifahrer. Der allerdings ist ratlos. Der nächste Plattenbau, immer noch Sowjetstyle, leider nicht unser Ziel.

»Ich gehe mal kurz nachfragen, wo dieses Hostel ist. Bleibt ihr im Auto. Bin gleich wieder zurück.«

Ich glaube, das hat er zu uns gesagt, so ganz sicher bin ich mir allerdings nicht. Zumal auf einmal ganz viele Menschen aus dem Nichts auftauchen. Sich um unser Auto versammeln und durch die Scheibe starren.

»Was wollen die denn, Mama?«, fragt Max.

Ich weiß es auch nicht. Aber sie lachen. Winken uns zu. Freuen sich. Machen Fotos von uns. So lange, bis unser Fahrer zurückkommt. Mit einem Zettel in der Hand, auf dem eine Beschreibung steht. Kurze Zeit später breiten wir uns in unserem neuen Zimmer aus. Der Rucksack liegt auf dem

Boden. Ausgeschüttet. Wir stellen eine strenge Regel auf. Ab jetzt darf unter keinen Umständen mehr aufgeräumt werden. Nicht ein einziger Lego-Stein. Max schmeißt die kleinen Plastiksteine umher und verteilt sie so weitläufig wie möglich.

Ulaanbaatar ist viel moderner, als ich es mir vorgestellt hatte. Nicht unbedingt schöner, aber auf eine spezielle Art beeindruckend. Anders und spannend. Eine große Stadt mit vielen Autos, vielen Menschen, leider gibt es nur wenig Grün. Dafür ist sie recht international. Der mongolische Supermarkt ist voll mit Produkten aus unserer deutschen Heimat. ABC-Kekse von Bahlsen und Gut & Günstig-Produkte in jedem Regal. Selbst mit Schokolade überzogene Rosinen sind erhältlich. Wir freuen uns, kaufen reichlich ein und verbringen den Abend vor dem Laptop. Glotz-Party mit unseren Lieblingskeksen und alten Filmen. Lange haben wir das nicht mehr gehabt. Nur wir zwei. Faul und unordentlich. Wir hüpfen auf dem Bett herum, drehen die Musik auf und lachen über unseren landestypischen Zuckerschock. Die Kekskrümel liegen auf dem Laken und werden dort auch bleiben. Das ist sie, die mongolisch-deutsche Revolution in unseren eigenen vier Wänden auf Zeit.

Sobald wir unsere Räumlichkeiten verlassen, fällt mir ein Punkt besonders auf. Besonders positiv. Der Umgang mit Kindern. Die sind hier nämlich mehr als erwünscht. Was wir schon aus anderen Teilen der Welt kennen, ist hier noch einmal stärker ausgeprägt. Die Leute freuen sich so sehr über Max, fassen ihn an und lächeln ihm zu. Auch auf dem Spielplatz, der sich in unserer Straße befindet. Jeden Tag treffen wir hier auf unsere neuen Nachbarn und sind herzlich willkommen, obwohl wir überhaupt nicht miteinander kommunizieren können. Denn Englisch sprechen nur die wenigsten. Trotzdem können wir uns austauschen. Auch ohne Worte. Und natürlich kann ich beobachten. Wie die Eltern mit ihren Kindern umgehen. Wie sie reagieren. Kann Vergleiche ziehen zu deutschem Spielplatzverhalten. Ich bin überrascht: Die Kinder sind hier oft der Mittelpunkt. Das ist offensichtlich. Allerdings auf eine andere Art und Weise als bei uns. Immer wieder werden sie getätschelt, geküsst und in den Arm genommen. Liebevoll und fürsorglich. Doch wenn eines von ihnen mal von der Schaukel fällt, wird daraus kein großes Drama gemacht. Ganz sachlich prüfen die Anwesenden mit Blicken, ob das Kind tatsächlich verletzt oder nur schockiert ist. Und entsprechend wird gehandelt. Das imponiert mir. Macht mir Mut. Denn mein Umgang mit Max ist ähnlich. Ich behüte ihn, ich beschütze ihn. Aber ich lasse ihn auch frei und sein eigenes Ding machen, Erfahrungen sammeln. Ich bin für ihn da, sollte etwas schiefgehen. Mache dabei aber weder ihn noch mich verrückt.

Das hebe ich mir lieber für andere Situationen auf. »Hast du mein Handy gesehen?«, frage ich Max. »Das hatte ich hier oben in der kleinen Tasche im Rucksack. Aber da ist es nicht mehr!« Ich habe die Worte kaum ausgesprochen, da durchfährt es mich bereits wie ein Blitz. Die Schocksekunde. Der Schreckensmoment. Verdammt. Mein Telefon wurde geklaut.

Vor Taschendieben hatten mich viele gewarnt. Dementsprechend verhalte ich mich stets vorsichtig. Trage den Rucksack nicht auf dem Rücken, sondern klemme ihn mir unter den Arm. Fest im Griff, doch anscheinend nicht fest genug. Mir läuft es kalt den Rücken runter. Mein Telefon ist mir wichtig. Ziemlich wichtig. Nicht nur für die private Kommunikation, auch zum Arbeiten. Außerdem enthält es viele Fotos, viele Ideen, viele Erinnerungen.

Auf einmal sehe ich einen Hoffnungsschimmer und weiß, was zu tun ist. Ich sage zu Max: »Wir müssen sofort zurück zum Supermarkt und den Weg ablaufen. Vielleicht habe ich das Handy ja auch nur verloren.«

Hand in Hand gehen wir die Straße entlang. Zurück zum potenziellen Tatort. Doch weder links noch rechts vom Fußweg liegt etwas. Nichts. Vor dem Supermarkt bleiben wir stehen. Ich bin geschockt. Ich bin traurig. Ich bin fast ein bisschen verzweifelt. Auch Max sieht traurig aus.

»Das ist so scheiße, Mama. Dein Handy ist weg. Das hat hundertprozentig jemand genommen! Wir müssen unbedingt zur Polizei und es allen Menschen erzählen, damit hier jeder richtig gut auf seine Sachen aufpasst.«

Ich könnte heulen. Und das tue ich kurze Zeit später auch. Allerdings nicht aus Verzweiflung, sondern aus Dankbarkeit. Denn auf einmal kommt eine Frau auf mich zugerannt. Eine völlig Fremde. Mongolische Gesichtszüge, altmodische Kleidung. Sie kommt mitten aus einer Menschenmenge, streckt mir ihre Hand entgegen – und gibt mir mein Handy zurück. Ich falle ihr um den Hals, werfe sie dabei fast um. »Danke, danke, danke.« Aber wie ist mein Telefon zu ihr gekommen? Hat sie es aus meinem Rucksack genommen oder irgendwo gefunden? Tausend Fragen schießen mir durch den Kopf, doch bevor ich auch nur versuchen kann, sie ihr zu stellen, ist sie schon wieder verschwunden. Was für eine seltsame Geschichte. Aber immerhin habe ich mein Handy wieder. Unbeschädigt. Nicht einmal einen Kratzer hat es abbekommen.

Das bestätigt Max und mich in unserer Überzeugung, dass die Welt im Großen und Ganzen ein guter Ort ist. Und dass selbst Ereignisse, die im ersten Moment schrecklich erscheinen, eine erfreuliche Wendung nehmen können.

>> Das liegt bestimmt an unserem
Karma, und weil wir auch immer nett
zu Menschen sind. Das hat der Dieb
wahrscheinlich gespürt und deswegen
unser Telefon wieder zurückgebracht!<<

Max' Optimismus lässt mich mal wieder staunen. Es ist
spannend zu sehen, wie er sich seine eigenen Erklärungen
zusammenbastelt. Und sich dabei von mir beeinflussen lässt.
Meine Toleranzgrenze ist im Allgemeinen ziemlich hoch.
Bis ich ausflippe oder die Nerven verliere, muss einiges
passieren. Ein Verhalten, das Max sich anscheinend erfolgreich abgeguckt hat. Was für ein Glück, denn so lebt es sich
wesentlich einfacher. Vor allem beim Reisen, wenn manches
am Ende doch komplett anders verläuft als geplant.

Wir sitzen in einem Reisebus Richtung Norden. Max rechts
von mir am Fenster. Der Mitfahrer links von mir hat es
nicht so gemütlich. Auf einem Klappstuhl hockt er im
Gang. Vor und hinter ihm sieht es ähnlich aus. Klappstuhl
an Klappstuhl. Immer wieder fällt sein Kopf zur Seite. An
meine Schulter. Seit mehr als zehn Stunden sitzen wir so da.
Eigentlich sollten wir schon längst am Ziel sein. Eigentlich.
Der Bus stoppt. Die Menschen steigen aus. Wir machen mit.
    »Pinkelpause«, versucht mir eine Frau zu erklären.
Allerdings sehe ich nirgendwo Toiletten. Auch keine Bäume.
Noch nicht mal ein Gebüsch. Die Frau hockt sich direkt vor
mich hin.
    »Guck mal, die pieselt da, wo alle sie sehen können! Das
ist ja lustig!« Max fängt an zu lachen. Ich auch. Die Frau
grinst ebenfalls. Es scheint, als mache sie so etwas nicht
zum ersten Mal. Gekonnt hat sie sich ihre Regenjacke um
die Hüften gebunden und uns den Rücken zugedreht. Die

Jacke reicht bis zum Boden, jegliche Intimzonen sind damit bedeckt.

Nachdem auch wir uns diese Taktik zu eigen gemacht haben, steigen wir zurück in den Bus, weiter geht's. Der Kopf landet schon nach ein paar Minuten abermals auf meiner Schulter. Max hingegen ist hellwach. Was mich aber kaum wundert. Denn begleitet wird unsere Fahrt von modernen mongolischen Musikvideos, die auf dem Fernseher über dem Fahrer laufen. Angelehnt an Dschingis Khan. Angelehnt an die Natur, die wir gerade durchqueren. Meistens reitet einer der Darsteller auf einem Pferd und mit Schwertern bewaffnet durch die Pampa. Und singt. Schreit. Denn die Lautstärke ist bis zum Anschlag aufgedreht, die Musik schallt durch den ganzen Bus.

Es ist laut, es ist nervig, aber es passt auch irgendwie. Zur Situation. Zur Umgebung. Zu der Landschaft, die wir seit Stunden durchfahren. Weite, absolute Weite. In verschiedenen Farben. Unendliche Grasflächen, meistens gelb oder grün. Wunderschön, da so speziell. Auch Max ist begeistert. »Da drüben ist wieder ein Zelt. Es ist rund gebaut und hat so Stoff drübergezogen. Davon habe ich schon ganz viele unterwegs gesehen.«

An einem dieser Rundzelte halten wir kurze Zeit später an. Essenszeit. Für uns ist die Situation ein bisschen schwierig, denn normalerweise essen wir kein Fleisch. Doch würden wir uns strikt an unsere Regeln halten, würden wir verhungern. Es gibt hier kaum etwas ohne Fleisch. Und wenn es nur in Fleischbrühe gekocht wurde. Trotzdem versuche ich, unsere vegetarische Esskultur einigermaßen durchzuhalten, versuche, sie zu erklären. Die Reaktion ist uns nicht neu: »Was, ihr esst kein Fleisch? Was esst ihr dann? Das habe ich ja noch nie gehört.« Danach bekommen wir Reis mit Soße. Und Salat. Dass die Soße aus Fleisch gewonnen wurde, versteht sich von selbst. Sogar der Reis schmeckt danach. In der Mongolei ist Fleisch das Hauptnahrungsmittel Nummer eins. In allen Variationen. Zu allen Tageszeiten. Unser Umgang damit hat etwas mit Respekt zu tun, Respekt den hiesigen Menschen und ihren Gewohnheiten gegenüber. Selbst wenn wir es nicht mögen – manchmal geht es eben nicht anders.

»Irgendwie finde ich es schon merkwürdig, dass die so viel Fleisch essen, aber der Reis ist richtig lecker. Außerdem haben die hier wohl auch nicht so viel Gemüse. Ich habe auf der Fahrt gar keine Felder gesehen.« Max ist glücklich, die Gesichter um uns herum am Tisch strahlen ebenfalls Zufriedenheit aus. Problem gelöst.

Weiter geht's nach Mörön im Norden der Mongolei, bis zum örtlichen Busbahnhof. Auch Zaya habe ich über die Freundin einer Freundin gefunden. Sie wohnt zusammen mit ihrer Familie in der Nähe von Mörön und freut sich auf unseren Besuch. Dafür müsste sie uns allerdings erst einmal abholen, doch von ihr fehlt jede Spur.

»Habt ihr jemanden, bei dem ihr wohnt? Der euch abholt? Oder eine Telefonnummer, die wir anrufen können?« Unsere Mitreisenden sind um uns besorgt. Fünfzehn Stunden gemeinsam im Bus verbinden. Und so wartet die Hälfte von ihnen vorerst mit uns. Damit wir uns nicht fürchten und auch gut an unserem Ziel ankommen.

Kurze Zeit später taucht Zaya mit ihrer Familie auf. Als sie aus dem Auto steigt und uns begrüßt, bin ich hin und weg. Bereits in Ulaanbaatar hatte ich bemerkt, wie hübsch mongolische Frauen sein können. Doch Zaya überstrahlt alle. Diese Kombination aus leicht gebräunter Haut, dunklen Augen und schwarzen Haaren, aus irgendwie zerbrechlich und dennoch unglaublich stark und an die harten Lebensbedingungen angepasst, ist einzigartig und völlig faszinierend.

So wie unsere Unterkunft. Die Familie wohnt in der Mitte eines kleinen Dorfes. Ein provisorisch gebautes Haus reiht sich ans nächste. Jedes von ihnen hat eine andere Farbe, jedes von ihnen ist in einem anderen Zustand. Die Straße zwischen den einzelnen Bauten ist aus Schottersteinen zusammengefügt. Fließend Wasser gibt es in den Häusern nicht, Trinkwasser muss täglich in Kanistern von der nächsten Station geholt werden. Auf diese Weise wird auch die handbetriebene Waschmaschine gefüllt. Eine Dusche hat keines der Häuser, dafür gibt es ein Waschhaus für alle Dorfbewohner. Die Toiletten sind kleine Baracken im Garten, mit tiefen Löchern und darüberliegenden Balken, auf die man seine Füße stellt. Ein paar Holzplatten dienen als Sichtschutz.

Es ist einfach, ja, und wahrscheinlich auch nicht besonders hygienisch. Aber ich liebe es sofort. Denn trotz dieser Bedingungen haben Max und ich erneut unsere eigenen vier Wände. Zeltwände. Im Garten von Zaya steht ein Ger-Zelt, eine mongolische Jurte, in die wir für die nächsten Tage einziehen können. Sie ist schlicht und dennoch wunderschön eingerichtet, sehr gemütlich. In der Mitte dieser mobilen kreisförmigen Behausung steht ein kleiner Tisch mit zwei Stühlen. Rechts neben der Eingangstür befindet sich ein Schrank, der durchaus auf einem hippen Berliner Flohmarkt seine Käufer finden würde. Nur der Boden ist mit weniger hübschen Linoleummatten ausgelegt.

Max hat inzwischen seine eigenen Erfahrungen gemacht. »Das Klo draußen ist super«, erklärt er. »Da hockst du dich auf die Bretter und kannst dabei ganz genau zuschauen, was unter dir so abgeht. Da laufen sogar Mäuse rum, die habe ich gerade versucht zu treffen. Und die Hände wäscht man sich in der kleinen Tonne nebenan. Es gibt sogar Seife und ein ganz hübsches Handtuch.«

Mit Zayas beiden Töchtern rennt er nun im Garten umher. Zaya und ich sitzen vor dem Zelt und trinken Tee. Die Situation ist geradezu magisch, und ich fühle mich unglaublich wohl. Die bunten Häuser sind in das warme Licht der untergehenden Sonne getaucht. Auf der gegenüberliegenden Seite kann ich bereits den Vollmond sehen. Fast schon kitschig das Ganze, aber unfassbar schön.

Am nächsten Morgen fällt Max' Wackelzahn raus. Mittlerweile der dritte. Die mongolische Zahnfee lässt mit ihrer Belohnung noch auf sich warten, eine sofortige Reaktion kommt von Suvdaa, Max' neuer Freundin, der älteren Tochter von Zaya. Da sie von den deutschen Sitten profitieren und am Abend ebenfalls ein kleines Geschenk bekommen möchte, macht sie kurzen Prozess. Ohne mit der Wimper zu zucken, zieht sie sich ihren eigenen Wackelzahn raus. Einfach so. Keine Tränen, kein Drama, pure Aktion.

>> Hast du das gesehen, Mama? «, staunt mein Sohn. >> Die hat sich ihren Zahn einfach selber gezogen. Die ist ja krass. «

Doch das Verhalten des Mädchens finde ich äußerst stimmig. Die Bedingungen in diesem Land sind so hart, so rau, seine Bewohner haben sich daran angepasst. Auch die Kinder. Selbst wenn die Temperaturen am Abend rapide sinken, laufen die Kleinen noch im T-Shirt umher. Immer barfuß, immer vollkommen verdreckt. Übrigens absolut windelfrei. Wenn die zweijährige Ninjin, die kleinste von Zayas Töchtern, pieseln muss, hockt sie sich im Garten einfach irgendwo auf den Boden und legt los. Ganz unkompliziert. Was für wild aufwachsende Kinder, was für eine perfekte Umgebung für Max. Mit seinen schwarzen Füßen und vor Dreck zu allen Seiten abstehenden Haaren ist er sofort ein Teil dieser Gemeinschaft. Und ich liebe es, ihn so ungezwungen zu sehen. Das ist sein Element, unser Element.

Dennoch überrascht mich die Tatsache, wie gepflegt die Menschen im Grunde sind. Die Kinder mögen zwar tagsüber mit schmutzigen Händen und Füßen umherrennen, am Abend werden sie aber wieder sauber geschrubbt. Zaya läuft dafür mit einem Kanister zur Station, um frisches Wasser zu besorgen. In einem großen Topf erhitzt sie es auf dem offenen Feuer und schüttet es danach in eine kleine Plastikbadewanne. In die wird ein Kind nach dem anderen gesetzt, Max inklusive. Mit fettigen Haaren oder dreckigen Füßen geht hier niemand ins Bett.

Da unsere Klamotten mittlerweile schon ziemlich abgenutzt und auch nicht ausreichend warm sind, muss ich ein bisschen shoppen gehen. Geschäfte gibt es hier keine, dafür täglich einen großen Markt, auf dem es auch Sachen zum Anziehen gibt. Gebrauchte Kleidung. Mit Zaya klappere ich die einzelnen Stände ab, und ich bin begeistert. Die Sachen sind gut erhalten und gemessen an den aktuellen Trends sogar modern. Pullover mit Schulterpolstern, Jogginganzüge aus Ballonseide, Wintermützen mit Bommel obendrauf. Selbst Schuhe gibt es in verschiedenen Ausführungen, und am Ende des Tages komme ich mit diversen Tüten nach Hause. Die werden sofort weiterverladen, in einen alten russischen Militärbus. Denn in ihm brechen wir schon am nächsten Morgen auf. Wir wollen noch weiter nach Norden. Noch weiter in Richtung Abgeschiedenheit. Noch weiter hinein in die echte Mongolei. Denn Zaya arbeitet nebenher als Fremdenführerin und nimmt uns für die nächsten Tage auf eine ihrer Touren mit.

Max sitzt auf dem Rücksitz des alten russischen Fahrzeugs, ich nehme vorne beim Fahrer Platz. Zaya und eine recht beleibte, ältere Freundin von ihr schieben sich neben Max. Zayas Freundin wird uns auf unserer Tour bekochen. Hauptzutat: Fleisch. Da bin ich mir ziemlich sicher. Die Fenster sind offen, der Wind bläst von allen Seiten ins Auto. Ich halte meine Hand hinaus und spüre den Fahrtwind, spüre dieses Land bis in die Fingerspitzen. Bei jedem Schlagloch hüpft der Bus ein paar Zentimeter in die Höhe. Max quietscht jedes Mal vor Vergnügen. Stunden vergehen, doch uns wird nicht langweilig. Die Fahrt ist anstrengend, die Reise ist lang, doch keiner meckert. Ganz im Gegenteil. Wir genießen die Fahrt in diesem Gefährt.

Als wir am Abend unseren ersten von Zaya organisierten Stopp erreichen, wird es schon langsam dunkel. Die Jurten sind nah am Kohvsgol-See aufgebaut. Aus den Schornsteinen ringelt sich Rauch.

Es ist faszinierend, wie diese einfachen Unterkünfte Geborgenheit verströmen, mit ihnen verbindet man nicht nur eine Schlafmöglichkeit, sondern auch ein Heimatgefühl.

Auf dem Feuer köchelt die Suppe vor sich hin, Max spielt mit den Kindern vor dem Zelt. Die Luft ist frisch und erinnert mich ein bisschen an den Winter in Deutschland. Keine Wolke über uns, der Himmel ist ganz klar.

Zaya setzt sich zu mir und nimmt mich in den Arm. Diese Herzlichkeit in der Mongolei ist schon auffällig. Körperkontakt gehört mit dazu, nicht nur bei den Kindern. Sie sagt: »Irgendwie seid ihr beide, also du und Max, mongolisch. Ich kann dir gar nicht sagen, warum, aber es ist so.« Recht hat sie. Wir passen hierher. Auf eine ganz spezielle

Weise. Natürlich nicht für immer, dennoch fühle ich mich so, als gehörten wir dazu. Und das hat nicht nur mit meinem Mongolenfleck zu tun.

Aktuell findet im ganzen Land das Naadam-Fest statt, das Nationalfest der Mongolen. Seine sehr komplexen Regeln und Gebräuche bleiben mir zwar schleierhaft, angucken möchte ich es mir natürlich trotzdem. Also fahren wir am nächsten Tag zu einer großen Wiese, mitten im Nirgendwo. Es herrscht Jahrmarktsstimmung. Viele verschiedene, extra aufgebaute Stände bieten Speisen an, traditionell mit jeder Menge Fleisch, dazu noch in jeder Menge Fett gebraten. Der Geruch ist trotzdem verführerisch. Überall wuselt es. Die Kinder laufen umher. Es gibt Luftballons, Dosenwerfen, Pfeilschießen. Und natürlich die eigentliche Sensation: mongolische Muskelprotze. Sie sind nur mit einem Höschen, einer Art Jacke zum Zubinden sowie einer speziellen Mütze bekleidet. Alles ist eher knapp gehalten, doch sie können es sich auch leisten. Masse trifft auf Klasse. Zwei Gegner stehen sich in der Mitte der Wiese gegenüber, ein Schiedsrichter springt zwischen ihnen hin und her. Auf ein Zeichen hin fangen sie an, sich gegenseitig auf den Boden zu werfen. Versuchen es zumindest. Denn hier sind anscheinend nur die Besten der Besten zugelassen, und dementsprechend dauert es manchmal ziemlich lange, bis einer im Gras liegt. Wir sitzen zwischen anderen Zuschauern, und ich versuche, mich auf das Spektakel zu konzentrieren. Mindestens ebenso spannend finde ich allerdings die Leute um uns herum. Ausdrucksstarke Gesichter, die Geschichten erzählen. Von harten Lebensbedingungen, von einer völlig anderen Kultur, aber auch von einer großen Herzenswärme. Immer wieder treffen sich meine Augen mit denen meines Gegenübers, dabei wird mir ein nettes Lächeln geschenkt. Ein Lächeln, das für mich so viel Freundlichkeit ausstrahlt, dass ich fast eine Gänsehaut bekomme.

Am Abend lädt Zaya uns zu einer Tanzveranstaltung ein. Der Raum, in dem das Ganze stattfindet, ist ziemlich kahl. Stühle stehen an den Wänden rund um die Tanzfläche. Alle Plätze sind besetzt, alle Anwesenden sitzen. Die Musik wummert ziemlich laut aus den Boxen. Unterhaltungen sind nicht geplant, es geht ja ums Tanzen. Als der DJ »Coco Jambo« auflegt, springen die Ersten auf die Tanzfläche. Formieren sich zu einem Kreis und tanzen vor und zurück. Neonlicht flackert über ihren Köpfen. Als das Lied vorbei ist, setzen sich alle wieder hin. Es dauert einen kleinen Moment, bis der DJ den Übergang zum nächsten Song schafft. Die kleine Verzögerung scheint niemanden zu stören, denn kaum erklingen die ersten Töne des nächsten Songs, stürmen noch mehr Menschen die Tanzfläche. Dieses Mal finden sich Pärchen. Auf einmal steht ein junger Mann vor mir. Fordert mich zum Tanzen auf. Ich muss lachen. Ein Trip durch die Mongolei ist wie ein Trip in die Vergangenheit. Seine schwitzigen Hände umklammern meine, und mit gekonnten Schwüngen wirbelt er mich über die ganze Tanzfläche. Immer wieder stoßen wir mit anderen Paaren zusammen, die das aber mit Humor nehmen.

Max beschwert sich: »Ich will nicht, dass du so komisch tanzt. Das sieht total scheiße aus!« Ich muss lachen. Über meinen Tanzpartner, der mir kein einziges Mal in die Augen schaut, und über meinen eifersüchtigen Sohn, der mich keine Sekunde aus den Augen lässt. Das Lied ist vorbei, der Spuk ebenfalls. Äußerst höflich begleitet mich der Mann wieder zu meinem Platz, macht eine kleine Verbeugung und ist dann verschwunden. Zaya freut sich. »Du hast einen Verehrer. Dann könnt ihr vielleicht für immer hierbleiben.«

Die Geschichte spricht sich herum, und am nächsten Tag darf ich mir einen Spruch nach dem anderen anhören. Selbst unsere Köchin hegt anscheinend Hoffnungen hinsichtlich meiner mongolischen Zukunft. »Ninutschka ist verliebt. Ninutschka ist verliebt.« Na ja, nicht ganz, aber ihre kindliche Freude ist durchaus ansteckend.

Seit sieben Stunden sitzen wir mittlerweile im Sattel. Max bei einem anderen Reiter vorne mit auf dem Pferd, ich auf meinem eigenen. Ich reite das erste Mal in meinem Leben, dennoch klappt es besser als gedacht. Mongolische Pferde sind zwar ziemlich wild, aber dafür auch einiges gewöhnt. Egal welchen Untergrund wir überqueren, mein Gaul bleibt ruhig. Marschiert brav durch Schlamm, Sümpfe, Steinbrüche und reißende Flüsse. Und nebenbei durch eine der schönsten Landschaften, die ich je gesehen habe. Durch ein grünes Tal nach dem anderen führt uns der einheimische Pferdebesitzer. Vorbei an hohen Bergen, klaren Seen, schneebedeckten Hügeln. Es regnet, es schneit, es scheint die Sonne.

Max und ich haben typisch mongolische Mäntel, sogenannte Deels, an, die uns vor der wechselnden Witterung schützen. Hin und wieder müssen wir anhalten, um Unterschlupf zu finden, benötigen die kurzen Pausen, um unsere Hände aufzuwärmen. Die Füße sind mittlerweile nass, unsere Gesichter sehen wie eingefroren aus. Unserer guten Laune tut das keinen Abbruch.

»Das ist so toll, Mama! Und manchmal halte ich sogar selbst die Zügel von unserem Pferd. Vielleicht darf ich auf dem Rückweg ja schon alleine reiten?«

In solchen Momenten bin ich unglaublich glücklich, selbst wenn wir total durchfroren sind und ich Max die Müdigkeit ansehe.

Langsam wird es spät, langsam sollten wir mal ankommen. In einer Kolonne durchqueren wir ein weiteres Tal. Zu unserer Reisegruppe gehören fünf Frauen aus Israel, die Zaya über ein paar Ecken kennt und für diesen Ausflug mit aufs Pferd geholt hat. Einige Tiere laufen die ganze Zeit brav mit unserem Gepäck hinter uns her. Neben unseren Rucksäcken tragen sie unser Essen und sogar Gasflaschen zum Kochen. Plötzlich sehe ich Rauchwolken weit entfernt vor uns in den Himmel aufsteigen. Wir sind da. Wir haben unser Ziel erreicht. Die Zelte der Tsaatan stehen auf einer Lichtung. Fünf Stück kann ich erkennen. Davor ein paar Pferde und hinter den Zelten eine Herde Rentiere. Die Tsaatan sind die letzten Rentiernomaden in der Mongolei, sowohl im Sommer als auch im Winter hausen sie in der Wildnis, bei Temperaturunterschieden von bis zu 80 Grad Celsius. Für ein paar Nächte dürfen wir bei ihnen wohnen, mit ihnen das Zelt und ihr Leben teilen.

Es gibt kein fließendes Wasser, auch keine Toiletten. Trinkwasser wird aus dem Fluss geholt und auf Wunsch abgekocht. Geschäfte jeglicher Art hinter den Steinen ein paar Meter abseits der Zelte erledigt. Wir schlafen auf einfachen Pritschen, die an den Innenseiten der Zelte aufgestellt sind, in der Mitte lodert ein Feuer. Ein großer Topf mit Rentiermilch wird dort erwärmt. Die Hausherrin sitzt auf dem Boden und rührt ohne Unterbrechung. An den Zeltwänden hängen altes Rentierfleisch und frischer Käse zum Trocknen. Der Geruch ist ziemlich ekelhaft, die Situation hat aber dennoch etwas Gemütliches. Es ist herrlich, wie wir alle um das Feuer sitzen und unsere Füße wärmen, in den Händen ein Glas mit Tee.

Max öffnet das Zelt von außen und schiebt seinen kleinen Kopf herein. »Wir gehen runter zum Fluss und versuchen Fische zu fangen. Mein neuer Freund kann das ohne Angel, nur mit seinen Händen. Wenn ich es auch lerne, haben wir etwas Gutes zum Abendessen.« Und schon ist er verschwunden. Gemeinsam mit dem Nomadenjungen rennt er die Lichtung hinunter.

Ich setze mich vor das Zelt, hinter mir höre ich die verschiedenen Stimmen, vor mir laufen die Rentiere frei umher. Dahinter nur noch Weite. Nichts als Weite. Kein Haus. Kein Zelt. Keine Straße. Wir sind weit weg von jeglicher Zivilisation. Der Weg hierher hat mehrere Tage gedauert, es ist ein großes Abenteuer für uns, wahrscheinlich einmalig. Doch für die Menschen, die hier leben, ist es Alltag. Für mich ist das kaum nachvollziehbar.

Max kommt mit seinem Fotoapparat angerannt. Die Nomadenmutter guckt ihn staunend an. Er zeigt ihr Bilder von seinem Geburtstag, als wir in Japan in Disneyland waren. Zwei Welten treffen aufeinander. Und Max ist mittendrin. Auch der kleine Junge, sein neuer Freund, wirft einen Blick auf die Bilder und staunt. Ich auch.

> Zwei Kinder im selben Alter, mit denselben Wünschen, denselben Träumen. Und dennoch führen sie ein Leben, das unterschiedlicher nicht sein könnte. Haben eine Zukunft vor sich, die unterschiedlicher nicht sein könnte.

Wir werden schon bald wieder im nächsten Flugzeug sitzen. Der kleine Junge weiß vielleicht gar nicht, dass es so etwas gibt. Wird vielleicht niemals in einem reisen können. Es ist schon komisch, solche Unterschiede hautnah zu erleben, wenn zwei Realitäten aufeinandertreffen. Zwei Nomadenwelten. Digital versus traditionell. Denn auch wir leben ja auf unserer Reise nomadisch. Ziehen von einem Ort zum anderen. Doch könnten unsere Lebensweisen fast nicht unterschiedlicher sein. Ihr Aufeinandertreffen ist jedoch für alle Beteiligten ein Geschenk.

Die beiden Jungen flitzen zu den Rentieren. Mit einem gekonnten Schubser hilft der Nomadenjunge Max auf ein

Tier. Der hält sich am Fell fest und reitet auf einmal los. Die ganze Familie guckt zu und freut sich. Applaudiert. »Du bist ein richtiger Mongole, kleiner Max!« Die Sonne geht im Hintergrund langsam unter. Taucht diesen besonderen Moment in ein ganz spezielles Licht.

In den Nächten liegen wir im Zelt eng beieinander mit den restlichen Familienmitgliedern. Das Feuer flackert und brennt leise vor sich hin, und auch die anderen sind auf einmal ganz still. Nur Max' zartes Schnarchen ist zu hören. Friedlich liegt er auf der Pritsche, dick eingepackt in seinen Schlafsack. Das Gesicht voller Dreck. Die Träume voller Freude. Der Wind heult um das Zelt. Regentropfen klopfen an die Wände. Ich lege meinen Arm um Max und falle in einen tiefen Schlaf. Bis ich durch ein schrilles Klingeln geweckt werde. Die Tsaatan-Familie sitzt um ein Telefon herum. Schließlich wird der Hörer von einem zum anderen gereicht. »*Benno? Benno?*« Das heißt anscheinend »Hallo«. Ich kann es fast nicht glauben. Wir sind im Nichts. Wir sind in der Wildnis. Und dennoch gibt es ein Telefon, angeschlossen an eine verrostete Autobatterie, Kabel reichen zu Solartafeln vor dem Zelt. Technik macht selbst vor der Einöde nicht halt.

Der Abschied naht. Ein herzliches »Bis bald«, ein paar feste Umarmungen, und schon sitzen wir wieder im Sattel. Die Zelte der Tsaatan werden hinter uns immer kleiner. Mit ihnen irgendwie auch das Erlebte. Die Tage in einer völlig fremden Welt. Einer Welt, die so wahrscheinlich nur noch an wenigen Orten existiert und in die wir kurzzeitig eintauchen durften. Ich drehe mich um und sehe noch einmal den Rauch aufsteigen, bevor wir hinter dem nächsten Berg verschwinden. Zurück in Richtung Zivilisation. Selbst wenn die noch Stunden entfernt liegt, fühlt es sich schon jetzt an, als seien die letzten Tage ein Traum gewesen. So unwirklich, so unfassbar, so unrealistisch kommen sie mir vor.

Nach unserer Rückkehr nimmt uns Zaya mit in die Nähe ihres Dorfes. Wir besuchen eine Zeremonie, an der sie regelmäßig mit ihrer Familie teilnimmt. Die ist heute allerdings nicht mit dabei. Dafür dürfen Max und ich beim Feuerritual mitmachen. Ein Schamane in traditioneller Kleidung umkreist ein großes rauchendes Feuer. Gemeinsam mit anderen Dorfbewohnern sitzen wir vor den Flammen. Es ist Nacht. Es ist kalt. Die Sterne funkeln am Himmel. In dicke Jacken eingepackt, versuchen wir, uns gegenseitig zu wärmen. Max schläft auf meinem Schoß, und auch die anderen Kinder sind erschöpft und liegen auf Decken am Boden. Kein Wunder, denn es ist mehr als spät. Und die Zeremonie läuft bereits seit geraumer Zeit.

Immer wieder tanzt der Schamane um das Feuer. Seine Kleidung erinnert mich ein bisschen an die von Indianern. Der Kopfschmuck ist imposant, und auch die Maske, die er trägt, ist mit unzähligen Federn geschmückt. Um seine Hüften baumelt ein Gürtel mit verschiedenen Stöckchen und Bändern. Zwischen seinen wilden Bewegungen macht er abrupt eine Pause. Setzt sich hin. Dann darf sich jemand vor ihm hinknien. Sich die Hände auf den Kopf auflegen lassen. Und warten, bis der Kontakt hergestellt ist. Zur Seele. Zur Vergangenheit. Zur Zukunft. So vergeht Stunde um Stunde.

Nun bin ich an der Reihe, als Letzte. Mit einem Kopfnicken bittet mich der Schamane, zu ihm zu kommen. Zaya begleitet mich. Auch ich muss mich hinknien. Auch ich werde am Kopf berührt. Und dann darf ich ebenso wie alle anderen zuvor Fragen stellen. Der Schamane liefert die Antworten, Zaya übersetzt.

»Seit meiner Geburt habe ich diesen typischen Mongolenfleck auf dem Rücken – vielleicht stammen meine Vorfahren ja aus der Mongolei? Das würde ich gerne erfahren.«

Den letzten Satz habe ich noch nicht mal beendet, als der Schamane plötzlich aufspringt. Er schnappt sich diverse Trommeln und rennt noch wilder als zuvor um das Feuer herum. Immer wieder, immer lauter. Bis er schließlich zu mir zurückkehrt. Sich zu mir setzt. Mit zittrigen Händen meine Finger berührt und dabei unaufhaltsam auf Zaya einredet.

»Was ist denn hier los, Zaya?«, frage ich meine Gastgeberin. »Irgendwie macht mir das ein bisschen Angst, oder ist das etwa normal, was hier gerade abgeht? Bei den anderen war das nicht so krass!«

Die Antwort auf meine Fragen ist ein lautes Schluchzen. Zaya fängt auf einmal an zu weinen und nimmt mich fest in den Arm. »Du kommst aus der Mongolei. Deine Vorfahren vor vielen, vielen Generationen waren Mongolen, in dir fließt mongolisches Blut. Du bist eine von uns.«

Ich bin völlig perplex und weiß in dem Moment gar nicht, was ich sagen soll. Max ist mittlerweile aufgewacht, sitzt am Feuer und verfolgt das Geschehen gespannt.

»Was hat der Zauberer zu dir gesagt?«, will er wissen. »Kannst du jetzt hexen und mit den Geistern sprechen?«

Ich muss mich erst einmal sammeln und über die Worte des Schamanen nachdenken. Was ist das, was ich gerade erlebt habe? Hokuspokus? Spinnerei? Oder vielleicht doch die Wahrheit? Ich bin mir unsicher, doch am Ende durchströmt mich ein wohliges Gefühl. So komisch die ganze Situation auch erscheint, ich fühle mich heimisch. Zu Max sage ich: »Anscheinend kommen wir auch aus der Mongolei. Unsere Ur-Ur-Ur-Urgroßeltern stammen von hier. Dann bist du tatsächlich ein kleiner Mongole.«

Mein Sohn strahlt, wird dann aber ernst. Mit festem Blick schaut er mich an, hält mich fest.

>> Ich hab's gewusst, Mama, und es ist
doch auch irgendwie klar. Überleg
doch mal, wie könnten wir sonst beim
allerersten Mal in unserem Leben so
gut reiten, wenn wir keine echten
Mongolen wären. Das geht gar nicht
anders. Der Zauberer hat recht. Wie
genial, wir sind Mongolen! <<

Vielleicht stimmt es ja, vielleicht versetzt der Glaube wirklich Berge. Immerhin ist eine mongolische Abstammung nicht das Schlechteste und macht für uns sogar Sinn. Denn dass wir nomadische Gene in uns tragen, ist mehr als offensichtlich. Jetzt wissen wir wenigstens, wo sie herkommen. Und wo sie uns hinführen. Leider schon wieder zurück nach Ulaanbaatar. Leider schon wieder in Richtung Ende unserer Mongolei-Reise. Die Verabschiedung von Zaya und ihrer Familie ist ziemlich tränenreich und emotional. So viele wunderbare Dinge haben wir zusammen in so kurzer Zeit erlebt. Doch auch mit Zaya werden wir in Verbindung bleiben, da bin ich mir sicher. Mongolisches Blut ist dicker als Wasser.

Max' mongolische Haarpracht fällt nun allerdings erst mal einer einheimischen Friseurin zum Opfer, die Ordnung in seine langen zotteligen Haare bringen soll. Ein bisschen zumindest, immerhin ist unsere nächste Station in ein paar Tagen ein besonderer Zwischenstopp. Die Frau hat ihre wahre Freude und schnippelt an Max herum, bis sie den kleinen Jungen zufrieden mustert, der jetzt aussieht, als wäre er einem Achtzigerjahre-Video entsprungen. Die Vokuhila-Version in Blond ist zum Lachen, aus ästhetischen Gründen stutze ich sie Stunden später dann doch noch einmal mit der Bastelschere. Im selben Rutsch werden auch Finger- und Fußnägel geschnitten. Die Klamotten sind frisch gewaschen, als wir im Taxi zum Flughafen sitzen. Mit dem neuen Wissen um unsere Herkunft geht es sauber und gestriegelt zurück in unsere alte Heimat. Dort müssen wir in den nächsten Wochen ein paar Dinge regeln. Einiges organisieren und natürlich unsere Freunde und die Familie besuchen.

»Da hast du aber ein tolles Karnevalskostüm an. Feierst du heute schon Fasching, im August?« Max guckt mich an, als würde er kein einziges Wort des Zollbeamten am Flughafen München verstehen. Völlig ratlos. Völlig empört. Völlig schockiert.

»Hat der denn gar keine Ahnung, was ich hier trage?«, fragt Max. »Hat der denn noch nie einen mongolischen Deel gesehen? Das ist doch kein Faschingskostüm, den Mantel habe ich von meiner Freundin Zaya geschenkt bekommen!« Tränen schießen ihm in die Augen, und mich befällt eine traurige Vorahnung. Wir haben in den letzten dreizehn Monaten so viele Dinge erlebt. So viele Menschen kennengelernt. So viele Erfahrungen gemacht. Wie wird es für uns sein, wieder in unser früheres Leben zurückzukehren? Wie werden unsere Mitmenschen reagieren? Wie werden wir uns fühlen? Ankommen oder anecken, das wird wohl ab jetzt die große Frage sein.

Mongolei – Bakterien, Viren, Keime

Früher hielt ich es für eine gute Idee, mit einem Flachmann, gefüllt mit Sagrotan, in der Tasche zu verreisen. Die Desinfektion im Kleinformat ist für das mütterliche Gefühl äußerst hilfreich. Nach und nach freut sich das kindliche Immunsystem allerdings auch über tropische Bakterienstämme und belohnt das Vertrauen mit äußerst selten vorkommenden Zusammenbrüchen. Max ist eigentlich nie krank, ich ebenfalls nicht. Händewaschen ist bei uns trotzdem ein Muss, und zwar regelmäßig. Doch manchmal hilft es auch, nicht zu viel darüber nachzudenken. Anders verhält es sich beim Impfen vor einer Reise. Hier vertraue ich persönlich dem Tropenmediziner meiner Wahl und meinem Bauchgefühl. Nicht zu viel, nicht zu wenig. Die Mischung macht es, selbst beim Blick in das gelbe Heftchen. Lass Dich am besten fachgerecht beraten, wenn Du unsicher bist. Dann kannst Du ganz entspannt verreisen.

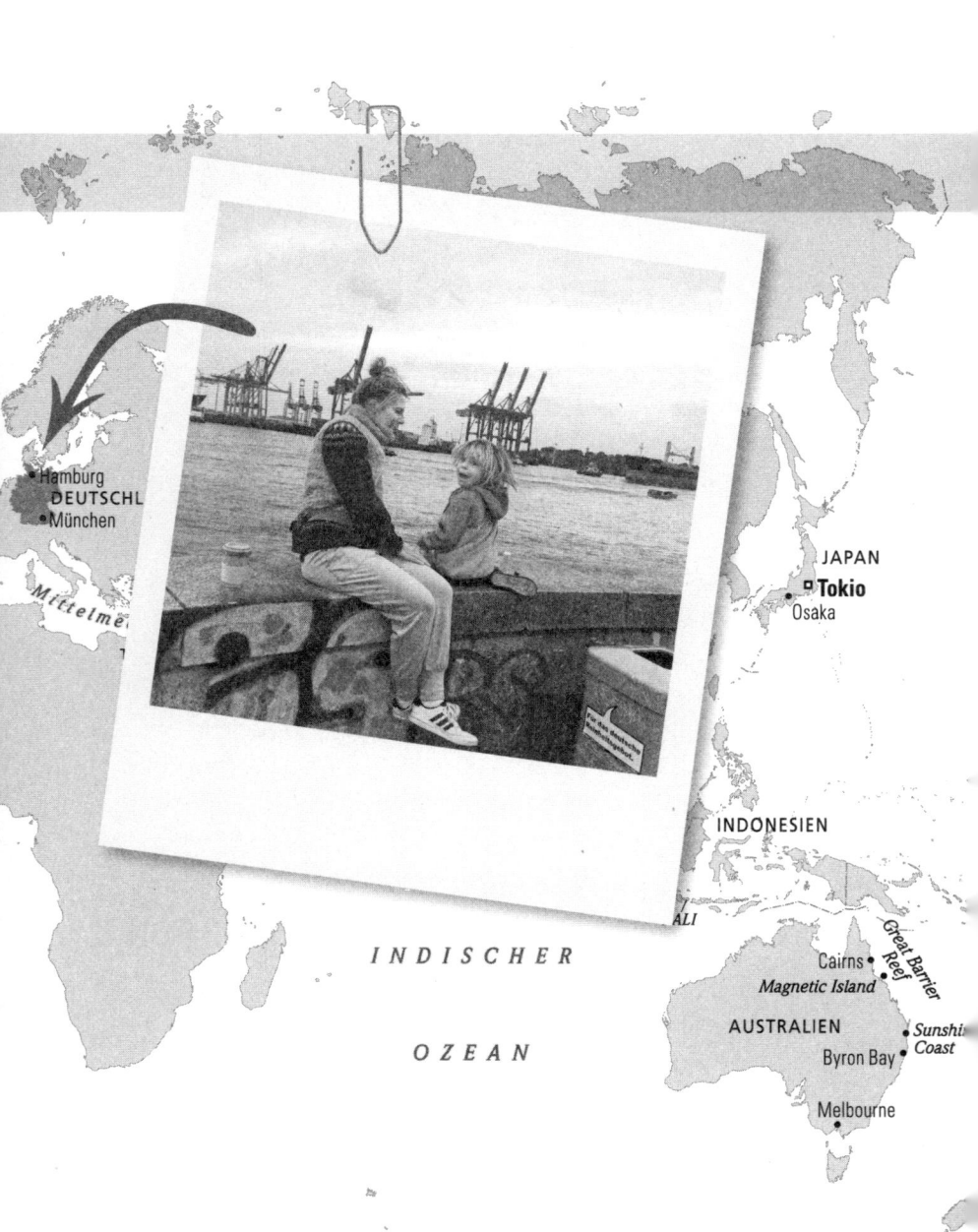

Hamburg
DEUTSCHL
München

Mittelme

JAPAN
□ **Tokio**
Osaka

INDONESIEN

INDISCHER

ALI

OZEAN

Cairns
Magnetic Island

Great Barrier Reef

AUSTRALIEN

Sunshi Coast

Byron Bay

Melbourne

Warum es zu Hause so schön, das Fernweh aber nie weit ist

Erst einmal abknutschen. Unser Empfangskomitee steht schon bereit, und glücklich fallen wir uns in die Arme, reden alle durcheinander. Der Flug, der Zollbeamte, der Rucksack. Aus Max sprudelt es nur so heraus. »Ihr werdet es nicht glauben, aber unser Rucksack ist weg. Das erste Mal auf der ganzen Reise. Und Bärti ist auch verschwunden.«

Es ist wirklich unfassbar. Eigentlich bin ich ja, seit wir aufgebrochen sind, eine große Vertreterin von Handgepäck. Nicht nur der Kosten wegen, so hat man auch die Garantie, dass nichts verloren geht. Auf unserem Rückflug hatten wir jedoch die Möglichkeit, unseren Rucksack gratis aufzugeben, so mussten wir uns nicht schwitzend von Gate zu Gate mit ihm abschleppen. Doch irgendwo zwischen Ulaanbaatar und München wurde er anscheinend vergessen. Und damit unser ganzes Hab und Gut. Mist. Natürlich können wir uns für den Anfang Klamotten leihen und uns Sachen aus den zurückgelassenen Kisten im Keller heraussuchen. Seltsam ist es trotzdem.

Umso schöner, endlich wieder Zeit mit Familie und Freunden zu verbringen. Und da wir alle sehen wollen, leben wir vorerst genauso nomadisch wie die letzten Monate. Ziehen von einer Wohnung zur nächsten. Besetzen eine Couch nach der anderen. Quer durch Deutschland. Vom Süden in den Norden und wieder zurück. Mit einem großen Unterschied. Ich muss unseren Trip nicht mehr so detailliert organisieren, auch müssen wir uns weniger anpassen. Denn benehmen können wir uns bei unseren jetzigen Gastgebern wie zu Hause, Schlafanzug-Partys und Unordnung inklusive. Und dabei werden wir auch noch richtig verwöhnt. Ein großer Vorteil, wenn man lange weg war. In diesem Sommer werden wir behandelt wie Ehrengäste.

Aber nicht nur unsere Unterkünfte sind bequem, das Leben um uns herum ist es ebenfalls. Ich hatte ganz vergessen, wie angenehm es ist, genau zu wissen, in welchem Regal im Supermarkt meine Lieblingsmarmelade steht. Stundenlang schlendere ich, begleitet von Dudelmusik, die Regale entlang. Lasse mich inspirieren, gucke, was es Neues gibt. Überlege, was ich am Abend kochen kann. Oder mit welcher Freundin ich mich zur Besprechung von Problemen in meinem Lieblingscafé treffen mag. Die Rückkehr ins Bekannte hat schon was. Behaglichkeit. Entspanntheit. Sicherheit. Auch wenn es mich immer wieder wundert, wie wenig sich in den letzten zwölf Monaten eigentlich verändert hat. Während Max und ich uns die Welt angeschaut haben, scheint in Deutschland die Zeit ein bisschen stehen geblieben zu sein. Die Milch im Laden steht noch im selben Regal. Die Brezen beim Bäcker um die Ecke sehen noch genauso aus wie früher. Selbst die Leute, die ich auf dem Weg dorthin treffe, sind dieselben.

Doch wir haben uns verändert. Und das betrifft nicht nur unser Inneres. Teilweise ist unser Anderssein sogar sichtbar für unsere Mitmenschen. Einer meiner Freunde sagt: »Sei mir nicht böse, Janina. Es ist großartig, dass ihr wieder zurück seid. Doch irgendwie wirkst du so, als wärst du in einer anderen Welt zu Hause. Als würdest du hier

Max nach unserer ersten Vollmondzeremonie in Ubud/Bali. Im Hintergrund ein Teil von Kadeks Familie.

Bei der Hochzeit von Kadeks Cousin staunen wir nicht schlecht. So viel Prunk, so viel Make-up – selbst beim Bräutigam. Max ist begeistert.

Zuerst surfen, dann schwimmen lernen – so lautet die Reihenfolge von Max' Ozean-Karriere. Mehrmals die Woche steht er in Indonesien auf dem Brett.

Mit Felix und seinem Geländewagen fahren wir zu Silvester durch die australische Pampa.

Natur, so viel und so oft es geht. In Australien gibt es davon genug. »Little Mogli« ist beim Angeln und Feuerholzsammeln in seinem Element ...

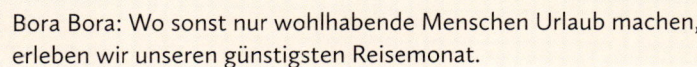

Bora Bora: Wo sonst nur wohlhabende Menschen Urlaub machen, erleben wir unseren günstigsten Reisemonat.

In Japan prallen die Kulturen aufeinander. Wildes Reiseteam trifft auf geregelte Strukturen. Das ist schön für eine gewisse Zeit, aber nicht für immer.

Hand in Hand durch Tokio (oben) und Kyoto (rechts). Max und ich wachsen auf unserer Reise noch mehr zusammen und werden zum unschlagbaren Team.

Dazu gehört auch, zu streiten und voneinander genervt zu sein. Doch das Beste daran ist: miteinander Zeit zu verbringen und Abenteuer zu erleben.

Die Schönheit der Mongolei beeindruckt uns sehr. Wir reiten auf Pferden, wohnen in Zelten und waschen uns in Flüssen. Einfach und glücklich.

Die typischen Jurten sind durchaus gemütlich. Zaya erzählt allen stolz von ihren deutschen Freunden mit mongolischem Blut.

Deutschland muss warten, die Welt hat uns wieder. Der Start in die zweite Runde erfolgt per Schiff, mit All-inclusive-Programm und digitalen Nomaden.

Freunde auf der ganzen Welt: An der Gesellschaft von anderen Kindern mangelt es nie. Mit vielen hat Max immer noch regelmäßigen Kontakt.

Kultur zum Anfassen – egal ob Frida Kahlo oder die allgemeinen Lebensumstände. So gut es geht, lasse ich Max an der Realität der Welt teilhaben.

Wo auch immer wir hinkommen, erobert Max die Herzen im Sturm. In Mexiko darf er sogar beim Tortillabacken helfen.

Dieses Foto aus Kuba ist eines meiner Lieblingsbilder der ganzen Reise. Es ist Symbol unserer eigenen kleinen Revolution.

In Gretels Familie werden wir so warmherzig aufgenommen, dass wir die komplette Zeit in Havanna bleiben. Im echten Leben. Im echten Kuba.

Happy Hippie im ausgebauten Schulbus in Huntington Beach/Kalifornien. Es häufen sich die Gedanken an ein Ankommen. Irgendwo.

Die Verbindung zu July aus Encinitas/Kalifornien ist einzigartig. Der zweite Aufenthalt hat uns Klarheit gebracht und neue Freunde. Echte.

Island ist Max' Nummer eins. Nach Wochen der Einsamkeit genießen wir nun das volle Touristen-Programm in der Blauen Lagune.

Mit dem Besitzer des Tores führen wir spannende Gespräche über magische Geschöpfe und zauberhafte Gegebenheiten. Zweifel ausgeschlossen.

Israel hat mich Nerven gekostet. Aber nur im Vorfeld. Die Ängste rund um unsere Reise hierher waren völlig unbegründet.

 Israel ist unser kulinarisches Schlaraffenland.

Magisches Licht, magische Momente und magische Gespräche am Toten Meer.

Bei der Klagemauer treten wir aus Versehen am Eingang für Männer ein und sorgen damit für großen Aufruhr.

Max nennt Georgien das »Land der Drachen«. Wir entdecken atemberaubende Orte.

Für meine Zukunft als georgische Hausfrau sehe ich leider schwarz. Obwohl Max das Bullerbü-Leben im Svaneti-Nationalpark durchaus gefällt.

Bei den Blumenfrauen kaufen wir in Tiflis jeden Tag ein. Vor allem Max' lange blonde Haare werden weltweit inspiziert. Und für gut befunden.

Beim Besuch meiner Eltern wird Max zum Reiseführer. »Wir sind so stolz auf Euch zwei«, lobt meine Mutter. Wir auf uns auch.

nicht mehr richtig reinpassen. Als würdest du mittlerweile in den Dschungel gehören oder so.«

Ich muss lachen. Und gleichzeitig ein bisschen weinen. So recht hat dieser Freund. Ich spüre es ebenfalls.

Auch wenn ich Deutschland momentan sehr genieße, es sehr zu schätzen weiß – irgendetwas ist anders geworden. Wir sind anders geworden.

Mittlerweile werden immer mehr Medien auf Max und mich aufmerksam. Ich bekomme eine E-Mail nach der anderen. Interviewanfragen. Einladungen. Vorschläge für eine Zusammenarbeit. Unsere Geschichte scheint zu interessieren. Unsere Geschichte scheint zu unterhalten. Ich bin überwältigt. Ich bin glücklich. Und gleichzeitig ziemlich aufgeregt. Denn ein sehr bekanntes deutsches Magazin möchte mich zu unserem Trip befragen. Ausführlich. Auf einmal hänge ich am Telefon und beantworte Fragen, anstatt sie – wie normalerweise als Journalistin – zu stellen.

Voller Stolz feiern wir zu Hause unseren Erfolg. Die Sektgläser klirren, die Glückwünsche klingen nach. »Mut wird belohnt. Wer wagt, gewinnt«, geht es mir durch den Kopf. Und plötzlich erinnere ich mich wieder daran: »Du hast für dich und dein Kind den richtigen Weg eingeschlagen. Die richtige Entscheidung getroffen. Dein ganzes Leben umgestellt. Etwas Neues aufgebaut. Wenn du auf diesem Pfad bleibst, wirst du damit sehr erfolgreich sein. Denk in genau einem Jahr an mich zurück. An meine Worte. An das, was ich heute sehe. Und du wirst lachen. Denn du wirst erkennen, dass ich recht hatte. Vertraue mir. Vertraue dir!«

Genauso hatte es mir der balinesische Heiler prophezeit. Genauso hatte ich es damals in mein Tagebuch geschrie-

ben. Es war auf Bali gewesen, in Amed. August 2016. Jetzt
ist August 2017. Ich bekomme eine Gänsehaut.

Mein Herz hüpft. Meine Hände zittern. Es ist noch viel zu
früh. Ich bin noch viel zu müde. Und dennoch kann ich es
nicht erwarten. Mit verschlafenen Augen schalte ich den
Flugmodus auf meinem Handy aus. Heute ist der große
Tag. Heute wird es passieren. Heute wird mein Interview
online gestellt. Doch heute werde ich auch zum ersten Mal
seit Langem sehr enttäuscht sein. Sehr traurig. Und sehr
nachdenklich. Nicht wegen der Veröffentlichung, schuld ist
das, was ich ein paar Zeilen weiter unten lesen muss. In der
Kommentarspalte. Mein frühmorgendlicher Albtraum.

Auf der ganzen Welt sind wir in den vergangenen dreizehn Monaten mit offenen Armen empfangen worden.
Überall wurden wir während unserer Reise unterstützt. Immer wieder bestätigt in dem, was wir tun. Und regelmäßig
wurden wir dafür ausführlich gelobt. Erfuhren Nächstenliebe, Menschlichkeit, empfanden Stolz. Durch all das war
unser Alltag unterwegs bestimmt. Doch was ich jetzt zu
lesen bekomme, ist weit davon entfernt. Neid. Missgunst.
Vorwürfe: »Das kann ja so gar nicht funktionieren. Das
zahlen bestimmt die Eltern. Armer Junge, der den Egotrip
seiner Mutter mitmachen muss. Wenn sie zurückkommt,
lebt sie bestimmt von Hartz IV, und wir dürfen sie mit-
finanzieren ...«

Es ist mir ein Rätsel, warum manche Menschen so ge-
mein sein müssen. Und es fällt mir schwer, damit um-
zugehen, es nicht an mich heranzulassen. Es von Max und
mir fernzuhalten. Wo liegt das Problem? Warum sind so
viele Menschen so hämisch? Alles andere als konstruktiv
kritisch, sondern einfach nur beleidigend? Viele Fragen,
keine Antworten. Doch ich muss mich davon verabschieden.

Mithilfe ausführlicher Gespräche mit vertrauten Menschen gelingt mir das sogar. Und ich bekomme relativ schnell wieder die Kurve.

»Lieber Neid als Mitleid« notiere ich auf einem neonfarbenen Post-it, das ich an den Badezimmerspiegel klebe. »Lass sie reden«, habe ich in meine Gedanken eingepflanzt.

Denn während in den anonymen Weiten des Internets noch gekrittelt und gemeckert wird, bin ich bereits ganz woanders. Eigentlich schon seit Monaten. Meine anfangs noch zarten Ideen haben sich mittlerweile in handfeste Pläne verwandelt. Deutschland ist aktuell zwar wieder unsere Heimat, doch nur für einen kleinen Zwischenstopp. Bleiben werden wir nicht. Wollen wir nicht. Immer wieder frage ich Max, ob er etwas vermissen würde oder ob er Heimweh hätte, wenn wir erneut Deutschland verlassen würden. Seine Antwort fällt jedes Mal ähnlich aus: »Ich würde die großen Platten von Lego vermissen, mit denen ich Stationen bauen kann. Und mein ferngesteuertes Auto. Sonst eigentlich nichts. Können wir diese Sachen vielleicht in meinen Rucksack packen? Ich trage den dann auch!«

Das letzte Jahr hat es gezeigt. Die Mehrzahl der Reaktionen abseits der gemeinen Kommentare auch. Was wir machen, tut nicht nur uns gut, ist nicht nur unser Traum, sondern auch der von vielen anderen Menschen, für die wir ihn stellvertretend leben. Für die wir stellvertretend darüber berichten. Doch nicht nur das. Wir sind mittlerweile zu richtigen Mutmachern geworden. Helfen anderen Eltern, ihren Reisetraum zu leben. Sich zu trauen. Sich zu entscheiden. Warum damit also schon aufhören? Warum etwas beenden, das so gut funktioniert, für uns und für andere, und somit noch weiterlaufen kann? Ich frage Max: »Willst du gerne hier in Deutschland bleiben und mit deinen ganzen Freunden aus dem Kindergarten nach dem Sommer in die Schule gehen? Oder sollen wir noch mal losziehen? Die Länder besuchen, die wir bis jetzt noch nicht gesehen haben?«

Ich kenne meinen Sohn, ich kenne seine Gene, ich kenne seine Antwort. Trotzdem macht es mich glücklich und erleichtert mich, dass Max anscheinend das Leben in München genauso wenig vermissen wird wie ich. Schon wieder weiterziehen will. »Wann fliegen wir denn?«, fragt er voller Ungeduld.

Auch die Schule gibt mir grünes Licht. Nach Absprache mit der Schulleitung wird Max erst im nächsten Jahr eingeschult. Mit sieben. Mit einem Jahr mehr Welterfahrung. Die Entscheidung ist gefallen. Welt, du hast uns wieder. Neues Jahr, neues Glück. Sektgläser, die Zweite.

Doch zunächst gehe ich auf eine ganz besondere Reise. Ich sitze im Zug nach Hamburg. Auf meinem Schoß eine große Tupperdose gefüllt mit selbst geschmierten Butterbroten. Von Mama. Gegen die Aufregung. Gegen das flaue Gefühl im Magen. Gegen die zitternden Knie. Durchaus lecker, aber nicht wirklich wirksam. Meine Nervosität ist zu groß. Ich bin auf dem Weg in ein Fernsehstudio, bin Gast einer Talkshow. In ihr soll ich meine Geschichte erzählen. Live und vor Publikum. Kein Wunder, dass ich nervös bin. Lampenfieber habe. Obwohl ich die Situation kenne. Immerhin habe ich selbst viele Jahre vor der Kamera gestanden. Doch dieses Mal ist es anders. Denn es ist persönlich. Es ist subjektiv. Es ist mein eigener Ritterschlag.

Das Make-up sitzt, das Kleid passt. Ich rede mir selbst gut zu: »Das wird schon, das bist du doch gewohnt. Außerdem lieben die Leute unsere Geschichte.« Die Scheinwerfer sind auf mich gerichtet, das rote Licht fängt an zu blinken.

Es geht los. Und mit dem ersten Applaus der Zuschauer im Studio ist auch meine Nervosität weg. Der Moderator beginnt mir Fragen zu stellen. Ich kann erzählen. Ich kann berichten. Über die letzten zwölf Monate. Über Max und unser Leben in den verschiedenen Ländern der Welt. Die mir zugewandten Augen leuchten, die Gesichter strahlen. Balsam und Bestätigung für meine Seele.

Nach einer guten Stunde ist der Zauber vorbei, doch ich schwebe weiterhin durch die Welt, als hätte ich etwas Besonderes erreicht. Direkt in die Arme meiner Freundin Josephine. Vor genau einem Jahr hatte ich sie auf Bali kennengelernt, in Canggu. Wir begegneten uns, als sie eines Abends im landestypischen Restaurant mit uns an einem Tisch saß. Nachdem wir festgestellt hatten, dass wir alle aus Deutschland kommen und im selben Hostel (sogar Zimmer an Zimmer) wohnen, gab es kein Halten mehr. Unsere Freundschaft war von jetzt auf gleich tief wie der Ozean in unserer Nähe, und das hat sich seitdem nicht mehr geändert. Trotz der Entfernung. Trotz des Zeitunterschieds. Heute ist sie ganz nah bei mir und lässt mich für die nächsten Minuten nicht mehr los. »Ich bin so stolz auf dich, Janina. Du hast es geschafft. Du hast es allen gezeigt. Und gleichzeitig ganz vielen Menschen ganz viel Mut gemacht. Grund zum Feiern.« Und so sitzen wir bis zum nächsten Morgen zusammen und leeren ein Glas Champagner nach dem anderen.

Eine Welle nach der anderen rollt an den Strand. Lässt das Wasser auf den Sand prallen. Immer mal wieder meine Füße nass werden. Die Containerschiffe vor mir werden neu beladen. Die Menschen auf ihnen wuseln umher wie Ameisen. Wild. Durcheinander. So wie die Gedanken in meinem Kopf. Seit meinem Fernsehauftritt ist nichts mehr, wie es war. Das Telefon steht nicht mehr still. Die Angebote, über unsere Geschichte zu schreiben, zu berichten, zu erzählen, häufen sich. So viel Lob, so viele nette Nachrichten, so viel Zuspruch. Ich bin erstaunt. Ich bin dankbar. Das Glücksgefühl in meinem Bauch will und will sich nicht legen. Ich habe seit Tagen ein Dauergrinsen im Gesicht. Von einem Ohr zum anderen.

Es ist aber auch an der Zeit zu reflektieren, es zumindest zu versuchen. Das letzte Jahr zu verarbeiten. Die Erlebnisse zu sortieren und in meinen Erinnerungen zu verstauen. Denn in wenigen Tagen geht es bereits weiter. Freunde und Familie sind natürlich schon eingeweiht und freuen sich auf unsere neuen Abenteuer. Denn sie werden auch in Zukunft ein Teil davon sein. Zwar räumlich weit von uns entfernt, doch in Gedanken immer mit dabei.

Ein riesiger Pott zieht vorbei. Entlang der Elbe auf dem Weg ins Meer. Wind kommt auf, und es wirkt, als würde er das riesige Schiff anschieben. Es in die richtige Richtung leiten. Ich spüre, wie er auch mich anstupst. Zum Aufbruch motiviert. Zum Weiterziehen. Der Rucksack ist nach einiger Zeit wiederaufgetaucht, inklusive Bärti. Die Klamotten in ihm sind frisch gewaschen und neu geordnet. Wir sind startklar. Auch Max kann es kaum erwarten, dass es weitergeht. Seit Tagen zählt er die Nächte, die wir noch schlafen müssen, bis es losgeht. Seit Tagen ist er in Aufbruchsstimmung.

> Wir sind bereit und spüren den Rückenwind, der uns antreibt. Mehr denn je.

Und wir werden ihn auch brauchen. Mehr denn je. Denn es geht aufs Wasser. Dieses Mal Richtung Westen. Dieses Mal auf einem Schiff.

Deutschland – Gibt es (k)einen Weg zurück?

Die große Frage nach dem Danach, sie wird kommen. Und die Antwort wird es in sich haben. Ein Jahr auf Reisen zu sein verändert den Blick. Man nimmt auf einmal Dinge ins Visier, die im Alltag normal oder wichtig erscheinen. Verhaltensmuster werden hinterfragt. Die Annehmlichkeiten geprüft, die es nur zu Hause gibt. Freunde und Familie werden unter die Lupe genommen. Der neue Blick hilft dabei, zurückzukommen, den Umgang mit den Menschen von früher in einem anderen Licht zu sehen, er hilft aber auch dabei, erneut loszulassen und vielleicht sogar die Reise fortzusetzen. Deutscher Neid und deutsche Missgunst stehen weltweiter Nächstenliebe und Unterstützung gegenüber. Warum es so große Unterschiede gibt, kann ich nicht verstehen. Was ich davon halten soll? Auch das kann ich nicht beantworten. Kann nur meinem Gefühl folgen. Wichtig ist, sich nicht von anderen blockieren zu lassen, sondern selbst zu entscheiden. Ob Du nun zwei Wochen, drei Monate oder ein ganzes Jahr unterwegs sein möchtest ... Und sich das Erlebte nicht von anderen schlechtreden zu lassen.

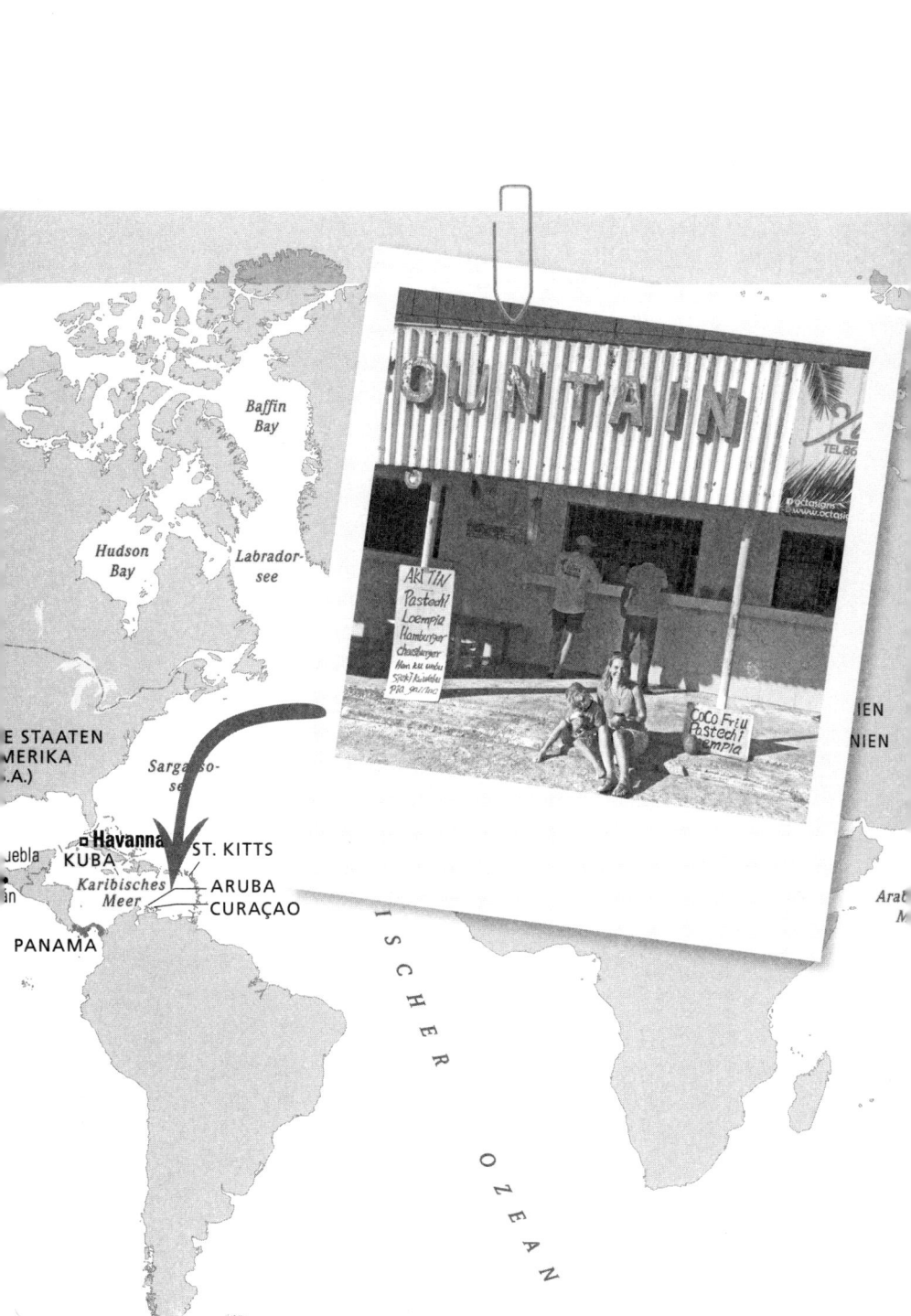

4800 Seemeilen purer Luxus

Ich stehe an der Reling und blicke über den Hafen. Noch nie bin ich für längere Zeit auf einem Schiff gewesen. Noch nie für längere Zeit an einem Ort, an dem ich nicht die Möglichkeit habe, zu gehen, wenn ich ihn nicht mehr mag. In meinen Gedanken hatte ich mir diesen Moment an der Reling ganz romantisch vorgestellt. Max und ich Hand in Hand, mit Blick auf das Meer. Das Schiff legt ab, wir schauen uns an, mit einem Lächeln im Gesicht, und freuen uns auf Teil zwei unseres Abenteuers. Von meinem Sohn habe ich allerdings seit Entdeckung des Kids Clubs auf Deck vier nichts mehr gesehen. Meine Hand krallt sich somit an dem Metallgitter fest, und mein Lächeln im Gesicht ist Unsicherheit gewichen. Will ich das wirklich? Kann ich mich noch umentscheiden? Zwei Wochen auf hoher See? Zwei Wochen auf diesem Schiff? Einem Kreuzfahrtschiff? Und das, obwohl mein fünfundsiebzigster Geburtstag noch so weit entfernt liegt? »Verdammt, ich glaube, ich mache gerade einen riesigen Fehler. Ich bin doch kein Kreuzfahrt-Mensch! Ich kann doch nicht zwei Wochen auf diesem Ding hier eingesperrt sein!«

Mein Handy blinkt im Dauermodus, beruhigende Nachrichten einer Freundin lassen mich tief durchatmen. »Bleib locker, Janina! Ihr habt in ein paar Tagen schon den ersten Landgang. Und das Essen soll bei solchen Reisen immer gut sein. Außerdem gibt es bestimmt jeden Tag Yoga am Morgen und Karaoke am Abend. Das ist doch was für dich.« Ich lache. Und während ich noch Alternativen in meinem Kopf durchgehe, wie ich diesen Ort verlassen könnte, ohne viel Aufsehen zu erregen, ist es auch schon zu spät. Die Leinen sind los. Wir sind in Bewegung. Wir sind auf dem Weg nach Mittelamerika. Unser nächstes Ziel ist Panama.

Tatsächlich war ich immer ein bekennender Feind von Kreuzfahrtschiffen. Zu spießig. Zu teuer. Zu langweilig. Somit rein gar nichts für Max und mich. Doch diese Version hier ist anders. Allem voran und sehr erstaunlich: Selbst als All-inclusive-Variante war diese Wahl günstiger als die entsprechenden Flugtickets. Zudem ist dieses Schiff kein üblicher Luxusdampfer, sondern gefüllt mit digitalen Nomaden. Einer von ihnen hatte vor ein paar Jahren die Idee, Gleichgesinnte auf einem Boot zu versammeln, von einem Ort zum nächsten zu bringen und dabei täglich ein Programm mit Workshops anzubieten, um so einen konstruktiven Dialog zu ermöglichen. Die meisten Mitreisenden sind somit Teil der mir eh schon bekannten Nomadenfamilie, alte Freunde und potenzielle Geschäftspartner. Zu meiner eigenen Überraschung musste ich also gar nicht lange überredet werden, mit an Bord zu kommen. Selbst der Zeitpunkt ist perfekt, um diese Form der Fortbewegung für unsere Anreise nach Mittelamerika zu nutzen. All diese Vorteile mache ich mir kurze Zeit später, nach meinem anfänglichen Anflug von Panik und gefolgt von einem ersten Glas Rotwein, wieder bewusst. Zwei Wochen liegen also vor uns. Zwei Wochen mit beruflichem Gedankenaustausch und privatem Luxus, mit Kinderbetreuung und somit paradoxerweise in absoluter Freiheit in diesem schwimmenden Gefängnis. Max liebt es ebenfalls.

>> Ich habe mir schon Pommes frites
bestellt. Und Nudeln mit Tomatensoße. Und einen Kindercocktail. Und
nach dem Essen kommt >Findet Nemo<
im Kino. Und Kinder dürfen hier alles
machen, was sie wollen, Mama. Ich
finde Kreuzfahrtschiffe toll. <<

Weg ist er. Und so läuft es von jetzt an jeden Tag. Seit Langem habe ich nicht mehr so ein organisiertes Leben gehabt.
So ein nobles Leben. Rund um die Uhr gibt es das leckerste
Essen, und jeden Morgen wird das Bett hübsch hergerichtet. Warum hatte ich eigentlich immer so eine Abneigung
gegen solche Fahrten? An Bord beginne ich mich schon in
den ersten Tagen in diese Art des Reisens zu verlieben. Und
in meine Mitmenschen. Als digitale Nomaden sind wir eh
alle irgendwie miteinander vernetzt, helfen uns gegenseitig,
wo wir können. Doch der Austausch ist mehr als wichtig,
wenn man tagein, tagaus allein vor seinem Laptop sitzt und
in die Tasten haut. Einmal so viele real und zum Anfassen
an einem Ort versammelt zu haben, ist mehr als super. Jeder
berichtet von seinen Erfahrungen, seinen Visionen. Herrlich. Und Max erlebt das Ganze als kunterbuntes Schnup-
perpraktikum. So viele verschiedene Berufsmöglichkeiten
abseits der üblichen Arbeitswelt hat er plötzlich vor Augen.
Hier und da kann er ein bisschen mithelfen und bekommt
so einen Einblick in das, was auch ihm irgendwann offen-
steht.

Abends fallen wir beide erschöpft ins Bett. Entertainment verpflichtet, Entertainment ermüdet. Getragen von
den sanften Bewegungen der Wellen schlafen wir ein. Oft
wache ich mitten in der Nacht auf. Schleiche mich heimlich
an Deck, wenn alle schlafen, und genieße den wahrschein-

lich schönsten Sternenhimmel überhaupt. Dann bette ich mich auf eine der bequemen Liegen und starre hinauf. In solchen Momenten fühle ich mich gar nicht mehr gefangen, sondern einfach nur frei. Wir sind wieder unterwegs. Wir sind wieder in unserem Element. Und lassen uns ganz theatralisch von den Sternen leiten.

Nach einigen Tagen auf hoher See machen wir unseren ersten Stopp auf St. Kitts, einer Insel in der Karibik. Anfangs ist es ziemlich komisch, wieder festen Boden unter den Füßen zu haben. Um in wenig Zeit möglichst viel von der Insel zu sehen, stellen Max und ich uns an den Straßenrand. Per Anhalter, das wissen wir aus Erfahrung, funktioniert das Fortkommen auf kleinen Inseln am besten. Auch dieses Mal haben wir Glück. Unser Fahrer ist ein ganz spezielles Exemplar. Ein Rastafari mit einem riesigen Herzen und einem nicht minder riesigen Bienenkorb (aus Dreadlocks und Häkelmütze) auf dem Kopf.

Max kommt aus dem Staunen nicht mehr heraus und hat tausend Fragen: »Warum hat der denn so seltsame Haare?« »Warum versteckt er die unter einem schwarzen Netz?« »Und warum soll das eine Religion sein?« »Beten die auch Buddha an, oder wen?«

Die karibische Insellandschaft wird schnell zur Nebensache. Nur gibt es leider eindeutige Probleme bei der Kommunikation. Ich weiß nicht, ob es an der Lautstärke der Reggaemusik im Auto oder am speziellen Slang unseres Fahrers liegt, jedenfalls verstehe ich so gut wie nichts. Kann nur Fragmente erraten. Doch selbst die kleinsten Fetzen sind interessant, und wir lauschen gespannt. Zum Abschied gibt es noch ein tolles Foto – und natürlich spricht sich die Geschichte am Abend im Bordrestaurant schnell rum. Abenteurer bleibt Abenteurer. Selbst auf einem Kreuzfahrtschiff.

>>Wenn du mich suchst, ich bin im Kinder-
klub. Du kannst mich ja zum Essen
wieder abholen, okay?<<

Mittlerweile kann ich Eltern sehr gut verstehen, die diese Art des Urlaubs regelmäßig buchen. Obwohl wir auch den zweiten Teil unserer Reise hauptsächlich antreten, um möglichst viel Zeit gemeinsam zu verbringen und dabei die Welt zu entdecken, genieße ich die Stunden, die ich für mich allein habe. Max ebenfalls. Kino, Bastelstunde, Sportprogramm. Selbst die familiären Babysitter in Deutschland können gegen die Bespaßung an Bord einpacken.

Ich sitze mit meinem Laptop und Sonnenmilch am Pool. Seit dem Zwischenstopp in Deutschland hat sich meine Auftragslage stark verändert. Wenn ich mich nicht gerade ausruhe oder esse, bin ich auf dem Schiff ziemlich produktiv. Und kreativ noch dazu. Der Wirbel der letzten Wochen wirkt noch nach, mein Enthusiasmus ist ungebrochen. Manchmal muss ich lachen, wie wir hier alle um den Pool gruppiert sind, mit den Laptops auf dem Schoß und Cocktails in der Hand. Das ist Arbeiten 2.0, doch entgegen vieler Vorurteile sind die meisten von uns äußerst erfolgreich. Trotz angenehmer Arbeitsbedingungen. Oder wahrscheinlich gerade deshalb.

Die Aufregung steigt. Gleich geht's los. Max und ich stehen vor der schiffseigenen Bühne, das Mikrofon bereits in der Hand. Max sagt: »Das ist mega-genial, alle kommen nur, um uns zuzuhören.«

So ist es. Der Raum füllt sich mit Leuten, die mehr von unseren Abenteuern erfahren möchten. Doch dieses Mal ist es anders. Ich werde nicht allein berichten. Max ist an meiner Seite und darf auch erzählen. Von gefährlichen Surfunfällen und balinesischen Vollmondzeremonien. Vom Leben im australischen Auto und auf mongolischen Pferden. Von schnellen Zügen in Japan und bunten Fischen in der Südsee. Noch ein bisschen schüchtern, aber durchaus unterhaltsam redet er los. Will das Mikrofon am Ende gar nicht mehr abgeben. Der Apfel fällt nicht weit vom Stamm. Wir zwei sind uns durchaus ähnlich. Nicht nur äußerlich.

Das findet auch Lety, als wir ihr auf Curaçao, einer niederländischen Karibikinsel, entgegenlaufen. Sie ist eine waschechte Insulanerin, um die fünfzig, typisch karibisch, mit recht vielen Kilos auf den üppigen Hüften und einem breiten Grinsen im dunklen Gesicht. Vor mehr als sechs Jahren hatten wir sie hier kennengelernt.

»O mein Gott, da warst du noch ganz klein, hast Windeln getragen und neonfarbene T-Shirts, die dir deine Mama auf dem Markt gekauft hat«, begrüßt sie Max. »Haare hattest du da auch nicht so viele, und jetzt bist du schon so groß! Komm her, lass dich drücken!« Max war noch ein Baby, als wir Lety 2012 begegneten, stundenlang trug sie ihn damals auf dem Arm.

Strahlend fällt Max ihr um den Hals. Was für ein schöner Zufall, dass das Kreuzfahrtschiff gerade im Hafen dieser Insel für ein paar Stunden anlegt und wir von Bord gehen können. Als Erstes fahren wir zum Ort des einstigen Geschehens, auf die andere Seite der Insel. Hier hatten wir in einem kleinen Ferienhaus neben Lety und ihrer Familie gewohnt und wurden äußerst herzlich von ihr aufgenommen. Jetzt sind wir zurück, stehen in der derselben Straße, die ich Max im Kinderwagen rauf und runter geschoben habe. Heute läuft er an meiner Hand. Anschließend gehen wir zum Strand. Alles sieht noch aus wie damals, und selbst die Fischer wissen noch, wer wir sind. Selten habe ich so unmittelbar vor Augen, wie schnell die Zeit vergeht. Es kommt mir nämlich vor, als wäre es erst gestern gewesen, dass ich mit Max jeden Morgen im Wasser war und den Schildkröten hinterhergeschaut habe. Heute schwimmt er ihnen nach, mit Schnorchel und Taucherbrille. Hinterher verkündet er: »Ich glaube, die haben mich sogar wiedererkannt. Ich sehe ja schließlich ganz anders aus als die Leute von hier. Das haben die sich bestimmt gemerkt und freuen sich jetzt.« Schon ist er wieder untergetaucht. Zusammen mit Wasserschildkröten in der Karibik schwimmen, das war schon vor sechs Jahren ein absolutes Highlight für mich. Umso schöner, dass Max es dieses Mal bewusst miterleben kann.

Lety sitzt im Sand und schaut uns zu. Nach all den Reisen, die ich mit Max unternommen habe, nach all den Plätzen, die wir zusammen besucht haben, nach all den Menschen, die wir getroffen haben, ist es ein schönes Gefühl, jederzeit zurückkehren zu können. Wir haben tatsächlich Freunde auf der ganzen Welt, die sich freuen, uns wiederzusehen. Die uns nicht vergessen haben. Und die Max beim Älter- und Größerwerden begleiten, auch wenn sie weit weg sind. Der Kontakt bleibt mit vielen bestehen. Dank moderner Kommunikation.

Aruba ist der letzte Stopp auf unserer Kreuzfahrt. Die Insel wartet mit einer Überraschung auf. Bei unserem Strandspaziergang sehen wir einen Helikopter, der sich in die Lüfte erhebt.

»Lass uns da mal hin«, ruft Max. »Ich weiß, wo der startet und landet.«

So stehen wir wenige Minuten später in der Nähe des hafeneigenen Landeplatzes und beobachten ein paar unserer Mitreisenden, die offenbar etwas betuchter sind als wir. Sie benutzen den Hubschrauber, um über das glasklare Meer zu fliegen und einen Blick auf die Insel aus einigen Metern Höhe zu erhaschen.

»Max, willst du mit uns mitfliegen? Wir haben einen Rundflug gebucht und noch einen Platz frei. Du kannst gerne mitkommen, wenn du magst.«

Und ob er mag. Völlig von Sinnen läuft er Richtung Startplatz, an der Hand zweier Nomadinnen, die er auf dem Schiff kennengelernt hat. Stolz dreht er sich noch einmal zu mir um und winkt, bevor er einsteigt, das Headset aufsetzt und der Heli auch schon startet. Dass er sich so etwas traut!

Wurzeln und Flügel, die zwei Hauptbausteine, die ich Max für sein Leben mitgeben möchte – es scheint zu klappen.

Auch wenn wir normalerweise allein unterwegs sind, fühlen wir uns nie einsam. Wegen genau solcher Tage. Wegen genau solcher Erlebnisse.

Ich stehe an der Reling. Nach knapp zwei Wochen auf hoher See legt das Schiff endgültig an. Wir sind da. Ab jetzt sind wir wieder Landratten. Oh, wie schön ist Panama. Und es riecht tatsächlich nach Bananen. Janosch, der Autor des beliebten Kinderbuches, hatte recht. Für uns riecht Panama aber auch wieder nach Umstellung. Nach Neustart und Neuorientierung. Zwei Monate Deutschland plus zwei Wochen Rundumbetreuung müssen wir erst einmal verarbeiten, auch müssen wir wieder in unsere Reiseroutine hineinfinden. Organisieren, kochen, jeden Tag selbst das Bett aufschütteln. Das soll in Panama passieren, bevor wir weiterziehen, Richtung Norden, nach Mexiko. Wir zwei. Plus Bärti. Das alte Team in Originalbesetzung.

Auf See – Eine Ode an die Erfinder von Skype und WhatsApp

Zehn Minuten. Mindestens. So lang sind im Durchschnitt die eingesprochenen Sprachnachrichten auf WhatsApp. Mehrmals täglich. Die Leitung glüht, bis die Internetverbindung uns scheidet. Hab keine Angst, Deine Freunde aus den Augen zu verlieren, wenn Du Dich mit Deinem Kind auf den Weg machst. Obwohl so weit weg von zu Hause, ist der Kontakt normalerweise fast immer möglich. Geschichten, Fotos, Videos: Die modernen Buschtrommeln funktionieren, selbst mit Zeitverschiebung. Den Kontakt unterwegs aufrechtzuhalten ist inzwischen wirklich einfach. Neue Freunde zu gewinnen ebenfalls. Kinder sind hierbei die beste Unterstützung. Die Hälfte unserer neuen Weggefährten hat Max an Land gezogen. Egal ob am Strand, im Café oder auf dem Markt. Hemmungen, fremde Menschen (und deren Kinder) anzusprechen, kennt er nicht. Welch Glück! Und so schließen wir immer wieder neue Freundschaften, die bestehen bleiben. Auf der ganzen Welt.

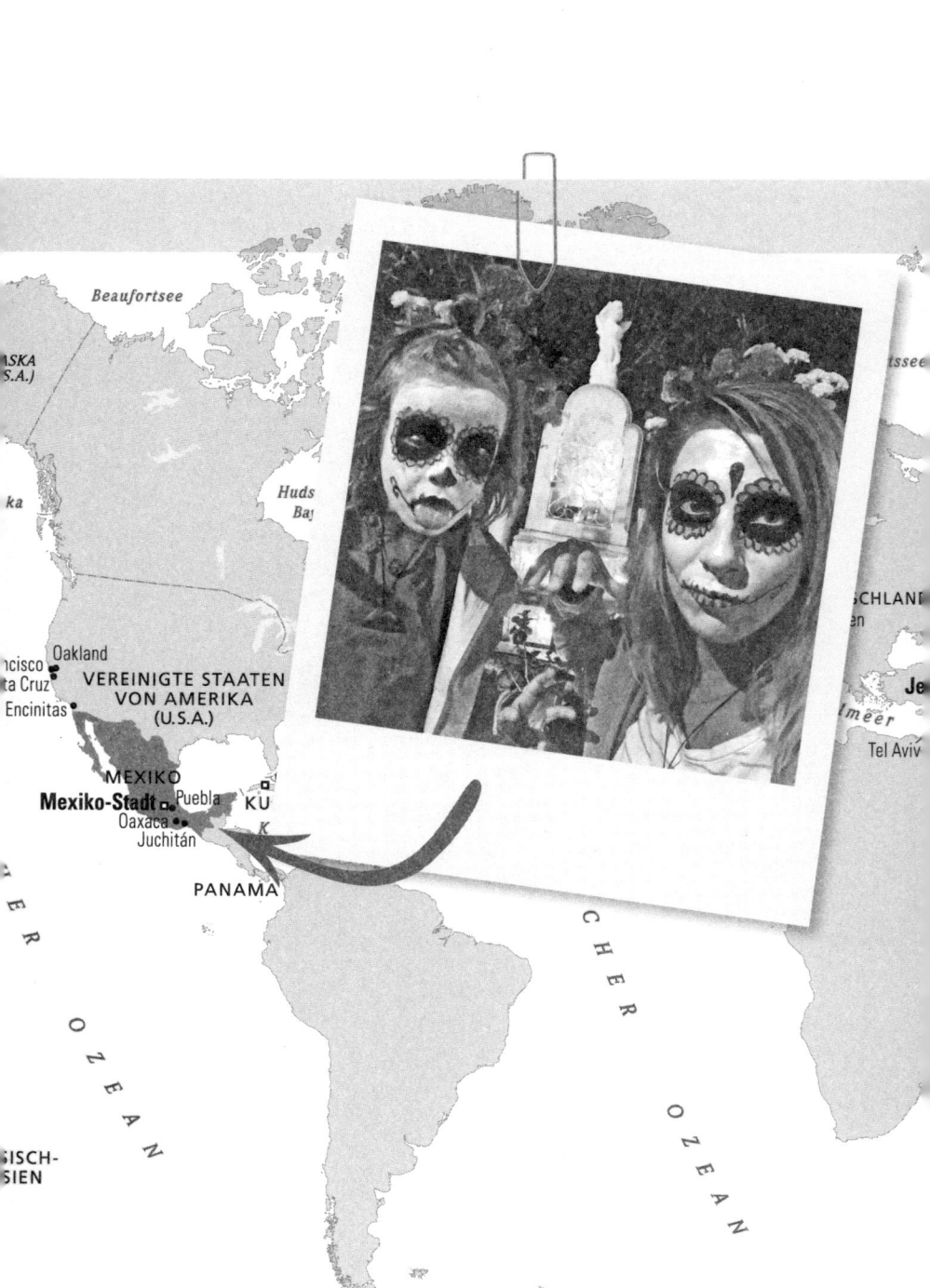

Hand in Hand
durchs Tortilla-Land

Das Erste, was ich an Mexiko wahrnehme, ist mal wieder der Geruch. Blumig und süß. Frisch und aufdringlich. Der typische Weichspüler-Duft, aber in untypischer Dosierung. Ich erkenne ihn sofort wieder, denn er ist mir vertraut. Vor mehr als zehn Jahren hatte ich als Au-pair in Spanien gearbeitet. Madrid. Dort mit vielen Mexikanern Kontakt gehabt und mich immer über dieses einheitliche Aroma gewundert.

Frisch mit dem Flugzeug in Mexiko angekommen, heftet es sich augenblicklich an meine Geruchsnerven und bleibt dort für die nächsten Wochen. Ich fühle mich dadurch von der ersten Sekunde an heimisch. Das liegt vielleicht auch daran, dass ich fließend Spanisch spreche. Das ist auf jeden Fall ein großer Pluspunkt auf der Reise. Ein noch größerer hier in Mexiko.

Dabei ziehen wir für die ersten Tage bei einer deutschen Familie ein, die im recht zentral gelegenen Ort Heroica Puebla de Zaragoza lebt. Anna-Maria, eine Leserin unseres Blogs, hat uns zu sich nach Hause eingeladen, um uns ihre Wahlheimat zu zeigen. Seit zwei Jahren wohnt sie in Puebla mit ihrem Mann und dem gemeinsamen kleinen Kind. Aus beruflichen Gründen haben sie bayerische Fleischpflanzerl gegen mexikanische Tacos eingetauscht. Ihre Gastfreundschaft ist mehr als herzlich, der Ort hingegen erschüttert mich anfänglich ein wenig, denn die Umgebung scheint nicht ganz das zu sein, was ich mir unter Mexiko vorgestellt habe.

Anna-Maria bestätigt meinen Eindruck: »Ihr müsst hier echt gut auf euch aufpassen. So traurig das ist, aber Mexiko ist ein heißes Pflaster. Besonders mit blondem Kind an der Hand. Das Gute ist, dass du die Sprache kannst. Trotzdem, seid achtsam.«

Puh. Ich bin schockiert. Ich bin traurig. Sowohl die Wohnsiedlung, in der wir ab jetzt leben, als auch die umliegenden Spielplätze werden bewacht wie ein Hochsicherheitstrakt. Das Sicherheitspersonal ist mit Maschinenpistolen bewaffnet. Ich weiß gar nicht, wie ich mich fühlen soll, und auch Max ist leicht verstört.

»Warum haben die denn alle Pistolen und Gewehre dabei? Ist hier irgendwie Krieg oder so?«, fragt er.

Anna-Maria streichelt ihm zärtlich über den Kopf und versucht, ihn zu beruhigen. »In Deutschland ist so etwas vielleicht befremdlich, aber bei uns gehört das zum Alltag. Leider. Aber lass dich nicht zu sehr davon verschrecken. Das restliche Mexiko ist wunderschön. Nur eben mit Vorsicht zu genießen.«

Täglich sind wir nun mit Gegensätzen konfrontiert. Da gibt es die vielen Sicherheitsvorkehrungen auf der einen Seite, auf der anderen die unglaublich herzlichen, bemühten und hilfsbereiten Menschen. Immer haben sie ein Lächeln auf den Lippen, besonders mein spanischer Akzent lässt sie schmunzeln. Und natürlich der quirlige Max mit seinen blonden Haaren. Dennoch weisen auch die Mexikaner mich ständig auf Gefahren hin. »Kinder«, so erzählen sie, »sind hier leider ein ziemlich häufiges Opfer von Entführungen.« Deswegen soll ich Max immer an der Hand zu halten und niemals aus dem Blick verlieren. Selbst im Supermarkt soll man die Kleinen im Auge behalten, denn manche Kriminelle schnappen sich laut den Berichten sogar Kinder, wenn sie nur ein paar Meter von ihren Eltern entfernt sind. Und lassen sie erst wieder gehen, wenn eine bestimmte Menge an Geld übergeben wird.

Mich wühlen solche Geschichten unglaublich auf, und zwar so sehr, dass ich sie fast nicht glauben kann. Die große Frage, die sich mir stellt, ist: Wie können wir uns entsprechend anpassen? Immerhin wollen wir das Land bereisen und seine Kultur kennenlernen. Wir wollen Zeit mit den Menschen verbringen und nicht ständig und überall von Angst geplagt sein. Dass ich jedes Wort, das in meiner Nähe gesprochen wird, verstehe, ist schon mal der erste Schritt in die richtige Richtung. Und auch die Tipps und Tricks, die mir täglich mit auf den Weg gegeben werden, aus deutscher Auswanderersicht, aber auch aus mexikanischer Perspektive, helfen weiter. Wird schon werden. Wird schon alles gut gehen.

Zuversichtlich machen wir uns auf den Weg nach Oaxaca de Juárez. Es ist Ende Oktober, bald wird der Tag der Toten gefeiert. Genau deswegen sind wir hier. Karneval mal anders. Maskieren auf Mexikanisch. Am 2. November steht Max geduldig in der Schlange mit den anderen Kindern. An ihrem Ende sitzt eine Mexikanerin mit bunten Farbtöpfen in der Hand. Der größte Topf ist weiß, denn Weiß ist die Grundfarbe, wenn man geschminkt werden will wie eine totenköpfige Catrina-Figur, das wichtigste Symbol am Tag der Toten. Max wartet schon seit mehr als einer Stunde, ich kann ihn nicht davon abbringen, sich anmalen zu lassen.

>> Ich will genauso aussehen wie die mexikanischen Kinder<<, erklärt er bestimmt. >> Ich will auch so ein Totenkopfgesicht haben. Das sieht nämlich richtig gruselig aus. Wir können dann damit zum Friedhof gehen und Leute erschrecken. <<

Schließlich wird auch er mit weißer Farbe angepinselt. Dann kommen die Details. Schwarze Augenringe, skeletthafte Züge. Am Ende sieht er zum Fürchten aus. Aber genau richtig, um zur größten Grabstätte der Stadt zu gehen.

Mittlerweile ist es schon spät in der Nacht. Es ist ziemlich dunkel, aber die Wege sind wunderschön beleuchtet. Damit die Verstorbenen zurück in ihre Häuser finden, werden die Straßen mit Kerzen dekoriert. Und mit orangefarbenen Blumen. Zu Hause erwartet die Geister ein Holzaltar, darauf stehen Schüsseln mit reichlich Speisen, Krüge mit Wein und Wasser, umgeben von Blumen und Geschenken und sonstigen Objekten. All die Dinge sind hier versammelt, die den Toten im Leben auf der Erde wichtig waren.

Auf dem Weg zum Friedhof werden wir in verschiedene Häuser gebeten, um uns die »ofrendas« der jeweiligen Familie anzuschauen, jene üppig arrangierten Altäre. Gemeinsam trinkt man einen Schnaps auf die Verstorbenen, während man ihrer gedenkt. Auf den Straßen wird auch gefeiert, die richtige Party findet aber auf dem Friedhof statt. Ich kann es fast nicht glauben, doch der Platz der Toten ist rappelvoll. Überall sitzen Menschen auf den Gräbern, halten Picknicks ab, essen und trinken. Verschiedene Bands bewegen sich zwischen den Grabsteinen und unterhalten die Besucher mit traditioneller Musik. Es wird gelacht, das

Leben genossen, die Kerzen flackern im Takt der Musik, die Sterne funkeln um die Wette.

Max ist Feuer und Flamme: »Komm, Mama, wir spielen Verstecken. Das funktioniert bestimmt super hier, und passieren kann auch nichts. Ist ja alles voll mit Mexikanern.«

Mit großzügigen Mexikanern. Immer wieder werden wir eingeladen, uns zu ihnen zu setzen und etwas über die Verstorbenen zu erfahren. Wir sollen an deren Vergangenheit teilhaben, sollen wissen, wie sie gestorben sind: »Mein Sohn Jorge hatte gerade seinen Führerschein gemacht und ist mit seinem Motorrad mit über hundert Stundenkilometern gegen einen Baum gefahren. Er war sofort tot. Das war vor vier Jahren. Seitdem versammeln wir alle uns hier am Tag der Toten und dekorieren das Grab mit kleinen Motorrädern.« Die mexikanische Mama wendet sich nun an Max: »Wenn du damit spielen magst, mach das ruhig. Es freut Jorge bestimmt, dich dabei zu sehen.« Mit Tränen in den Augen nimmt sie Max in den Arm und gibt ihm eines der kleinen Metallspielzeuge. Mir tätschelt sie die Hand und schaut mich mit ihren verweinten und dabei so gutmütigen Augen an: »Genieß jede Sekunde mit deinem kleinen Engel. Kinder sind das Allerwichtigste auf der Welt. Der Herr hat mir Gott sei Dank meine zwei anderen Söhne gelassen. Sie sind mein ganzer Stolz.«

Ich bin gerührt und dankbar für ihre Emotionalität und ihre Offenheit.

Es imponiert mir, dass alles, was mit Sterben und Tod zu tun hat, hier nicht aus dem Leben ausgeklammert wird. Hier werden wir unmittelbar damit konfrontiert. Für mich eine völlig neue Situation, für Max wichtig zu sehen.

»Tretet doch ein und guckt euch ruhig um. Wir haben gestern ganz neue Modelle bekommen, die stehen dahinten.« Selbst am Bestatter, der uns mit Stolz seine neuen Särge präsentieren möchte, kommen wir auf dem Weg zum nächsten Friedhof nicht ohne zu halten vorbei. Tod und Leben sind unweigerlich miteinander verbunden. Das eine kann ohne das andere nicht existieren. In Mexiko ist das Teil des Alltags. Was nicht heißt, dass die Menschen nicht traurig darüber sind, wenn sie sich von einem geliebten Familienmitglied verabschieden müssen. Immer wieder fangen sie an zu weinen, nehmen sich in den Arm und spenden sich Trost. Dennoch gehen sie anders damit um als die Menschen in Deutschland oder anderen Ländern. In meinen Augen besser. Friedvoller. Undramatisch.

Bis tief in die Nacht bleiben wir bei den Ruhestätten für die Toten. Danach liegen wir noch lange wach im Bett und sprechen über das Erlebte. Plötzlich sagt Max:

>> Auch wenn ich ja weiß, dass du mich als Geist immer besuchen könntest, möchte ich trotzdem nicht, dass du stirbst, Mama. Niemals! <<

O je, ich kann mich noch ganz genau daran erinnern, wie sich die Angst vor dem Tod für mich als Kind oft angefühlt hat. Ich hatte an so vielen Abenden, immer kurz vor dem Zubettgehen, den gleichen Satz für meine Mutter parat. Diese Angst, den wichtigsten Menschen in meinem Leben zu verlieren, hat jetzt mein eigenes Kind. Und der Tag ist natürlich auch an mir nicht spurlos vorübergegangen.

Max erzähle ich: »Es gab da mal eine Krankenschwester, die hat sich um Menschen gekümmert, die alt oder krank waren und bald sterben sollten. Für ein Buchprojekt hat sie die Patienten kurz vor ihrem Tod gefragt, was für sie in ihrem Leben denn das Schönste war und was sie gern anders gemacht hätten. Die meisten von ihnen haben bereut, so wenig Zeit mit den Menschen und den Dingen verbracht zu haben, die ihnen wirklich wichtig waren. Mit dir, Max, Zeit zu verbringen und die Welt zu bereisen, ist eines der wichtigsten und schönsten Dinge für mich. Wenn ich also irgendwann in vielen, vielen Jahren mal sterbe und mich jemand fragt, wann ich am glücklichsten in meinem Leben war, werde ich immer von unserer Reise sprechen.«

Max grinst und ist stolz. »Und dann kommst du ja eh als Geist zu mir zurück, und alles ist in Ordnung!«

Auch am nächsten Tag ist der Spuk in Oaxaca noch nicht vorbei. Überall in der Stadt sind Stände mit Essen aufgebaut. Die Leute tummeln sich auf den Straßen wie auf dem Oktoberfest in München. Nur ohne Weißbier. Dafür mit typisch mexikanischem Essen.

Doch das hält sich in meinem Magen nur für kurze Zeit. Wir sitzen wieder im Bus. Max nennt ihn »Luxusbus«, denn die Ausstattung des Fortbewegungsmittels ist durchaus erste Klasse. Ledersitze. Kleine Picknicktüten, die verteilt werden. Und rund um die Uhr werden die aktuellsten Kinofilme gezeigt. Erstaunlicherweise ist der Bus trotzdem ziemlich günstig und folglich in Mexiko das Transportmittel unserer Wahl. Leider mit kleinen Abstrichen. Denn die Straßen, auf denen die Busse verkehren, werden schnell zu meinem persönlichen Albtraum. Eine Kurve nach der anderen. Stundenlang. Ohne Pause. Da die Fahrer aus Sicherheitsgründen unterwegs nicht anhalten dürfen, gibt es kein Erbarmen. Schon auf dem Boot in der Südsee hatte es mich erwischt. Jetzt bin ich wieder dran. Mit dem schrecklichen Unterschied, dass meine rettenden Tabletten im Rucksack sind. Doch der reist eine Etage tiefer mit, im Gepäckraum. Dumm gelaufen, wenig schlau organisiert. Zum Glück habe ich eine wiederverschließbare Plastiktüte mit dabei. Max macht das Kurvenfahren nichts aus, weshalb ich mich ganz auf mich fokussieren kann. Tüte auf, Tüte zu. Die nächsten Stunden sind für mich mehr als schrecklich.

»O je, Blondie. Das sieht nicht gut aus. Du bist solche Straßen anscheinend nicht gewohnt. Moment mal, wir haben für solche Fälle immer was dabei.«

Dank der netten Hilfe meiner Mitfahrer überlebe ich die Fahrt. Denn der Trick der Mexikaner hat es in sich: Mein Sitznachbar aus der Reihe vor uns tropft puren Alkohol auf ein Taschentuch und hält mir das Ganze vors Gesicht. Die Mischung benebelt zwar für kurze Zeit jegliche Sinnesorgane, ist aber durchaus wirkungsvoll. Für die nächsten Stunden werde ich leicht sediert durch die karge Wüstenlandschaft kutschiert. Doch immerhin hat das Erbrechen ein Ende.

Völlig geschafft kommen wir in Juchitán de Zaragoza an. Juchitán ist ein kleiner Ort, äußerst farbenfroh und sehr mexikanisch. So schön, dass selbst mein Idol, die Malerin Frida Kahlo, sich hier inspirieren ließ und ihr Haus in Mexiko-Stadt nach dem hiesigen Farbdesign anmalte. Mit einem dreirädrigen Motorradtaxi werden wir zu unserer Unterkunft gefahren und freundlich aufgenommen. Unsere Gastgeber sind Künstler und vermieten ein Zimmer in ihrem großen Haus. Ich fühle mich, als würde Frida Kahlo direkt neben mir sitzen, so bunt ist unsere Umgebung. Doch leider liegt auch über diesem Ort ein dunkler Schatten. Vor Kurzem hat es hier gescheppert. Ein schlimmes Erdbeben hat einen großen Teil der Stadt zerstört. Auch unsere Bleibe hat es getroffen. Überall liegen Trümmer herum. Überall versuchen die Menschen, ihre Häuser wiederaufzubauen.

Bevor wir einziehen, bekommen wir eine kurze Erklärung, wie wir uns im Notfall verhalten müssen. Max lässt sich davon nicht einschüchtern, er möchte gleich mit anpacken.

>> Mama, wir müssen denen helfen. Guck
mal, wie das hier aussieht. Ich fasse
mit an! <<

Und schon flitzt er zwischen den Trümmern umher. Zur Freude der mexikanischen Arbeiter, die immer wieder sein blondes Haar anfassen. Eine Fliese nach der anderen schleppt er heran. Als Dank gibt es zum Mittagessen Tortilla und heiße Schokolade im aufgeräumten Hof.

Andernorts geht es leider nicht so schnell. Es ist ziemlich bedrückend, einen Ort zu besuchen, der aussieht wie ein Kriegsschauplatz. Für Max ist ein solcher Anblick etwas völlig Neues. Immer wieder bleibt er vor den Häusern stehen und will alle Details über das Erdbeben erfahren. Dass wir hier als Touristen unterwegs sind, erstaunt viele Einwohner. Dafür sind sie umso dankbarer, uns ein Stück ihrer Heimat zeigen zu können.

Am Abend fahren wir in das Stadtzentrum und lassen uns traditionell bekochen. Tortilla mit Käse und Unmengen von Fett darübergeträufelt. Dazu eingelegte Gurken, Kohl und natürlich Chili. Max fährt total auf das Essen ab, und vor allem auf die Zubereitung. Eine der Köchinnen nimmt ihn unter ihre Fittiche und zeigt ihm, wie eine ordentliche Tortilla hergestellt wird. Ein bisschen sieht es aus, als würde man ein Waffeleisen benutzen. Max produziert einen Maisfladen nach dem anderen, und zwischendurch darf er immer wieder probieren. Die Frauen stehen um ihn herum und freuen sich. Nehmen ihn in den Arm. Welch Kontrast zu dem, was seit unserer Ankunft in Mexiko in meinem Kopf umhergeistert. Dieses Hin und Her zwischen dem Sicherheitsdenken und dem Sich-sicher-Fühlen. Es liegt so nah beieinander. Umringt von den üppigen Frauen mit ihren bunten Schürzen, könnte niemand Max auch nur ein Haar krümmen.

Als wir aufbrechen wollen, sind allerdings auch sie besorgt. »Wo müsst ihr denn eigentlich hin?« »Ihr könnt jetzt aber auf keinen Fall zu Fuß nach Hause laufen. Es ist immerhin schon dunkel, und ihr fallt mit euren blonden Haaren auf.« »Wir rufen euch ein Motorradtaxi und sagen dem Fahrer, dass er warten soll, bis ihr beide im Haus seid.«

Es macht mich traurig, dass in diesem wunderschönen Land so viel Angst herrscht. So viel Misstrauen so viel Herzlichkeit gegenübersteht. Es fällt mir schwer, es zu begreifen. Und dennoch versuche ich, mich davon nicht verunsichern zu lassen. Sondern das zu genießen, was wir vor Augen haben. Wahnsinnig nette Menschen mit einer tollen Ausstrahlung, die sehr kinderlieb sind. Das ist das Mexiko, in das ich mich Tag für Tag verliebe. Und das soll auch das Mexiko sein, das in meinen Gedanken bleibt. Denn alles andere wäre unfair einem Land gegenüber, das uns neben seiner dunklen Seite mit purem Sonnenschein beherbergt. Und so viel zu bieten hat.

Eigentlich war der Plan, im zweiten Jahr unserer Reise etwas langsamer unterwegs zu sein. Länger an den einzelnen Orten zu bleiben. Mehr von der jeweiligen Kultur zu erfahren. Doch irgendwie bin ich ständig hin- und hergerissen. Ich spüre, dass es uns guttut, auch mal ein paar Tage ohne Weiterreise zu haben, und zugleich bin ich getrieben, denn gerade in Mexiko gibt es so viel zu sehen. Der bekannte Zwiespalt, doch unabhängig davon muss eine Lösung her. Es wäre schön, in absehbarer Zeit für ein paar

Monate an einem Ort zu bleiben. Einem Ort, der alles hat, was wir brauchen. Strand, Sonnenschein und coole Menschen. Die Vereinigten Staaten kommen mir in den Sinn. Schon auf unserer ersten Tour wollte ich Max die USA zeigen, jetzt zieht es mich wieder dorthin. Kalifornien. Surfen und Skaten. Beach Lifestyle. Also fange ich an zu planen. Dank einem neuen Kinderreisepass dürfte eine Einreise dieses Mal kein Problem sein. Dank aktuell guter Auftragslage können wir uns eine kleine Auszeit à la »*California Dreamin'*« leisten. Ein paar Tage später habe ich den Trip organisiert und gebucht. Und plötzlich fühlt sich alles ganz anders an. Allein der Gedanke, bald ein neues Zuhause auf Zeit zu haben, setzt mich wieder in Bewegung. Ausruhen können wir später, jetzt gilt es, mehr von Mexiko zu entdecken. Auf nach Mexiko-Stadt.

Die Millionenhauptstadt ist laut, wuselig und voller Menschen. Dennoch hat sie einen heimeligen Charme. Schlafen können wir bei dem erwachsenen Sohn jenes Künstlerehepaars, das uns in Juchitán beherbergt hat. Für ein paar Tage nimmt er uns bei sich auf. Stundenlang laufen wir in den verschiedenen Vierteln umher, bis wir zu dem Haus kommen, das der Grund für unseren Besuch ist und das ich Max unbedingt zeigen möchte. Es ist das Blaue Haus von Frida Kahlo im Bezirk Coyoacán, zeitweilig hat sie die *Casa Azul* mit ihrem Mann, dem Maler Diego Rivera, bewohnt. In diesem Haus wurde sie geboren, hier starb sie. Frida Kahlo hat mich inspiriert, sie ist meine Heldin, meine Lieblingsmalerin für immer und ewig. Eine Frau, die viel Leid erlitten, sich durchgebissen und dabei unvorstellbare Bilder gemalt hat. Hier sind wir also auf den Spuren eines meiner Vorbilder. Geschichts- und Kunstunterricht für Max. Live. Gänsehaut für mich. Ich bin überwältigt von der Energie des Ortes, und auch Max kommt aus dem Staunen nicht mehr heraus. So viel hatte ich ihm im Vorfeld über diese starke, tapfere Frau erzählt, dass auch er es toll findet, ihr Wohnhaus zu besuchen. Mit dem wunderschönen Innenhof. Ein Ort mit dominantem Kontrast zwischen Lebensfreude und Todesahnung. Überall Totenköpfe und Skelette. Die Stimmung ist einzigartig, und am liebsten würden wir diesen bunten Ort gar nicht mehr verlassen. Doch unsere Zeit in Mexiko ist abgelaufen.

Ich bin traurig, das Land zu verlassen, aber ich bin auch erleichtert. Mexiko hat zwei Gesichter, was wirklich schade ist. Denn wie viel schöner wäre dieser Ort ohne die ständige Angst und Anspannung im Gepäck. Würde ich wiederkommen? Die Frage stelle ich mir, als wir in das Flugzeug steigen. Der Weichspüler-Duft der Stewardess benebelt zum letzten Mal meine Geruchsnerven. Und auf einmal weiß ich die Antwort. Natürlich würde ich zurückkehren. Natürlich werde ich zurückkehren. Auch mit Kind. Denn was niemals passieren darf, ist, dass die Grausamkeit und Kriminalität obsiegt. *Viva Mexico*, und danke, dass du uns dein wahres Gesicht gezeigt hast.

Mexiko – »Hast du denn gar keine Angst?«

Diese Frage nimmt die Poleposition unter den ständig wiederkehrenden Fragen ein. »Mit Kind in Mexiko? Nur ihr zwei?« Es gibt sie, die schlechten Menschen auf der Welt. Sie zu finden, ist allerdings eher schwierig. Die Welt ist im Großen und Ganzen ein wunderbarer Ort mit wunderbaren Menschen. Klingt naiv, ist aber so. Besonders wenn man im Doppelpack mit Kind unterwegs ist, wollen die Einheimischen immer helfen. Angst war und ist bei uns sehr selten mit von der Partie. Lass Dich von den Zweifeln anderer nicht verunsichern, sondern mach Dir unterwegs Dein eigenes Bild. Du wirst überrascht sein. Positiv.

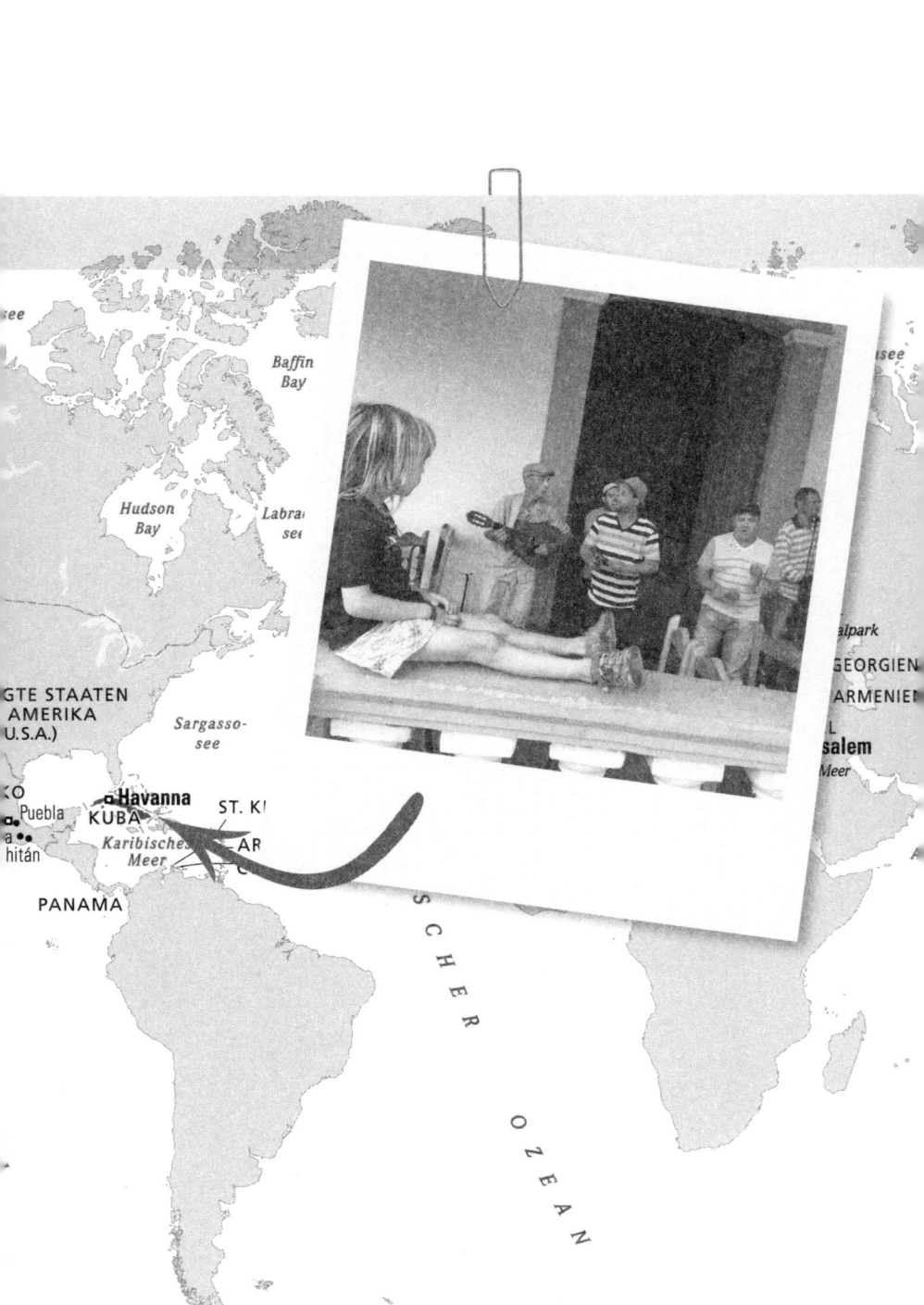

Bärti Vista
Social Club

Ich liege auf dem Dach. Auf einem warmen Dach. Die blauweißen Wolken ziehen langsam über den Himmel. Einige Meter unter mir geht es lebhaft zu. Doch davon bekomme ich nichts mit. Ich habe alle viere von mir gestreckt und meine Kopfhörer aufgesetzt. Yoko Ono singt abwechselnd mit John Lennon in mein Ohr. Ich fühle mich entspannt. Ich fühle mich revolutionär. Das muss die Energie sein, die mich umgibt. Das muss auch die Erleichterung sein, die ich in mir fühle. Das Dach, auf dem ich liege, gehört zu einem eher heruntergekommenen Haus, das in einer eher heruntergekommenen Straße steht. Doch beides ist auch charmant und wunderschön. Wie die gesamte Umgebung. Wir sind auf Kuba. Havanna. Und die Entspannung, die ich gerade spüre, war vor Kurzem noch pure Anspannung.

Unsere Einreise erfolgte über die USA, über Florida, wo wir einen Cousin von mir besuchten. Bis zuletzt wusste ich nicht, ob wir fliegen durften oder nicht, noch am Flughafen war das unklar. Gerade sind die Einreisebedingungen nach Kuba von den Vereinigten Staaten aus verschärft worden, nur bestimmte Personengruppen dürfen den karibischen Inselstaat besuchen. Erstaunlicherweise gehören Journalisten dazu. Im Vorfeld hatte ich deshalb Anträge gestellt und Papiere ausgefüllt, mir aus Deutschland die nötigen

Unterlagen besorgt, die meine freiberufliche Arbeit bestätigen. Wochenlang habe ich Papierkram erledigt, Nerven wie Drahtseile entwickelt und schließlich dem Moment am Flughafen mit zurechtgelegten Formulierungen entgegengefiebert. Am Ende durfte ich feststellen, dass der ganze Aufriss gar nicht nötig gewesen wäre. »Ach, Sie sind auch Journalistin? Seitdem die Regeln verschärft wurden, geben viele Besucher diesen Beruf an, um einreisen zu dürfen. Sie werden auf der Insel also auf viele Kollegen treffen.« Die Frau am Check-in-Schalter zwinkert mir zu. »Genießen Sie mit Ihrem Sohn die Reise.«

Doch bis zuletzt, bis wir tatsächlich das Flughafengebäude in Havanna verlassen, habe ich ein komisches Gefühl im Bauch. Man weiß ja nie. Doch mit einem Mal ist es dann auch wieder weg. Denn schon die ersten Minuten auf Kuba machen klar, hier geht es ganz anders zu.

»Da seid ihr ja«, spricht mich ein junger Mann an. Um die zwanzig, braun gebrannt, schwarze Haare, flirty Blick. Durch und durch kubanisch also. »Ich bin Ernesto, ein Freund von Gretel, und soll euch abholen. Und dir außerdem Salsa beibringen. Dafür bist du doch hoffentlich hier, oder?« Er zwinkert mir zu, umarmt uns und wirft Max in die Luft.

Wenig später sind wir mitten in Havanna. Gretel wartet schon am Tor auf uns. Sie ist ungefähr so alt wie ich, ein bisschen rundlich und sieht ziemlich feurig aus mit ihren dunklen Haaren und ebenso dunklen Augen: »*Bienvenidos!* Ach wie toll, Max ist genauso alt wie unser Sohn Anthony. Dann können die beiden ja miteinander spielen.« Um die Hüfte hat sie eine weiße Schürze gebunden, die Ärmel ihres Pullovers sind hochgekrempelt. Kalt ist es eigentlich nicht. Winter auf Kuba fühlt sich irgendwie an wie Frühling in Deutschland. So wie Gretel dort steht und uns nacheinander mit einem festen Ruck an sich drückt, strahlt sie enorme Stärke aus. Und viel Selbstsicherheit. Als hätte sie schon einiges gesehen, von dem sie sich aber nicht hat umhauen lassen.

Die Familie hatte ich abermals über das Internet gefunden. Eigentlich über ein Couchsurfing-Portal, auf dem Übernachtungsmöglichkeiten kostenlos angeboten werden. Auf Kuba ist das allerdings verboten, weshalb wir für unseren Aufenthalt ein paar US-Dollar pro Tag zahlen müssen. Für uns ist das trotzdem völlig okay, denn schon der erste gemeinsame Abend mit unserer Gastfamilie ist unbezahlbar.

Anthony hat nämlich Geburtstag. Deshalb sind nicht nur Freunde und Familienmitglieder im Hinterhof versammelt, sondern auch wir. Es gibt trockene Cracker mit fettiger Mayonnaise, dazu völlig übersüßte Limonade und Kuchen. Als das Geburtstagskind mit verbundenen Augen kommen darf, wird gesungen, danach werden die Geschenke verteilt. Eigentlich nur ein Geschenk. Der Gabentisch ist leer, aber neben ihm ist ein gebrauchtes Keyboard aufgebaut, eingehüllt in eine Decke, für Geschenkpapier ist es zu groß, wahrscheinlich konnte man auch keines kaufen. Der Moment der Enthüllung naht, der Moment, in dem Max und ich staunen. Anthony hat Tränen in den Augen. Damit hat er nicht gerechnet. Wie ein Brummkreisel dreht er sich im Kreis und fällt allen um den Hals. Bedankt sich, fängt an zu weinen, lässt nicht mehr los.

Das Geschenk sprengt das Familienbudget und wäre ohne die Unterstützung von Freunden aus Europa niemals möglich gewesen. Einer von ihnen ist gerade aus Italien zu Besuch und hat in den vergangenen Tagen mit viel Geld in der Tasche den Schwarzmarkt abgeklappert. Erfolgreich. Anthonys Vater Nelson ist zwar Kardiologe im öffentlichen

Krankenhaus, verdient aber nur umgerechnet 40 Euro im Monat. Das Keyboard ist sicherlich doppelt so viel wert. Doch selbst wenn Geld da wäre: Viele Dinge gibt es auf Kuba nicht, sie sind im hiesigen staatlichen Sozialismus nicht vorgesehen. Umso dankbarer ist die ganze Familie für das Musikinstrument. Jeder darf mal ran, jeder darf ein bisschen musizieren.

»Hast du das gesehen, Mama?«, flüstert mir Max zu. »Wie Anthony sich über das Teil gefreut hat? Der ist ja fast geplatzt, so rot war sein Gesicht.«

Was für ein Unterschied zu deutschen Kindergeburtstagen, wo oft so viele Geschenke ausgetauscht werden, dass am Ende nur völlige Reizüberflutung herrscht. Die Nachmittage werden von den Eltern durchstrukturiert, damit ja keine Langeweile bei den kleinen Geburtstagsgästen aufkommt.

Ich bin froh, dass Max hier und heute die Möglichkeit hat, anderes kennenzulernen. Vielleicht wird er das, was ihm normal erscheint, in Zukunft als Privileg ansehen.

Als die Cracker verdaut und die Kuchenreste in Plastikboxen verstaut sind, wird der Tisch weggeräumt. Ein Kreis aus Stühlen bildet die Tanzfläche, die mit lauter Salsa-Musik beschallt wird. Den Gastgebern gehört der erste Tanz. Beschwingt drehen sich Gretel und Nelson und lachen dabei immer wieder laut auf. Ich bin beeindruckt. Diese Bewegungen, diese Musik, dieser Abend...

Max spielt im Wohnzimmer mit dem Geburtstagskind Verstecken. Ich rutsche unruhig auf meinem Stuhl hin und her. Das, was ich da sehe, möchte ich auch können. Salsa scheint auf Kuba nach dem Essen ähnlich obligatorisch zu sein wie in Deutschland der Verdauungsspaziergang. Die feurige Variante gefällt mir allerdings besser. Einer der Gäste fordert mich zum Tanzen auf, und ich bin sofort begeistert. Obwohl ich schon ein paarmal Salsa in Deutschland getanzt habe, spüre ich es sofort: Das hier ist etwas komplett anderes. Das hier fühlt sich echt an. Richtig. Das gehört unweigerlich zusammen. Kuba und Salsa. Immer wieder werde ich um meine eigene Achse gewirbelt, eigentlich will ich gar nicht mehr damit aufhören. Noch im Bett fühlt es sich an, als würde ich mich weiter im Kreis drehen. Lebendig und frei. Irgendwie paradox, denn gerade Letzteres ist auf Kuba ja nur bedingt zutreffend.

Die Einschränkungen betreffen schon die für uns selbstverständlichsten Dinge, etwa das Internet. Die Verbindung zum weltweiten Netz führt auf Kuba in den nächstgelegenen Park; WLAN zu Hause gibt es nämlich nicht. Die riesigen Masten stehen nur in der Nähe von öffentlichen Anlagen – wer online sein möchte, muss also ins Grüne.

Als ich davon erfahre, bin ich erst einmal geschockt. Wie soll ich so arbeiten? Und funktioniert das mit Skype und Co. überhaupt? Die Möglichkeit, vierundzwanzig Stunden am Tag online zu sein, egal wo wir uns befinden, scheint nicht mehr gegeben zu sein. Doch schon bei meinem ersten Spaziergang verfliegen meine Bedenken. Nach drei Blocks erreiche ich einen Park und weiß in diesem Moment: Mein digitaler Alltag wird fortan anders sein, doch das muss nichts Schlechtes bedeuten. Allein der Start in den Tag! Normalerweise checke ich schon morgens, noch im Bett liegend, meine E-Mails, lese, was in der Welt passiert ist. Durch die Nachrichten bin ich hinterher aufgekratzt oder nervös, je nachdem, wie sie ausfielen. Das ist nun vorbei. Wenn wir uns morgens fertig gemacht haben und zum Park aufbrechen, bin ich in einer anderen Verfassung und wirklich bereit für das, was mich aus der Welt erreicht.

Außerdem stellt sich heraus, dass das Checken von E-Mails hier äußerst sozial abläuft. Passt ja irgendwie auch zum Sozialismus. Max und ich sind nicht die Einzigen, die das Internet nutzen, und so sitze ich Tag für Tag auf derselben Bank, umringt von denselben Menschen, und werde in Gespräche verwickelt. Max spielt mit anderen Kindern Fußball. Kein Wunder, dass wir auf Anhieb integriert werden, denn das, was wir hier gemeinsam machen, verbindet. Jegliche Streitigkeiten, Liebesschwüre oder Familiengespräche haben Zuhörer. Kubaner sind impulsiv, und Privatsphäre gibt es nicht in einem öffentlichen Park. Aber das interessiert meine Mitmenschen herzlich wenig. Hier trifft kubanisches Feuer auf deutsche Diskretion. Nach ein paar Tagen kenne ich diverse Beziehungsprobleme und weiß, wer wen wann betrogen hat. Auch das scheint auf Kuba relativ normal zu sein. Manchmal werde ich im Nachgang zu meiner persönlichen Meinung und dazugehörigen Ratschlägen befragt. Warum nicht? Immerhin sitzen wir alle im selben Boot. In diesem Fall auf derselben Bank.

Laut Plan wollten Max und ich nur die ersten Tage in Havanna verbringen und danach die Insel erkunden. Vom Norden bis in den Süden, von Westen nach Osten. Das altbekannte Reisespiel. Doch wir fühlen uns in der Hauptstadt so wohl, dass wir bleiben. Anstatt den fünfhundertsten Strand anzuschauen, wollen wir mehr über das Leben der Kubaner in Erfahrung bringen, ihre Gedanken und Emotionen. Wir wollen herausfinden, mit welchen Problemen sie zu kämpfen haben und wie sie damit umgehen. Das werden wir kaum zu hören bekommen, wenn wir von A nach B hetzen, sondern erst durch Situationen wie jene im Park. Oder im Supermarkt. Denn nicht nur das Internet macht sich rar. Auch Dinge des täglichen Bedarfs gibt es nicht an jeder Ecke. Grundnahrungsmittel stehen jedem Kubaner in einer gewissen Menge kostenlos zur Verfügung. Reis, Bohnen, Zucker. Wer allerdings kulinarisch aus der Salsa-Reihe tanzen will, muss informiert sein. Egal ob es um Brot, Joghurt oder Wein geht. Der Buschfunk muss funktionieren, um an solche Luxusgüter zu gelangen. Man muss stets jemanden kennen, der jemanden kennt, der wiederum weiß, wo man spezielle Sachen erstehen kann. An welchem Ort, zu welcher Uhrzeit. Die Mutter von Gretel hat beispielsweise einen besonders guten Draht zu einer Nachbarin, die zu Hause Joghurt herstellt. Jeden Morgen kommt sie daher mit einem kleinen Eimer, gefüllt mit frischem Joghurt, zu uns in die Wohnung. Ein absolutes Privileg, und nicht nur deswegen der beste Joghurt, den wir jemals gegessen haben.

»Komisch«, sagt Max, »die haben hier ja einen eigenen Öl-Supermarkt. Die verkaufen im Laden nix anderes. Guck mal, alle Regale sind voll mit Ölflaschen.«

Um das Fehlen vieler Produkte nicht ganz so offensichtlich zur Schau zu stellen, werden die, die es gibt, besonders hervorgehoben. In manchen Supermärkten reiht sich deshalb Ölflasche an Ölflasche, so versucht man, den Eindruck von Fülle zu erzeugen. Klappt eher mittelmäßig, zeigt aber ganz gut, unter welchen Umständen die Menschen auf Kuba leben. Vieles ist hier Mangelware. Und selbst wenn es bestimmte Dinge gibt, haben wir Touristen keine Chance, an sie heranzukommen.

»Auf Kuba musst du schnell sein, Blondie. Sonst bleibst du das ganze Leben auf Reis und Bohnen sitzen!« Unsere Nachbarn nehmen das staatliche System mit Humor. Die Farbe meiner Haare ebenfalls.

Doch was die Kubaner im Überfluss haben, ist pure Lebensfreude. Pure Energie. Pure Dankbarkeit. Gepaart mit

Stolz und einer großen Portion Charme. »Blondie, du leuchtest wie der schönste Diamant auf Erden. Man sollte dich in einem Museum ausstellen, damit jeder dich betrachten darf.« Die Reduzierung auf meine Haarfarbe wird übrigens seit dem ersten Tag unseres Aufenthalts konsequent durchgezogen. Doch stört es mich nicht weiter, ist es doch etwas Besonderes, wenn die meisten Menschen um uns herum dunkle Haare haben. Wir stechen eben heraus. Auch schön! So erhält man Komplimente. Und Komplimente verteilen können Kubaner ziemlich gut. Das Alter spielt dabei keine Rolle. Selbst die Senioren, die am späten Nachmittag auf den Bänken im Park sitzen und sich in keinerlei Hinsicht für das digitale Leben um sie herum interessieren, bringen die schönsten Sätze über die Lippen.

Max kommt, zu meinem Erstaunen, mit dem Verzicht auf gewisse Sachen ganz gut zurecht.

>> Dann essen wir eben was anderes.
Ist doch auch egal. <<

So einfach ist das. Zumal wenig zu haben äußerst erfinderisch macht. Ein bestimmtes Essen für den Abend zu planen und dann mit der entsprechenden Einkaufsliste zum Laden um die Ecke zu gehen, funktioniert in Havanna nicht. Also wird das gekauft, was es gibt, und gekocht, was einem dazu einfällt. Außer man baut auf die weniger spektakulären Lebensmittel. Kohl und Kartoffeln gibt es fast immer, und natürlich Reis mit Bohnen. In jeglichen Variationen.

Doch Kubaner sind nicht nur spontan und einfallsreich, sondern auch großzügig. Gretel und ihre Familie haben wirklich nicht viel Geld. Einmal vergesse ich, den Kühlschrank richtig zu schließen. Als Gretel das sieht, wird sie ganz blass im Gesicht. »O je, gerade Strom haben wir besonders wenig. Ist ziemlich teuer für uns. Deswegen gehört zu unseren wichtigsten Regeln, den Kühlschrank zu schließen und das Licht beim Verlassen eines Raums auszumachen. Neben gut gelaunt zu sein.«

Es fehlt also auch an Strom, und dennoch teilen unsere Gastgeber alles, was sie haben, mit uns. Das fängt beim Essen an und hört bei den Freunden längst nicht auf. Jedes Mal, wenn wir nach Hause kommen, werden wir in den Arm genommen und abgeknutscht. Selbst die Großmutter steht pünktlich am Gartenzaun und will bei unserer Rückkehr wissen, wie es uns geht. Küsschen rechts, Küsschen links, erst dann dürfen wir weiter. Körperliche Nähe gehört auch auf Kuba zum Leben.

Auf Kuba gibt es von vielen Dingen zwei Versionen. Dazu gehören auch zwei Währungen, und für mich als eher unterdurchschnittliches Mathe-Genie ist das eine der größten Herausforderungen. Der *Peso cubano*, der Kubanische Peso, ist die Währung für die Kubaner, der *Peso cubano convertible* das Zahlungsmittel für die Touristen. Verwechselt man eines mit dem anderen, wird es teuer.

Nelson sagt:»Wir müssen das zusammen üben, bis du die Scheine im Schlaf unterscheiden kannst. Sonst wirst du draußen auf der Straße abgezockt.« Er sitzt mit mir am Küchentisch und hält zwei Geldbündel unterschiedlicher Farben in der Hand. Abwechselnd legt er Scheine der beiden Währungen auf den Tisch.»Was ist das? Und das? Was gibst du, wenn du fünf *Pesos cubanos* zahlen musst? Nochmals: Alles für den täglichen Bedarf, also Brot und Zucker oder den Taxifahrer an der Straße, all das zahlst du mit unserer Währung, den CUP, den Pesos der Kubaner. Wenn es offiziell wird, nimmst du die anderen, die CUC. Verstanden?«

Na ja, ich werde es versuchen ... Schon sind wir beim nächsten kubanischen Überlebenstraining angekommen, den generell unterschiedlichen Preisen. Touristen müssen mehr ausgeben als die Inselbewohner. Da mein Spanisch allerdings um Welten besser ist als meine Mathekenntnisse, gehen wir trotz nicht vorhandener äußerer Gemeinsamkeiten locker als Kubaner durch. Und so verhalten wir uns auch. Essen jeden Tag Reis mit Bohnen, trinken kubanischen Kaffee und teilen uns die Taxis.

Wie man in Havanna von einem Ort zum nächsten kommt, ist uns sehr vertraut: Indem man den Daumen hochhält. Bis jemand hält, kann es hier allerdings etwas dauern. Schon seit mindestens zehn Minuten stehen wir am Straßenrand. Abwechselnd strecken Max und ich die Hände in die Luft. Nichts. Keines der alten Autos will anhalten und uns mitnehmen. Doch kein Grund zur Sorge, stressen lässt sich davon niemand. Wir auch nicht. Also bleiben wir geduldig da, wo wir sind.

Nach ein paar weiteren Minuten hält ein Auto an. Die Tür geht auf, die Rückbank ist bereits mit zwei Menschen besetzt. Vorne ist auch kein Platz. Trotzdem quetschen wir uns zu den anderen, Max auf meinem Schoß, sonst müssen wir doppelt zahlen. Kaum sitzen wir, geht's auch schon los. Fast.

»Blondie, knall die Autotür beim nächsten Mal nicht so doll zu. Wenn hier was abbricht, gibt's keinen Ersatz. Das ist immerhin ein altes Auto, und wir sind schließlich auf Kuba, also sei bitte etwas vorsichtiger.«

Alles klar, jetzt weiß ich Bescheid. Die Musik wird angestellt, das Fenster runtergekurbelt. Der Fahrtwind pfeift uns um die Ohren. Entlang der Promenade fahren wir in Richtung Stadtzentrum. Etappenweise. Immer wieder hält das Auto an. Lässt Mitfahrer aussteigen, neue kommen dazu. Es ist ein reges Treiben in dem kleinen Auto, und Max und ich müssen von einem Platz auf den anderen rutschen. Eine kurze Konversation zwischendurch, schon ist der nächste Teilnehmer an Bord. So geht es die ganze Fahrt hindurch.

Im Zentrum von Havanna fahren viele alte Autos an teilweise verfallenen Gebäuden vorbei. Es kommt mir vor, als wäre die Stadt gerade einem Fünfzigerjahre-Film entsprungen. Doch das Straßenleben ist verdammt real und sehr lebendig. Vor den Häusern sitzen ältere Männer und zocken oder spielen Brettspiele, dabei rufen sie sich zwischendurch laut irgendetwas zu. Kinder rennen wild umher, von überall ist kubanische Musik zu hören, nicht selten wird dazu getanzt. Max und ich schlendern umher und lassen uns von dieser Lebenslust leiten. So habe ich mir Kuba vorgestellt. Genau so. Vor uns dreht sich eine Frau mit Kopfhörern im Ohr, singt laut mit. Als sie mich sieht, stoppt sie kurz, nimmt einen Kopfhörer und streckt ihn mir entgegen. »*Mi amor*, das ist Kuba.« Zusammen drehen wir uns im Kreis. Spontanes Salsa-Tanzen auf der Straße, spontaner Beifall von den Zuschauern. Wie recht sie hat. Das ist Kuba.

Doch nicht nur die Lebensfreude ist überall präsent, die Stadt ist auch ein einziges politisches Statement. Wo auch immer wir hingehen, prangen Sprüche an den Wänden. Die dazugehörigen Gesichter blicken auf uns herab.

> » Mama, wenn alle dasselbe haben,
> dann gibt's keinen Neid, dann ist doch
> jeder glücklich. «

Ich bin mir unsicher. Nicht nur, wie ich Max den Sozialismus kindgerecht erklären kann. Auch meine eigene Meinung ist nicht die festeste. Sozialismus, Kommunismus,

Kapitalismus. Was ist richtig, was ist falsch? Wo liegen die Vor-, wo die Nachteile? Wo sind die Grenzen eines Systems? Was ist Theorie, was Praxis? Antworten habe ich keine, dafür ist alles zu komplex. Das Einzige, was ich sehen kann, ist der Umgang der Kubaner mit ihrer Situation. Es gibt wenig, es hakt an vielen Ecken, und dennoch: Das Leben lassen sie sich dadurch auf keinen Fall vermiesen. Sie passen sich an, so wie ich meinen Arbeitstag an die hiesigen Bedingungen angepasst habe. Und es läuft, sogar besser als gedacht. Fairerweise muss ich sagen: Wir leben hier nur für ein paar Wochen. Ich weiß nicht, wie diese Einschränkungen sich auf unser Leben auswirken würden, wenn es unser Alltag wäre. Zumal sich vieles im Hintergrund abspielt. Wir bekommen nur einen Hauch davon mit.

Was ich jedoch weiß, ist, dass Kuba zwar aus Einschränkungen besteht, doch im Gegensatz dazu anderes zu bieten hat. Vielleicht sogar Wichtigeres als eine große Auswahl an Marmeladen oder eine stabile Internetverbindung. Lebensfreude. Pure Lebensfreude.

Das Wasser kocht, der Reis darin wird langsam weich. Die Bohnen braten in der Pfanne vor sich hin. Der typisch kubanische Essensgeruch steigt mir in die Nase. Die passende Musik ertönt dazu. Es ist früher Abend, Max spielt mit seinem Freund Anthony auf dem Boden Lego. Gretel und ich sind heute mit Kochen dran. Doch statt weiter auf den Zwiebeln herumzuhacken, dreht sie plötzlich die Musik auf und fängt an zu tanzen. Nelson kommt in die Küche und zieht mich auf die Tanzfläche, also in die Mitte der Küche. Mit gekonnten Bewegungen wirbelt er mit mir durch den Raum. *Dirty Dancing.* Na ja, fast. Seit unserer Ankunft auf Kuba habe ich mit wenigen Ausnahmen jeden Tag Salsa getanzt. Auf der Straße, auf dem Dach oder in der

Küche. Mit Gretel, Nelson oder Freunden, die zu Besuch kamen. Ohne Scheu, ganz natürlich. Stundenlang. Ich bin süchtig. Ich bin verliebt. In die Bewegung, die Musik, die Stimmung. Das Ausgelassensein.

»Immer weiter, Janina, immer weiter«, heißt es. »Auch wenn Dinge manchmal schieflaufen, das Leben ist wie Salsa-Tanzen. Du kannst nicht alle Schritte perfekt beherrschen. Doch es immerhin versuchen. Das macht stark. Uns alle. Unser Kuba. Dich ab jetzt auch!« Kubaner sind ansteckend.

Und anregend. Sie bringen mich zum Nachdenken. Menschen, die so wenig haben, teilen so gern. Eine Tatsache, die mir in einigen Ländern, die wir bereist haben, aufgefallen ist. Doch woher kommt es, dass Menschen, die wenig besitzen, gern etwas abgeben? Welche kulturellen Voraussetzungen sind notwendig, dass ein solches Verhalten gefördert wird? Warum sind die Kubaner so lebensfroh, so stark und positiv, und das, obwohl ihr Leben wirklich nicht leicht ist? Diese Fragen begleiten mich jeden Abend, wenn ich im Bett bin und es still um uns herum wird. Wenn Havanna sich schlafen legt, um Energie für den nächsten Tag zu tanken.

Max nimmt die Besonderheiten des Landes ebenfalls wahr und fragt mich Löcher in den Bauch. Er will wissen, wer Fidel Castro war oder Che Guevara. Er will alles über die Politik hierzulande erfahren und warum es zwei verschiedene Währungen gibt. Ich hoffe sehr, dass ich ihm zumindest im Ansatz die richtigen Antworten liefern kann. Obwohl ich manche Dinge selbst kaum richtig einzuordnen vermag. Max erfasst zumindest das, was er jeden Tag beobachten kann. Er versteht, dass es hier nicht nur um materielle Dinge geht, sondern ums Herz. Das kubanische Herz. Und das nehmen wir direkt mit.

Mit unserem Rucksack auf dem Rücken stehen wir vor dem Haus. Der Kofferraum des alten Taxis ist geöffnet. Daneben stehen sie in einer Reihe, Menschen, die wir auf dieser Insel kennengelernt haben. Die uns einen Teil ihres Landes, ihrer Freude und ihres Mutes mit auf den Weg geben. Einer nach dem anderen nimmt uns herzlich in den Arm. Küsst uns ab. Lässt uns gar nicht mehr los. Immer und immer wieder. »Kommt bald wieder und erzählt überall auf der Welt von Kuba. Und von uns. Und natürlich vom Salsa.«

Anthony fängt an zu weinen und klammert sich an Max. Die beiden waren die letzten Wochen unzertrennlich. Haben auf der Straße mit kaputten Fußbällen gespielt und sind im Park auf rostigen Gerüsten herumgeklettert. Jetzt müssen sie sich trennen. Max geht mit Abschieden meist souverän um, ist dankbar für die Erlebnisse der vergangenen Wochen und freut sich auf das, was als Nächstes geschieht. So auch in diesem Moment.

Gretel zieht eine kleine Tüte aus ihrer Schürzentasche. Für Max. Als Erinnerung. Es ist ein kleines Plastikherz mit einem Foto in der Mitte. Darauf abgebildet ist ein kleiner Kubaner mit seinem blonden Freund im Arm. Lachend, strahlend, fest verbunden. Das Foto hatte ich vor ein paar Tagen von den beiden gemacht und Gretel geschenkt. Sie ist damit anscheinend durch die halbe Stadt gefahren, damit es jemand ausdruckt und in den kleinen Schlüsselanhänger hineinbastelt. Ich bin gerührt, denn mittlerweile weiß ich, wie viel Zeit und Organisation dieses kleine Geschenk beansprucht haben muss.

Noch eine letzte Umarmung, noch ein paar letzte Küsse. Schon biegen wir in dem klapprigen Taxi um die Ecke. Max sagt leise, fast flüsternd: »Das Herz ist das schönste Geschenk, das ich je bekommen habe, Mama.« Ich würde in dem Fall sogar noch weiter gehen. Kuba ist eines der schönsten Geschenke, das wir je bekommen haben.

Kuba – Weniger ist mehr, nicht nur unterwegs

Wenig besitzen und trotzdem glücklich sein. Wenig brauchen und trotzdem gerne teilen. Materielle Dinge zu schätzen wissen, aber sie nicht zwingend haben müssen. Die kleinen Dinge sehen und dankbar für sie sein. Max hat auf Kuba über die abgespeckte Version des Kindergeburtstags nicht schlecht gestaunt. Wo sich in Deutschland häufig ein Geschenk auf dem anderen stapelt, herrscht auf Kuba gähnende Leere. Kein Aufreißen von unzähligen Paketen, keine Reizüberflutung aufgrund nicht enden wollender Gaben. Was für ein Geschenk für alle Anwesenden! Du wirst auf einer Reise mit Deinem Kind wenig benötigen, dafür aber umso mehr bekommen. Ein Rucksack im Handgepäck-Format reicht völlig aus. Wenig dabeizuhaben hilft nicht nur beim Tragen, sondern auch beim Erleben.

Von kalifornischen Träumen und Albträumen

Der Kaffee läuft Tröpfchen für Tröpfchen in die Tasse. Die Mandelmilch steht schon bereit. Ich sitze vor der Tür und meditiere. Versuche, mich zu entspannen. Seit ein paar Tagen sind wir in unserem neuen Zuhause auf Zeit. Die nächsten Wochen werden wir in Kalifornien verbringen. Genau an diesem Ort. Genau in diesem Haus. Jeden Morgen genau an diesem Platz.

Ich sitze auf den Stufen vor unserem Eingang. Die Sonne scheint, und es duftet nach Kaffee, Meer und Morgen. Max schläft noch, dieser Moment gehört mir ganz allein. Es ist Januar, die letzten Monate waren wir viel unterwegs. Zu viel? Da bin ich mir nicht sicher. Trotzdem so viel, dass wir jetzt eine Pause benötigen. Eine Pause vom Organisieren, eine Pause vom Weiterziehen. Neuanfänge sind toll, Neuanfänge sind spannend. Doch manchmal muss es auch ein bisschen Langeweile sein. Ein bisschen Alltag. Um daraus auszubrechen, sind wir vor eineinhalb Jahren gestartet. Um uns darin wiederzufinden und jetzt hier zu sitzen. Um durchzuatmen und Kaffee zu trinken.

Seit wir zum zweiten Mal aufgebrochen sind, war ich oft hin- und hergerissen. Wie viel wollen wir noch sehen? Wie viele Länder noch bereisen? Wie lange noch unterwegs sein? Und in welcher Form? Mehrmals hatte ich den Wunsch, einen Gang zurückzuschalten. Gleichzeitig verspürte ich auch den Druck, die Zeit möglichst intensiv zu nutzen, alles mitzunehmen, was geht. Augenblicklich möchte ich aber einfach nur sein. Sitzen bleiben. Stundenlang.

Max ist mittlerweile wach und setzt sich zu mir, anscheinend beschäftigen ihn ähnliche Gedanken, denn er sagt auf einmal: »Ich möchte hier mindestens so lange bleiben, bis wir Tony Hawk getroffen haben. Der wohnt doch in Kalifornien, und wir ja jetzt auch!«

Ob sich dieser Wunsch erfüllen wird, weiß ich nicht. Aber wir wohnen jetzt wirklich hier. Von der ersten Sekunde an haben wir uns in Encinitas, einem kleinen Ort zwischen San Diego und Los Angeles, wohlgefühlt. Bekannte hatten ihn mir als ziemlich hip und hippiemäßig empfohlen. Unsere Wohnung liegt perfekt, nah am Strand und nicht weit entfernt vom nächsten Skatepark. Auf dem Weg dorthin gibt es einen Coffeeshop neben dem anderen, auch sonst sind die Einkaufsmöglichkeiten ideal, alles bekommen wir direkt um die Ecke.

Unser Vermieter leiht uns ein Fahrrad, auf ihm cruisen wir umher. Doch wir sind fast die Einzigen, die das tun, also ziemliche Hingucker. Ich strample, Max sitzt auf dem Gepäckträger; die Leute applaudieren. Von Bürgersteig zu Bürgersteig hangeln wir uns entlang des Highways, um nicht über den Haufen gefahren zu werden. Es ist schon seltsam, fast niemand benutzt aus ökologischen Gründen Plastikstrohhalme, die Umwelt an jeder Ampel zu verpesten, ist hingegen kein Problem. Ich finde, wir halten uns wacker, auch wenn uns einige Passanten ausgiebig belächeln.

Wir sind auf dem Weg nach Hause. Es ist Abend, und völlig verschwitzt trete ich in die Pedale. Unter dem Arm transportiere ich mein Skateboard, auf dem Gepäckträger mein

Kind. Aufgrund jahrelanger Fahrraderfahrung stellt sich
das für mich als keine große Schwierigkeit dar. Selbst auf
den vollen Bürgersteigen bugsiere ich unser Gefährt gekonnt durch die Menschenmassen. Vorbei an sich füllen-
den Restaurants, auf einen sich erfüllenden Traum zu. Ich
erkenne ihn als Erste, immerhin sitze ich vorne.

»Schnell Max, guck nach links. Schau mal, wer da steht!
Tony Hawk!«

Max fällt vor Aufregung fast vom Gepäckträger. »Halt
an, halt an!«

Doch irgendetwas hält mich zurück. Der Anblick ist einfach zu schön. Tony Hawk, der berühmteste Skateboarder
der Welt. Das Idol meiner Jugend und mittlerweile auch
Max' größter Star. Hand in Hand steht er mit seiner kleinen
Tochter vor einem Restaurant. Völlig privat, völlig relaxt.
Das perfekte Duo. Ein bisschen so wie Max und ich. Deswegen scheue ich mich, diesen Moment zu zerstören. Langsam rolle ich an ihm und seiner Tochter vorbei.

»Spinnst du, Mama, ich will ihm Hallo sagen?!« Max hat
es anscheinend nicht so sehr mit der Diskretion. Doch ich
bleibe standhaft. In sicherer Entfernung drehe ich das Rad
noch einmal um. Fahre noch einmal an ihm vorbei, doch
mehr als Starren ist nicht drin. Immerhin müssen wir, um
nach Hause zu kommen, nochmals umdrehen und an ihm
vorbeiradeln. Zum dritten Mal genieße ich einfach nur
seinen Anblick.

»Warum hast du denn nicht angehalten, Mama?« Mit
Mühe erkläre ich Max die Situation – und stoße auf offene
Ohren. »Ja, da hast du irgendwie recht. Mich würde es auch
nerven, wenn uns alle Leute auf der Straße wegen deines
Blogs ansprechen würden.«

Klar, eine vielleicht nicht ganz vergleichbare Situation,
doch immerhin haben wir Tony Hawk gesehen. Theoretisch

können wir abreisen, aber die Magie dieses Ortes ist uns nicht entgangen. Wenn selbst Tony Hawk hier wohnt, sind wir anscheinend absolut richtig.

Die Frage ist nur: Was kommt danach? Wir sitzen am Strand. Vor uns ein Stück Kuchen, in meiner Hand ein frisch gebrühter Kaffee. Das Wetter ist sensationell, die Umgebung auch. Und als hätte ich ihn bestellt, taucht plötzlich in unserem Blickfeld ein Wal auf, er wirkt gigantisch. Wir sind überglücklich. Ich kann mich kaum erinnern, wann ich das letzte Mal so viel Freude in Deutschland gespürt habe. Mir wird bewusst: Schon seit Längerem fühle ich mich in den heimischen Gefilden nicht mehr wirklich zu Hause. Der zweite Aufbruch ist eine offensichtliche Reaktion darauf gewesen. Doch wie soll es weitergehen?

Es ist mittlerweile Anfang 2018. In ein paar Monaten geht die Schule los. Dann müssten wir theoretisch zurück nach Deutschland. Doch wollen wir das auch? Wollen wir zurück in unser reguläres Leben? Oder ist das hier unser neues Leben? Unsere Normalität? Nicht nur für jetzt, sondern für länger. Vielleicht sogar für immer? Was passiert, wenn wir nach den zwei Jahren nicht mehr zurückkommen, sondern uns irgendwo auf der Welt eine neue Heimat suchen? Max lasse ich an meinen Gedanken teilhaben, oft frage ich ihn nach seiner Meinung. Die ist eindeutig:

> » Ich will für immer dort leben, wo es Meer zum Surfen und Parks zum Skaten gibt. Und Sonne. Und die mit Schokolade überzogenen Mandeln, die wir gestern im Supermarkt gekauft haben. «

Ich atme tief ein, ich atme tief aus. Fast so wie der Wal, der mittlerweile weitergezogen ist. Wäre es richtig zu versuchen, hier in Kalifornien nicht nur für ein paar Wochen, sondern für ein paar Jahre die Zelte aufzuschlagen? Oder gibt es andere Orte auf der Welt, die sich für uns richtig anfühlen? Je mehr ich darüber nachdenke, diesen Fragen nachgehe und in mich hineinhorche, desto häufiger finde ich Antworten. Deutschland nimmt dabei keinen der vorderen Plätze ein. Spontan die Poleposition zu benennen, fällt mir allerdings ebenfalls schwer. Bali hat uns verdammt gut gefallen und uns seit unserer Abreise nicht mehr losgelassen. Doch auch Kalifornien hat Potenzial. Wie viel, kann ich noch nicht sagen. Das werden die nächsten Wochen zeigen. Dann werden Max und ich vielleicht klarer sehen, was zu tun ist.

Aktuell ist unser Blick jedoch auf Beton gerichtet. Jeden Tag. Jede freie Minute. Der Skatepark bei uns in der Nähe ist einer der besten der Welt. Die Leute, die wir dort treffen, inspirieren uns beide. Doch vor allem Max kann überhaupt nicht genug bekommen. Bewaffnet mit Helm und Schützern an Knie und Ellbogen dreht er eine Runde nach der anderen und freut sich über jeden neuen Trick, den er lernt. Das Skaten haben wir auf Bali begonnen, uns in diesen Sport schockverliebt. Und weil wir beide mehr oder weniger bei null angefangen haben, können wir uns gegenseitig unterstützen und uns an unseren Fortschritten erfreuen. So haben wir eine weitere Leidenschaft, die wir teilen und die uns noch intensiver miteinander verbindet.

»Warum seid ihr eigentlich in Kalifornien, und was arbeitest du, um eure Reise zu finanzieren?« Einer von Max' pubertierenden Skater-Freunden sitzt mir gegenüber auf dem Boden und fragt mich mit großen Augen aus.

Max gibt die Antwort: »Meine Mama ist Journalistin. Und eine coole Skateboarding-Bitch!«

Fast fliegt mir mein Kaffee aus der Hand. In seinem mittlerweile ziemlich perfekten Englisch hört sich sein Statement um einiges cooler an. Innerlich muss ich schmunzeln. Irgendwann wird der Tag kommen, an dem mich Max nur peinlich findet. Es gar nicht mehr so gern sieht, wenn ich an den gleichen Plätzen abhänge wie er. Doch das scheint im Augenblick noch weit entfernt zu sein. Umso mehr freue ich mich über seine Einschätzung. Ich finde auch:

Wir sind mit Abstand eines der besten Mutter-Sohn-Gespanne im Park.

Es ist der 2. Februar 2018. Mein fünfunddreißigster Geburtstag. Grund zum Feiern. Den ganzen Tag waren wir mit Freunden unterwegs, haben wundervolle Stunden miteinander verbracht und äußerst leckeren Kuchen verspeist. Am Abend gab es noch ein kleines Überraschungsessen, und jetzt sitze ich völlig erschöpft vor unserer Wohnung. Max ist sofort ins Bett gefallen und eingeschlafen, ich habe mir zur Feier des Tages noch eine Flasche Wein geöffnet. Die Sterne leuchten über mir, ich habe mich in eine Decke gehüllt. Die Luft ist angenehm kühl und klar, um mich herum ist es ruhig. Nur Musik ist zu hören, sie dringt leise aus unserem Wohnzimmer. Auf der Stufe neben mir brennt eine Kerze. Fünfunddreißig – so fühlt sich das also an. Letztes Jahr hatte ich in Byron Bay in Australien gefeiert, dieses Jahr in Kalifornien. Nicht gerade die schlechtesten Orte, um älter zu werden. Und reifer. Und vielleicht sogar noch glücklicher.

Wie jedes Jahr zu meinem Geburtstag versuche ich, für einen Moment innezuhalten. Das vergangene Jahr zu reflektieren. Mir selbst Fragen zu stellen und in neu gewonnenen Erkenntnissen entsprechende Antworten zu finden. Manchmal fühle ich mich dabei gestresst, manchmal entspannt. Heute ist Letzteres der Fall. Die Entscheidung, die ich im vergangenen Jahr getroffen habe, war ganz klar die richtige.

Zweifellos haben wir einen Weg eingeschlagen, den wir nicht bereuen werden, da bin ich mir mehr als sicher. Auch die Tatsache, dass wir uns jetzt eine Pause gönnen, tut uns unglaublich gut. Mehr und mehr lernen wir das Leben und die Menschen kennen und integrieren uns. Es ist schön zu merken, dass wir schnell Freunde finden und uns nicht neu oder einsam fühlen.

Als am nächsten Tag »*Mr Postman*« klingelt, rennt Max sofort zur Tür. Das Päckchen ist klein und gut verpackt. Mit mehreren Schichten umwickelt. Als Absender eine Schweizer Adresse. Zusammen reißen wir es auf. Das Päckchen wurde zwar aus der Schweiz abgeschickt, der Inhalt kommt aber aus Kuba: »Du kennst die USA-Kuba-Probleme, liebes Geburtstagskind. Deswegen musste dein geliebter Kaffee einen kleinen Umweg nehmen. Ich hoffe, er kommt trotzdem rechtzeitig an. *Happy Birthday* aus Havanna.«

Ich habe Tränen in den Augen. Der Kaffee, in den ich mich auf Kuba verliebt habe. Den ich seitdem so vermisse. Meine Freunde haben es nicht vergessen und in einer besonderen Form an mich gedacht. Max fällt mir um den Hals, und ich muss ein bisschen weinen. Es ist eines der schönsten Geschenke überhaupt, zu erfahren, dass wir die Orte, die wir besuchen, zwar wieder verlassen, doch niemals die Herzen, die wir dort finden. Unzählige davon sind ein paar Tage später vor unserer Tür aufgemalt. Valentinstag. Damit hatte ich nicht gerechnet. Absolut amerikanisch, absolut übertrieben, aber auch wunderschön. Nachbarn haben uns kleine Geschenke vor die Tür gelegt und eine hübsche Karte dazu. »Wir sind glücklich, dass ihr da seid. *Happy Valentine's Day!*«

So viel Liebe! Doch nach zwei Monaten müssen wir uns verabschieden, wir wollen weiterreisen, auch wenn dieses Haus uns bewusst gemacht hat, dass es Plätze geben kann, wo man ankommen möchte. Einen solchen Platz wieder zu finden, diesen Wunsch verspüre ich auf einmal. Entsprechend tränenreich verlassen wir Encinitas. Aber wir wollen Augen und Ohren offen halten, wer weiß, wo wir noch landen werden. Kalifornien hat jedenfalls etwas. Kalifornien passt zu uns. Doch Kalifornien ist nicht nur Skate- und Surfleben. Ich habe auch hinter die Fassaden geschaut. Wer es sich hier gut gehen lassen möchte, muss arbeiten, bis er umfällt. Nicht wenige haben deshalb mindestens zwei Jobs. Der Druck ist enorm. Möchte ich, dass mein Kind in einer solchen Gesellschaft aufwächst? In einer, in der das materielle Dasein, vor dem wir durch unser minimalistisches Reisen geflüchtet sind, absolute Priorität hat? Ich bin mir unsicher. Muss darüber nachdenken. Muss mir darüber klar werden, ein paar Nächte darüber schlafen.

Für einige Tage geht es in einen alten ausgebauten Schulbus im Norden Kaliforniens. Den Besitzer kenne ich von dem Schiff, mit dem wir den Atlantik überquert haben, ein digitaler Nomade, der in Huntington Beach einige Immobilien vermietet. »Ihr beide müsst unbedingt in meinem Bus wohnen, er ist perfekt für euch Hippies!«

Der Bus ist tatsächlich unglaublich. Er ist nicht nur groß, sondern auch exklusiv ausgebaut, mit einem beheizbaren Boden in der Dusche, eigener Waschmaschine, Trockner und einer wunderschönen Küche. Wir fühlen uns sofort wohl. Und Max denkt direkt noch ein paar Meilen weiter: »In so etwas könnten wir doch einziehen«, sagt er. »Dann hätten wir ein richtiges Zuhause, könnten aber trotzdem weiter herumreisen. Das wäre perfekt!«

Das wäre es sicherlich, doch jetzt genießen wir erst einmal unseren kurzen Urlaub in unserem rollenden Heim. Auch wenn es gar nicht mehr rollt und mobil ist, sondern bei unserem Freund im Vorgarten steht.

Am Abend liegen wir gemütlich im Bett und lesen »Harry Potter«, doch immer wieder müssen wir unterbrechen und uns Geschichten aus den vergangenen Monaten erzählen. Besonders das Skaten lässt Max nicht mehr los.

Deswegen ist unser nächstes Ziel Santa Cruz. Hier hatte vor inzwischen mehr als zwei Jahren alles begonnen. Hier hatte ich zum ersten Mal von digitalen Nomaden gehört und einige von ihnen kennengelernt. Daraufhin entstanden die ersten Gedanken, unser Leben zu ändern. Alles umzustellen. Loszuziehen. Diesen magischen Ort möchte ich Max zeigen, mit ihm im selben Hostel wie damals übernachten. Für mich ist das ein historischer Moment, und für Max ist Santa Cruz der Hotspot zum Skaten.

Die Musik ist aufgedreht, die Fenster sind runtergekurbelt. Den alten Schulbus haben wir inzwischen gegen ein neues Mietauto eingetauscht, gemütlich fahren wir auf dem legendären Highway Number One. Das Reisen im eigenen Wagen erinnert mich an Australien. Es macht mir bewusst, wie viel Zeit seitdem vergangen ist.

Nach stundenlangem Fahren sagt Max: »Du musst gleich abbiegen. Danach kommt eine Kurve, und dann gelangen wir auf eine große Straße, auf der wir erst mal bleiben müssen.« Mein persönlicher Navigator sitzt eine Reihe hinter mir und freut sich, dass er die Richtung angeben darf. Erfolgreich.

Kurze Zeit später erkenne ich die ersten Häuser wieder. Habe Schmetterlinge im Bauch. Wir sind da. Santa Cruz. Ganz aufgeregt zeige ich Max unsere Bleibe für die nächsten Tage und bin gespannt auf seine Reaktion. Die fällt jedoch wenig spektakulär aus. »Ja, gefällt mir, aber können wir jetzt skaten? So durch die Stadt cruisen wie in den Videos?«

Die nächsten Stunden geht es auf vier Rollen durch das Zentrum von Santa Cruz, am Strand vorbei, weiter zu den

Coffeeshops, in denen ich schon vor zwei Jahren gesessen habe, mit so vielen Ideen im Kopf. Viele davon habe ich umgesetzt, das wiederum hat mich auch an diesen Ort zurückgeführt. Dieses Mal gemeinsam mit Max.

Bevor es dunkel wird, wollen wir noch ein paar Runden im Skatepark drehen, wollen uns noch mehr auspowern und die Energie hier nutzen. Max ist in absoluter Höchstform. Traut sich Dinge, die er vorher noch nie ausprobiert hat. Fällt hin, steht wieder auf. Wird von den anderen Kindern unterstützt. Mit einem Gesicht, das von Mut strotzt, steht er an der Kante der großen Rampe. Er ist fest entschlossen, er will sie zum Reindroppen nutzen. Was heißt: Er will sein Brett lediglich mit der hinteren Seite auf die Reling legen, den Fuß auf das vordere, in der Luft hängende Teil setzen, sich nach vorne lehnen und dann mit viel Schwung und Tempo nach unten fetzen.

Ich kenne das Gefühl, wenn man so dasteht. Eigentlich weiß man, wie es geht, und trotzdem muss man noch das letzte Fünkchen an Mut zusammenkratzen. Es sieht einfach aus, ist es aber nicht. Lehnt man sich aus einem Reflex heraus nur ein kleines Stück nach hinten, rutscht man weg und tut sich dabei ziemlich weh. Doch daran denkt Max anscheinend gerade nicht. Er positioniert sein Brett noch einmal neu. Legt den kleinen Fuß vorne auf das Skateboard, guckt kurz zu mir rüber – und traut sich. Unter dem Beifall der anderen Zuschauer droppt er rein. Ich habe Tränen in den Augen. Ich bin so stolz.

»Ich habe es geschafft, Mama. Zum ersten Mal alleine. Und das in Santa Cruz. Wie genial ist das denn?!«

Mit Adrenalin vollgepumpt, versuchen wir gemeinsam ein paar weitere Tricks, und plötzlich, mitten in dieser einzigartigen Situation, passiert es. Max dreht sich in die falsche Richtung, ich sehe seinen Fall in Zeitlupe vor mir.

Damit er sich nicht verletzt, greife ich nach ihm und will ihn halten. Dabei rutsche ich so merkwürdig mit meinem rechten Bein weg, dass die Knieinnenseite auf den Beton knallt. Ungebremst. Ohne Abstützen. Ohne Hoffnung. Ich merke es sofort. Schon oft bin ich bei diversen Sportarten gefallen und habe mich dabei höchstens leicht verletzt, doch jetzt ist etwas anders. So hat es sich noch nie angefühlt. Ich versuche, wieder aufzustehen, doch mein Knie knickt nach hinten durch. Das ist mehr als schmerzhaft. Mehr als ekelhaft.

Eine deutsche Mutter, die wir ein paar Minuten zuvor kennengelernt haben, schaut mich erschrocken an. »Das sieht aber gar nicht gut aus«, sagt sie. »Ich bin Ärztin, soll ich da mal draufgucken?« Keine Minute später teilt sie mir die vorzeitige Diagnose mit: »Lass uns lieber ins Krankenhaus fahren. Es sieht aus, als sei da ein Band gerissen. Man muss es auf jeden Fall röntgen lassen, vielleicht ist sogar eine Operation notwendig. Wir kommen mit und halten Händchen!«

Kurz darauf sitzen wir im Auto. Das Gute an der Situation ist, wir sind nicht allein. Das Schlechte: Ich ahne bereits, was gleich geschehen wird. In der Notaufnahme werde ich, wie vermutet, in den nächsten freien Rollstuhl verfrachtet und durch diverse Arztzimmer geschoben. Das Plastikband, das ich aus amerikanischen Krankenhausserien kenne, baumelt an meinem Handgelenk.

>> Musst du jetzt sterben? Oder das Bein abgeben? <<

Woher Max die Dramatik hat, bleibt mir fremd. Von mir auf jeden Fall nicht, denn ich bin äußerst ruhig. Warum, weiß ich auch nicht. Die nächsten vierundzwanzig Stunden vergehen wie im Schnelldurchlauf. Als hätte jemand den Vorlaufknopf gedrückt.

»Das Knie ist auf jeden Fall nicht gebrochen, doch was mit den Bändern ist, kann ich im Moment nicht feststellen. Dafür ist die Schwellung noch zu stark. Sie müssen sich ein paar Tage gedulden. Aber das wird schon! Bald stehen Sie bestimmt wieder auf Ihrem Skateboard.« Der Arzt verabschiedet sich mit einem High five. Allerdings mit der linken Hand. Der andere Arm steckt in einer Schlinge. »Kleiner Surfunfall«, sagt er und lacht. »*Welcome to California...*«

Mit einer ansehnlichen Akte und einer noch ansehnlicheren Rechnung unter dem Arm verlassen wir das Krankenhaus. Die Nacht schaffe ich mit Schmerztabletten, und am nächsten Morgen fahren wir in einem Taxi nach Oakland, einer Stadt in der Nähe von San Francisco. Denn aufgrund der Krücken bin ich total außer Gefecht gesetzt, ohne Unterstützung wird das nichts.

Wir werden von meinem Freund Jay erwartet, er will sich ein paar Tage lang um mich kümmern und Max bespaßen. Vor einigen Monaten hatten wir uns in Mittelamerika in einem Hostel kennengelernt. Jetzt springt er als rührender Pfleger bei sich zu Hause für mich ein. Das ist auch dringend notwendig, denn nach dem ersten Schock wird mir klar, was eigentlich passiert ist. Ich kann mein rechtes Bein kein bisschen mehr bewegen, lediglich auf Krücken humpeln. Treppen sind ein Albtraum, jeder Versuch, etwas mit den Händen zu transportieren, ist zum Scheitern verurteilt. Ich bin in meiner Fortbewegung eingeschränkt und abhängig wie schon lange nicht mehr. Selbst kleinere Aktionen wie zur Toilette zu humpeln oder zu duschen machen mich völlig fertig. Die Schmerzen sind nahezu unerträglich, die Aussichten auch.

Fast durchgängig liege ich auf dem Sofa und lasse mich von den beiden Jungs bedienen. Da sich auch nach Tagen nichts ändert, sondern, ganz im Gegenteil, die Schwellung immer stärker wird, fahre ich ins nächstbeste Krankenhaus. Die moderne Technik der Magnetresonanztomografie (MRT) erneuert den Schock: Das Innenband ist gerissen, weiteres Reisen fällt vorerst flach, und die nächsten sechs Monate darf ich mein Skateboard nur aus sicherer Entfernung betrachten. Der vom Arzt vorgeschlagene Behandlungsplan beinhaltet keine Operation, dafür regelmäßig Physiotherapie und hartes Training. Mindestens für vier Wochen an einem Ort, und keine großen Sprünge. »Es hätte viel schlimmer kommen können«, versucht mich der Arzt zu beruhigen. »In ein paar Monaten sind Sie wieder fit. Allerdings macht mir die Schwellung ein bisschen Sorgen, sie sollte beobachtet werden!«

Eine so lange Zeit können wir nicht auf dem Sofa unseres Freundes in Oakland verbringen. Außerdem liegt der ideale Ort, den ich mir für meine Gesundung vorstelle, rund 800 Kilometer weiter südlich, in Encinitas. Dort kennen wir uns aus, dort fühlen wir uns wohl, also müssen wir so schnell wie möglich dorthin zurück.

Nach unserer Ankunft geht der Albtraum jedoch in die nächste Runde. Die Schwellung hat sich weiter verschlimmert, weshalb Max und ich kurze Zeit später Krankenhaus Nummer drei aufsuchen. Und hier haut es mich dann endgültig aus den Latschen. Aufgrund des Sturzes und der mangelhaften Bewegung hat sich eine gefährliche Thrombose gebildet, die sofort mit starken Medikamenten behandelt werden muss.

Der Punkt ist erreicht, der die letzten Tage auf sich hat warten lassen. Jetzt gibt es kein Halten mehr. Das Krankenhausbett mit der steril-weißen Decke, unter der ich liege, der Arzt mit dem mitleidigen Blick, das Kind mit den tausend Fragezeichen auf der Stirn, das ich fest im Arm halte – all das ist mir auf einmal zu viel. Ich breche zusammen und fange an zu weinen. Max und der Arzt reden mir gut zu, mein Sohn streichelt mir den Kopf, doch ich kann mich nicht beruhigen. Zehn Minuten haltloses Heulen, zehn Minuten verzweifelte Panik. Wie soll das alles weitergehen? Wie soll das funktionieren? Warum ist das eigentlich überhaupt passiert?

Völlig erschöpft schlafe ich ein und wache erst Stunden später wieder auf. Max hat mittlerweile das komplette Krankenhaus-Fernsehprogramm durchgeschaut und kaut relativ entspannt an einem Schokoladen-Sandwich. Im Fünf-Minuten-Takt kommt eine Krankenschwester ins Zimmer, um sich nach seinem Wohlbefinden zu erkundigen. Am Service in amerikanischen Krankenhäusern habe ich nichts auszusetzen.

Inzwischen etwas entspannter, sage ich zu Max: »Okay, das ist jetzt alles ein bisschen doof. Und das ist jetzt auch alles ein bisschen anstrengend. Aber da müssen wir nun durch. Zusammen. Ich brauche für die nächste Zeit deine Unterstützung, und dann wird das auch wieder. Ist das für dich in Ordnung? Nach Regen kommt Sonnenschein, und das ist eine wichtige Lektion für uns!«

Max guckt mich mit großen Augen an und gibt mir einen Kuss.

> » Ich weiß, Mama, wir finden doch immer
> eine Lösung. Wir sind schließlich das
> beste Team überhaupt. «

Das müssen wir auch sein, denn zu meinem Erstaunen sind wir auf einmal ziemlich auf uns allein gestellt. Die

Situation, vor der mich im Vorfeld so viele Leute gewarnt hatten, trifft ungefiltert ein. *I love you* kann in den USA jeder schnell sagen, egal ob an der Supermarktkasse oder wo auch immer. Aber wenn es dir mal richtig dreckig geht, sind alle viel zu sehr mit sich selbst beschäftigt, um dir zu helfen!« Die Worte eines Freundes kommen mir in den Sinn und werden leider zur Wahrheit. Von den Menschen, mit denen wir zuvor viele innige Wochen in Encinitas verbracht haben, ist plötzlich niemand wirklich für uns da. Jeder hat eigene Pläne und natürlich eigene Probleme. Schade, doch so scheint es nun mal zu sein. Max und ich schaffen das aber auch allein. Sogar besser als erwartet. Durchbeißen kann ich mich, auch in Kalifornien. Was mir hierbei sehr hilft, ist die Unterstützung meiner Familie und Freunde in Deutschland, die sich zwar nicht in Reichweite befinden, aber trotzdem da sind. Das Telefon steht nicht still, und wann immer ich es brauche, wird meine Seele durch die Leitung gestreichelt. Eine Rund-um-die-Uhr-Betreuung, wie sie schöner nicht sein kann.

Da wir in ein paar Tagen aus unserer aktuellen Unterkunft auschecken müssen, versuchen wir, uns etwas anderes einfallen zu lassen. In einer Nacht-und-Nebel-Aktion finde ich zum Glück eine neue Unterkunft. Als wir sie das erste Mal betreten, verschlägt es mir fast die Sprache. Vor uns liegt ein Anwesen wie aus meinen Schöner-Wohnen-Träumen. Unsere Vermieterin heißt July und ist Yogalehrerin. Ich schätze sie auf Mitte sechzig, und sie erinnert mich irgendwie an einen Engel. Ihre langen grauen Haare liegen auf den Schultern, die rot angemalten Lippen sind zu einem freundlichen Lächeln verzogen.

»Max und ich haben eine ziemlich anstrengende Zeit hinter uns, und ich hoffe, dass wir bei dir ein bisschen zur Ruhe kommen.«

Sie schaut mich an und schließt uns beide sofort in ihre Arme. Und in ihr Herz. Wir haben unseren Platz zur Heilung gefunden. Und die dazugehörige Person. Von morgens bis abends kümmert sie sich um uns, bis wir selbst wieder einigermaßen klarkommen und ich mit meiner Physiotherapie beginnen kann. Ich arbeite mit Bedacht an meinem Unfalltrauma, wodurch mein Knie nach und nach heilt. Als ehemalige Krankenschwester hat July auch hierfür die richtigen medizinischen Kontakte.

Ein paar Tage später besucht uns eine Freundin aus Deutschland, die hauptberuflich Osteopathin ist; sie biegt mein Knie langsam wieder hin. Für meinen Geschmack natürlich viel zu langsam, aber das scheint ebenfalls ein Aspekt zu sein, den ich akzeptieren muss.

Max ist die größte Unterstützung überhaupt und hilft, wo er nur kann. Er trägt die Krücken beim Treppensteigen oder redet mir Mut bei der Physiotherapie zu. Sitze ich manchmal am Abend auf dem Boden und verzweifle fast daran, dass ich mein Bein immer noch nicht bewegen kann, übersät er mich mit Küssen und sucht auf dem Handy meine Lieblingsmusik heraus. Es ist ziemlich offensichtlich, dass er es bei allem Drama sehr genießt, auch mal ganz für mich da sein zu können.

Trotz dieser vertrackten Situation versuchen wir, es uns auch schön zu machen. Jeden Tag haben wir unser striktes Programm: erst Physiotherapie-Qual, dann als Belohnung Açaí-Bowls und später Skatepark-Spaß. Max ist in Aktion, ich nutze den Gehweg, um die ersten Schritte zu machen. Jeden Tag dasselbe. Jeden Tag ein bisschen besser.

Mit einer Hand stützt sie sich in einem Handstand auf dem Rand der Rampe ab. Auf dem Weg nach unten schiebt sie auf dem Beton noch schnell eine kleine Drehung ein. Die Leute jubeln ihr zu und klatschen wie verrückt.

»Mama, das ist Jordyn Barratt. Die kenne ich. Die ist eine der besten Skaterinnen der Welt. Wirklich! Darf ich zu ihr gehen?« Und schon ist er auf und davon, und wenig später stehen die beiden Hand in Hand vor mir. Fürs Erinnerungsfoto. Max strahlt, Jordyn grinst, ich bin glücklich.

Jordyn und ihre Mutter werden in unserer zweiten Runde in Kalifornien zu wundervollen Freunden. Jeden Tag treffen wir uns zum Skaten, abends kochen wir zusammen, und zwischendurch genießen wir es, dass wir uns gefunden haben. Max kostet die Extraportion an Übungseinheiten mit seiner neuen Mentorin aus, die nebenbei auch noch eine gute Freundin von Tony Hawk ist.

Zu Ostern dann die Überraschung: »Ich habe Tony von dir erzählt, er findet dich ganz toll. Vielleicht können wir bald mal alle zusammen skaten!« Mit einem Foto in der Hand steht Jordyn vor meinem Sohn. »*To Maxi. Tony Hawk!*« ist darauf zu lesen. Max ist fassungslos und natürlich stolz wie Bolle.

Das Skaten mit Tony heben wir uns für den Moment auf, wenn ich wieder mitmachen kann. Das wird allerdings noch ziemlich lange dauern. Viel schneller kommt der Moment des Abschiednehmens. Wir müssen noch einmal Richtung Norden, denn von dort geht es für uns bald weiter zum nächsten Ziel. Mit viel Tränen, wie sollte es auch anders sein. Doch mit etwas ganz Besonderem im Gepäck. Der Gewissheit, dass manche Dinge einfach passieren müssen, selbst wenn sie zunächst wehtun und schwierig sind. Wir hatten eine längere Pause ohne Pläne wohl unbedingt nötig, und ohne meine Verletzung hätten wir sie uns doch nicht genommen. Zumindest nicht in dieser Form. Zu Hause – Skatepark – Physiotherapie. Langweilig, aber effizient. Diese Zwangspause war also mehr als wichtig.

Außerdem hat mir der zweite Aufenthalt in Encinitas Klarheit verschafft. Das glitzernde Kalifornien, das ich noch vor ein paar Wochen als nahezu perfekt angesehen habe, hat seinen Glanz ein bisschen verloren. Anscheinend ist es ein Paradies, das vielleicht doch keines ist. Sobald man hinter die Fassade guckt, sobald man Hilfe braucht, sobald nicht alles mit einem Lächeln über die Bühne geht, sind hier Freunde irgendwie doch eher rar. Der zweite Stopp hat uns viele Tränen gebracht, viele Momente der Verzweiflung, und doch hat er uns am Ende gerettet. Denn wir reisen anders ab, mit »echten« neuen Freunden. Außerdem mit dem Wissen, dass Max und ich zusammen viel schaffen können, egal wie groß die Hürden sind.

> » Wir kriegen alles hin, Mama.
> Das ist einfach so!«

Diesen Optimismus, den hat er ganz sicher von mir. Dieser Optimismus hat uns in Kalifornien sicher geholfen. Dieser Optimismus bringt uns sicher auch in Zukunft weiter.

Wir machen uns auf nach San Francisco, denn von dort geht in ein paar Tagen der Flieger, der uns in ein neues Abenteuer entführt. Trotzdem bleibt noch Zeit genug, Max eine weitere Lieblingsstadt von mir zu zeigen. Bei Steve, einem Freund, den ich vor einigen Jahren auf einer Parkbank in North Beach, einem Stadtteil von San Francisco, kennengelernt habe, können wir bis zu unserem Abflug in einem Zweizimmerapartment unterkommen. Mitten im Zentrum von »Love, Peace and Harmony«. Es werden wunderschöne Tage. Wir verbringen Stunden in meiner Lieblings-Buchhandlung City Lights. Am Abend essen wir ausführlich bei einem Italiener und lassen es uns gut gehen. Verdient haben wir es uns.

»Und zu dieser Brücke möchte ich gerne. Dieser roten in Amerika.« Diese Worte kommen mir in den Sinn, als sich Max auf sein Skateboard stellt und langsam losrollt. Auf dem Gehweg, durch die Menschenmenge hindurch. Über die Brücke. Über die Golden Gate Bridge. Bereit für ein neues Abenteuer, wo auch immer uns das hinführen wird. Kalifornien war Traum und Albtraum zugleich. Doch beide Seiten haben ihre Berechtigung. Beide Seiten haben uns weitergebracht. Und beide Seiten haben uns verändert. Manchmal muss es erst bergab gehen, um dann wieder bergauf zu führen. Das ist San-Francisco-Style. Macht Sinn, wenn man ihn erkennt.

»Lass mich auch mal. Ich will auch auf der Golden Gate Bridge skaten. Wenn auch nur ein bisschen. Wenn auch nur mit deiner Hand zum Festhalten.« Im Schneckentempo rolle ich auf Max' Brett ein paar Meter nach vorne.

Stimmt. Zusammen schaffen wir alles.
Kalifornien ist dafür der beste Beweis.

Kalifornien – Wenn passiert, was überall passieren kann

Hier und da mal etwas Schnupfen, ab und zu ein bisschen Durchfall, in diesen Dingen waren wir gut erprobt. Bis dann Kalifornien kam und mit diesem Bundesstaat auch ein Krankenhaus nach dem anderen. Inklusive weißer Laken, nach Desinfektionsmittel riechender Gänge und eines besorgt guckenden Arztes. Das Band im Knie ist durch, die Laune im Keller. Unterwegs krank zu werden, ist für viele die Horrorvorstellung Nummer eins. Muss es aber nicht sein. Denn auch in anderen Ländern gibt es oft eine gute medizinische Versorgung, und auch in anderen Ländern kannst Du oder kann sich Dein Kind wieder gut erholen. Ruhig bleiben, lautet die Devise, und Umleitungen in Kauf nehmen. Eine gute Reisekrankenversicherung hat mich in Kalifornien übrigens gerettet. Denn die Arztrechnungen sind besonders in den USA alles andere als heilsam.

von

HAWAII
(U.S.A.)

P A Z

H E R

O Z E A N

BORA-BORA
TAHAA
RAIATEA
TAHITI
MOOREA

FRANZÖSISCH-
POLYNESIEN

ISLAND
Reykjavík • Seydisfjör
Blaue Skógafoss
Lagune

A T L A N T I S C H E R

O Z E A N

Elfen, Trolle und
Björk in laut

Ich drehe mich von links nach rechts und wieder zurück. Wälze mich Stunde um Stunde in meinem Bett und komme einfach nicht zur Ruhe. Was allerdings komisch ist, denn der Jetlag müsste eigentlich bewirken, dass ich so fest schlafe wie mein kleiner Bettnachbar. Doch leider Fehlanzeige. In den ersten Nächten auf Island leide ich unter Schlafstörungen. Offenbar verschlägt uns Island nicht nur die Sprache, sondern mir auch noch den Schlaf. Die Schönheit. Die Einzigartigkeit. Island ist magisch. Die vielen Vulkane, die viele Energie. Von Kilometer eins an.

Unser Mietwagen ist ein kleiner weißer Fiat 500. Wir nennen ihn Schneekugel, weil er so flitzig ist. So niedlich. So gut zu uns passt. Die Sonne scheint, die Fenster sind offen. Björk schallt aus den Boxen. Lange Zeit fand ich ihre Musik ein bisschen seltsam. Irgendwie nicht so ganz mein Ding. Hier auf Island hören wir sie ununterbrochen. Denn hier auf Island macht selbst sie auf einmal Sinn. Mehr sogar. Sie macht mir Spaß. Und Max ebenso.

> » Mach mal ganz laut, Mama, und
> dann öffnen wir das Fenster noch
> weiter und schreien so laut, wie
> wir können! «

Ein Problem stellt das nicht dar, denn tatsächlich sind wir ganz allein auf der Straße unterwegs. Schon seit Stunden. Ohne es geplant zu haben, sind wir zur richtigen Zeit am richtigen Ort angekommen. Nebensaison. Mitte April. Für die meisten Reisenden ist Island noch zu kalt und deshalb unattraktiv. Uns gefällt es dafür umso besser. Und so fahren wir Stunde um Stunde mit unserem Gefährt durch die Gegend. Halten immer wieder an, um Fotos oder ein Picknick zu machen. Niemand stört uns dabei.

Die Landschaft ist unglaublich, selbst im Vorbeifahren. Permanent verändert sie sich, es wechselt die Farbe, es wechselt das Gelände. Im einen Moment begleitet uns ein Feld aus riesigen schwarzen Lavabrocken, im nächsten wird alles auf einmal ganz grün und leuchtet mit der Sonne um die Wette. Da momentan nur wenige Touristen auf Island unterwegs sind, haben wir, auch was die Preise betrifft, großes Glück. Island ist teuer. Sehr teuer. Doch im Augenblick versuchen die Hotels, einfach nur ihre Betten zu belegen, und locken mit den tollsten Angeboten. Deshalb teilen wir uns die Zeit auf, in der wir hier sind. Die eine Hälfte nächtigen wir in günstigen Hostels – wobei günstig mehr als relativ ist. Die andere Hälfte verbringen wir in schönen Hotels, mit Frühstück und allem, was dazugehört. Das Geld geht hier eh weg wie frischer Fisch, und es kommen sicherlich auch wieder sparsamere Zeiten. Sparsamere Länder.

Kalifornien hat einen dezenten Beigeschmack bei mir hinterlassen. Nicht nur, was mein immer noch nicht völlig geheiltes Knie angeht. Der Arzt im dritten Krankenhaus hatte mir gesagt, dass die Sache mit meiner Thrombose auch anders hätte ausgehen können. Wäre ich nicht sofort in die Klinik gekommen, wäre das Blutgerinnsel gewandert. Richtung Lunge. Richtung Tragödie. Diese Worte haben sich in meinem Kopf festgesetzt und mich dazu bewogen, uns mehr zu gönnen. Monatelang haben wir auf Sparflamme gelebt, doch momentan lassen wir es uns recht gut gehen. Dennoch schießen wir nicht über unser finanzielles Limit hinaus. Also genießen wir an diesem Abend unsere erste Luxusunterkunft und die dazugehörigen heißen Quellen. Der Schwefelduft ist anfänglich zwar etwas gewöhnungsbedürftig, doch das warme Wasser tut gut. Wir liegen in ihm mit Blick auf einen See und freuen uns auf die nächsten Tage. Auf einen wundervollen Roadtrip.

Am Morgen stehen wir erst spät auf. Ich muss daran denken, wie unser Tagesablauf wohl in München ausgesehen hätte. Zeitiges Aufstehen, Frühstücken, zur Schule gehen. Nicht gerade der Stoff meiner schlaflosen Island-Nächte. Und dabei wäre ein solcher Alltag seit fast einem Jahr unsere Realität, wäre Max mit sechs Jahren eingeschult worden. Ist er aber nicht. Wir haben uns dagegen entschieden und für eine weitere Reise, für viele weitere Abenteuer. Schule und Verpflichtungen, Stress und strenge Regeln – all das kann noch warten. Es ist schon unglaublich spannend zu sehen, wie sehr sich Dinge ändern, wenn man sie erst einmal zum Laufen bringt. Mit ihnen wächst. Jahr für Jahr. Darüber sind wir beide, Max und ich, ziemlich froh. Nicht nur, dass wir sonst gar nicht hier wären und keinen entspannten Morgen hätten. Unser ganzes Leben würde anders verlaufen.

> Dass Max unterwegs trotzdem viel lernt,
> im Zweifelsfall sogar mehr als in der Schule,
> macht mich stolz.

Er spricht mittlerweile nicht nur fließend Englisch, sondern hat auch eine beträchtliche Allgemeinbildung angesammelt.

Island lehrt uns einiges in Sachen Vulkanologie. Nicht nur, als wir am berühmten Eyjafjallajökull vorbeifahren, auch das Wissen der Einheimischen ist unglaublich faszinierend. Wie sie mit der Gefahr von Vulkanausbrüchen leben. Wie sie die Natur in ihren Alltag integrieren. Ihre Insel wertschätzen.

»Klar kann es bei uns mal ordentlich knallen, wir sitzen ja auf unzähligen Pulverfässern. Doch Island ist unsere Heimat, unser Zuhause. Ich würde für kein Geld der Welt woanders hinziehen.« Anna, eine warmherzige Frau mit schlohweißen Haaren, steht in der Schlange an der Tankstelle hinter mir und schwärmt. Das ist ansteckend. Das ist mitreißend. Und zu meiner Überraschung sind diese »Pulverfässer« frei zugänglich, viele der Wasserfälle, Gletscherseen oder schlummernden Vulkane sind nicht abgesperrt. Es mag an unseren Erfahrungen in Kalifornien liegen, dass ich mich immer wieder frage, wo denn die Sicherheitsabsperrungen rund um die gefährlichen Abhänge sind.

Es ist noch früh am Morgen. Richtig früh. 5:00 Uhr, und dennoch bin ich schon wach. Oder immer noch. Doch es stört mich nicht. Denn die Nacht haben wir in Skógar verbracht, einem hübschen Ort mit nur fünfundzwanzig Einwohnern im Süden von Island. Wir sind in einem kleinen Hostel am Fuße eines äußerst bekannten Wasserfalls untergebracht. Normalerweise ist er eine der Hauptattraktionen Islands, doch in der Nebensaison ist er durchaus in privater Atmosphäre zu genießen. Vor allem so früh am Morgen, wenn der Rest der Welt noch schläft.

Behutsam wecke ich Max: »Hast du Lust auf ein Abenteuer? Wollen wir zum Wasserfall hochklettern? Von dort den Sonnenaufgang betrachten? Wenn noch niemand da ist, nur wir und die Elfen?«

Max zieht sich so schnell er kann an. Mit einem noch fix zusammengerührten Pulverkaffee in der Hand stehe ich nur wenige Minuten später neben meinem Sohn vor dem Wasserfall. Unendliche Wassermassen preschen Meter für Meter – insgesamt sind es sechzig – in hoher Geschwindigkeit zu uns herab. Wir stellen uns so nah an den Skógafoss heran, dass wir eine kleine Dusche abbekommen. Das Wasser ist kalt, die Luft frisch, der Platz leer. Neben uns hockt ein kleiner Haubentaucher auf einem Vorsprung und schaut uns gelassen zu. Voller Energie rennen wir den kleinen Berg hinauf und kommen pünktlich zum Sonnenaufgang oben an.

Erschöpft lassen wir uns ins weiche Moos fallen. Wir liegen einfach nur da. Nicht mehr, nicht weniger. Aber dieser Moment hat es in sich. Wir fühlen uns verbunden mit der Natur, verbunden mit diesem Tag, verbunden miteinander. Max, der Langschläfer, erstaunt mich mal wieder:

>> Ich bin so froh, dass wir so früh aufgestanden sind. Das ist so super hier ohne die Touristen. <<

Dafür sind wir umgeben von Elfen. Max und ich glauben durchaus an diese Naturgeister. Nicht erst seit Island. Aber noch mehr seit Island. Sie sind überall zu spüren, und dennoch ist es schwierig zu erklären oder gar zu begreifen. Doch auch an diesem wundervollen Platz können wir sie wahrnehmen – in welcher Form auch immer.

Max springt auf, rennt im Kreis, wirft seine Arme hoch und dreht sich immer wieder um sich selbst. Ich steige mit ein, und wir beide hopsen ausgelassen umher. Zwischendurch rollen wir uns auf dem Boden und müssen losprusten. Nach unserem Fabelwesen-Tanz ruhen wir uns auf dem weichen Untergrund aus. Erzählen uns Geschichten und lauschen auf unsere Umgebung. Mein Bein liegt auf wild wuchernde Kräuter gebettet, mit der Seite nach unten, an der Stelle, wo anscheinend die Thrombose sitzt. Und auf einmal überkommt mich ein ganz eigentümliches Gefühl. Es erschreckt mich zutiefst, so intensiv ist es. In meinen Adern fühlt es sich an, als sei ein Ballon geplatzt. Als hätte ein Wasserball auf einmal seine ganze Flüssigkeit freigegeben. Es ist unbeschreiblich. Kann es ein, dass sich das Blutgerinnsel in meinem Bein aufgelöst hat? Einfach so?

Zu Max sage ich: »Ich glaube, es ist gerade was ganz Krasses passiert. Ich glaube, die Elfen und die Energie hier und Island überhaupt haben mich geheilt. Wirklich. Ich glaube, die Thrombose ist weg.«

Max guckt mich an und sagt fachmännisch: »Na klar, Mama, das kann gut sein. Elfen sind ja Zauberwesen, und sie haben gemerkt, dass du sie magst. Deswegen haben sie dir was Gutes tun wollen.«

Wir verbringen den gesamten Vormittag in dieser mystischen Umgebung. Als die ersten Besucher eintreffen, machen wir uns aus dem Staub, folgen einem kleinen Fluss. Es geht bergauf, bergab. Wir lassen uns einfach treiben. Rein ins Abenteuer. Umringt von den Vulkanen fühlen wir uns irgendwie sicher, irgendwie frei. Wir springen umher, hüpfen über Wasserläufe und klettern in kleine Höhlen. Es ist sonnig, es ist warm, es ist unglaublich schön. Da wir kein Wasser dabeihaben, trinken wir aus dem kleinen Bach, der sich neben uns schlängelt. Erst Stunden später kehren wir ins Hostel zurück und fallen erschöpft ins Bett. Natur ist etwas Einzigartiges. Natur ist etwas Besonderes. Vor allem, wenn sie wie hier so vielfältig ist. So anders, speziell und abwechslungsreich.

Als wir am nächsten Tag weiterfahren, kommen wir an einem Gletschersee mit riesigen Eisschollen vorbei. Die Landschaft sieht aus wie in der Arktis und steht in krassem Gegensatz zu dem, was wir erst ein paar Stunden zuvor erlebt haben. Schnee, Eis, Kälte. Auch das ist Island. Das Knacken der Schollen und die Bewegung auf dem Wasser faszinieren uns. Max läuft sofort in seinen Gummistiefeln in den See und fischt ein großes Stück Eis heraus. Es schimmert blau. Blaue Kälte. Und auch hier ist kein anderer Mensch. Ungestört spazieren wir am Ufer entlang. Wie anders müssen diese wunderbaren Plätze auf einen wirken, wenn man sie nicht für sich allein hat, sondern mit reiselustigen Massen teilen muss. Für mich ist das unvorstellbar. Und ich bekomme fast ein bisschen Angst. Tourismus kann einem Land guttun, aber nur bis zu einem gewissen Punkt. Ein heikles Thema, da wir ja selbst als Touristen unterwegs sind. Trotzdem habe ich die Befürchtung, dass das Island, das wir momentan entdecken, ein kompletter Glücksfall ist.

»Island wird bald untergehen, wenn es so weitergeht. Im Sommer ist es hier schrecklich, wenn jeder Flecken von Touristen überfüllt ist. Aber andererseits leben wir ja auch davon.«
Wir sitzen beim Frühstück in einem altmodischen Wohnzimmer, die Heizung ist voll aufgedreht, es ist wohlig warm und riecht gemütlich. Der alte Mann und Besitzer des kleinen Hostels, in dem wir die letzte Nacht verbracht haben, bewirtet uns fürstlich. Seine grauen Haare hat er unter einer Wollmütze versteckt, und mit dem typischen Islandpullover sieht er fast wie ein Seemann aus, wie jemand, der schon viel gesehen und noch mehr zu erzählen hat. Mit einem dampfenden Kaffee in der Hand und einem kraftvollen Leuchten in den Augen teilt er seine Geschich-

ten mit uns. Von seiner Heimat, vom Winter, wenn es so kalt draußen ist, dass jeder Schritt eine Qual ist, vom Sommer, wenn es draußen vor Menschen wimmelt.

Es gibt Brötchen mit Butter und Marmelade und hausgemachte Pfannkuchen. Max stopft sich einen nach dem anderen in den Mund und hört gespannt zu.

»Das Schlimmste ist jedoch, dass viele der Besucher Island nicht verstehen. Die sehen gar nicht, was es hier neben den typischen Attraktionen noch gibt. Die meisten glauben ja nicht einmal an das andere Volk.«

Max schreckt hoch. »Aber ich glaube daran! An die Elfen und Trolle. Wir haben auch schon welche gespürt. An dem Wasserfall, wo wir vor ein paar Tagen waren. Die haben Mamas Bein wieder geheilt.«

Was in Deutschland wahrscheinlich als kindliche Fantasie durchgehen würde, trifft hier auf offene Ohren. Der alte Mann plaudert über das Leben mit den magischen Geschöpfen. Wann man sie am besten sehen kann. Wie sie sich verhalten. Warum es sie überhaupt gibt. Dass es sie tatsächlich gibt.

»Straßen dürfen erst gebaut werden«, so berichtet er, »wenn die Elfen um Erlaubnis gefragt wurden. Ohne diesen vorherigen Kontakt können sich Katastrophen ereignen. Erst vor ein paar Jahren hatten Straßenplaner ganz in der Nähe nicht auf die Elfen gehört, ihre Ratschläge nicht befolgt und eine Straße recht nah an einer Klippe gebaut. Kurz nach ihrer Fertigstellung gab es dort einen schlimmen Unfall, zwei Männer sind im Auto von der Straße abgekommen und den Abhang hinuntergestürzt. Solche Tragödien gilt es natürlich zu vermeiden, weshalb es auf Island sogar Elfenberater gibt.«

Ich glaube dem Mann sofort, denn er lebt hier schon sein ganzes Leben, umringt von Vulkanen und dem Meer. Er ist mit dieser speziellen Energie aufgewachsen. Mit den speziellen Wesen, die ein Teil davon sind. Er sagt noch: »Als ich ein Kind war, hatten wir meist keinen Strom, nur Kerzen, um die Dunkelheit aufzuhellen. Da waren die Elfen oft bei uns. Doch ich kann sie auch jetzt noch sehen. Ihr müsst nur achtsam sein, dann werdet ihr ihnen ebenfalls begegnen.«

Beglückt von diesem zauberhaften Gedanken fahren wir weiter Richtung Norden. Das Wetter wird kälter, die Landschaft rauer. Es fängt sogar an zu schneien, und ich bin froh, dass wir Winterreifen an unserer Schneekugel haben. Wir müssen über einen Pass, um zu unserer nächsten Schlafmöglichkeit zu gelangen. Plötzlich wird unsere Umgebung ganz weiß. Die Sonne ist weg, und wo wir auch hinschauen, wir sind von Schnee umgeben. Ab jetzt geht es nur noch im Schneckentempo voran. Ich klebe fast hinter dem Lenkrad, denn solche Witterungsbedingungen bin ich nicht mehr gewohnt. Zuletzt bin ich in Kalifornien Auto gefahren, aber in Kalifornien hat es nicht geschneit. Ein kleiner, doch ziemlich feiner Unterschied.

Max kommt aus dem Staunen nicht mehr heraus: »Können wir kurz anhalten und vielleicht eine Wanderung machen?«

Ich muss lachen. Eine Schneeschuhwanderung, danach steht mir gerade nicht der Sinn. Ich bin heilfroh, wenn wir in der nächsten Stunde ankommen, ohne in einen Graben zu schlittern.

Und es gelingt. Nach der letzten Kurve, der letzten Anspannung können wir das kleine Dorf erkennen, es liegt unten im Tal und sieht schon von oben zauberhaft aus. Ein perfekter Zufluchtsort für die nächsten Tage. Eine Oase, umringt von weißen Schneemassen. Seydisfjördur heißt der Ort im Osten der Insel. Isländische Namen haben es in sich. Merken kann ich mir davon nur die wenigsten. Doch dieser ist hängen geblieben. Eine Empfehlung von Isländern. Und mal wieder ein Glücksgriff.

Der Dielenboden knarrt, als wir durch die Tür treten. Das Gebäude war einst das örtliche Krankenhaus, Tragödien und Wunder haben sich hier abgespielt.

Benedikta begrüßt uns herzlich: »Ihr könnt in dem alten Arztzimmer schlafen, dort haben immer alle gesessen, Kaffee getrunken und gequatscht.«

Die Frau mit den blonden Haaren und den tiefen Grübchen ist mir von Beginn an sympathisch. Ich schätze sie auf Mitte vierzig, und dennoch hat sie etwas sehr Verschmitztes, fast schon Kindliches an sich. Mit ihren Wollsocken in Wollhausschuhen führt sie uns herum. Das Haus könnte auch im Werbekatalog einer nordischen Möbelkette abgebildet sein, wir fühlen uns in ihm sofort wohl. Draußen ist es kalt und ungemütlich, drinnen ist es kuschelig warm. Eigentlich ist durch die Insellage alles in Island überteuert, denn fast alles muss extra eingeflogen werden, bis auf die Erdwärme, sie ist einer der bedeutendsten Naturschätze des Landes.

Wir sitzen auf dem Fußboden in unserem Zimmer, ich halte eine Tasse mit heißem Kaffee in der Hand, Max spielt mit bunten Lego-Steinen.

>> Island ist für mich das schönste Land auf unserer Reise «, erklärt er. >> Nicht nur, weil es so spannend ist, sondern auch, weil es so gemütlich ist. In den Häusern riecht es überall wie zu Weihnachten! Ich glaube, der Weihnachtsmann kommt in Wirklichkeit aus Island. Und die ganzen Elfen sind seine Helferlein. «

Ich sinniere vor mich hin, schaue aus dem Fenster. Island ist definitiv auch unter meinen Top 3. Nicht nur wegen der Landschaft oder der Menschen. Hauptsächlich wegen der heilenden Energie. Oder der heilenden Elfen. Ich muss grinsen.

Mit seinen kleinen Händen hält er sich an den Zügeln fest. Die Haltung ist gerade, der Blick nach vorne gerichtet. Schon in der Mongolei hatte Max stundenlang im Sattel gesessen, allerdings nicht ohne Hilfe. Hier ist es ein bisschen anders. Zum ersten Mal reitet Max allein. Ganz allein. Das landestypische Pferd ist größer als erwartet, und auch sein Temperament ist ziemlich ausgeprägt. Doch Max ist happy.

Seite an Seite reiten Max und ich durch die Landschaft, an den Feldern entlang. Das war sein großer Wunsch: einmal auf einem Islandpferd zu reiten. Wie nicht anders erwartet, ist das eine sehr teure Aktion, dafür aber auch lohnenswert. Schon nach wenigen Minuten hat er es heraus, das Pferd sicher zu führen. Von Angst keine Spur. Seine Reitlehrerin ist begeistert.

»Dann können wir ja mal einen Zahn zulegen«, ruft sie ihm zu. »Nur hier auf Island haben wir nämlich eine ganz besondere Gangart, eine gelaufene Gangart. Wir nennen das Tölt, und wenn du dich gut festhältst, können wir das mal versuchen. Klappt bestimmt.«

Los geht's. Max fetzt davon, ich leicht verängstigt hinterher. Doch mit wehenden Haaren und wehender Mähne wird das Gespann schneller und schneller. Max lacht lauter und lauter. Als wir in den Stall zurückkehren, ist er völlig außer sich: »Das hat so Spaß gemacht. Das will ich bitte, bitte noch mal versuchen.«

Die letzten Nächte übernachten wir in Reykjavik. Bei isländischen Verwandten von deutschen Freunden. Geraten mitten hinein ins landestypische Familienleben. Denn einer von den Wikinger-Nachkömmlingen hat heute Geburtstag. Zehn Kinder in Max' Alter toben herum, spielen zusammen und essen Kuchen. Die Eltern sitzen daneben und gucken zu. Die Szene könnte sich fast genauso in Deutschland abspielen. Und irgendwie auch nicht. Isländer sind schon ein spezielles Volk und besonders am Anfang sehr schüchtern und zurückhaltend.

»Warte mal ab, bis wir trinken und feiern. Dann ist die Schüchternheit ganz schnell verflogen. Doch nur bis zum nächsten Morgen, denn dann sind alle wieder nüchtern. Dann muss man sich wieder von Neuem annähern.« Ich bin dankbar für die Erklärung meiner Sitznachbarin. Kurze Zeit später springt sie auf und zieht sich an. Das Fest ist vorbei. Zwei Stunden hat es gedauert, länger nicht. »Das ist hier so üblich. Wir machen keine großen organisierten Spiele oder so. Kuchen, Geschenke und dann Tschüss.« Trocken und direkt. Ohne viel Klimbim.

Max sitzt mit dem Geburtstagskind auf dem Boden und baut Lego-Steine zusammen. Als es anfängt zu schneien, rennen die beiden nach draußen und klettern aufs Trampolin. Barfuß.

Max johlt vor Freude. »Schnee, Schnee, endlich wieder Schnee.«

Von einer Sekunde auf die andere ändert sich das Wetter. Erst Sonnenschein, dann Schnee, dann wieder Sonnenschein. Ich bekomme zu hören: »Auf Island haben wir immer alle Jahreszeiten an einem Tag. Total vielseitig, oder? Das Wetter ist genau wie unsere Landschaft.«

Eine Besonderheit der isländischen Landschaft haben wir uns für den Schluss aufgehoben. Als Highlight. Als endgültigen finanziellen Ruin. Die Blaue Lagune ist das größte Thermalfreibad der Insel, weltweit als Spa bekannt und somit das Touristenziel schlechthin. Nachdem wir uns bisher von den Hotspots der Insel eher ferngehalten haben, ist jetzt die Zeit für ein bisschen Massentourismus gekommen.

Die weißen Bademäntel passen wie angegossen, selbst für Kinder liegen entsprechende Größen bereit. Das Wasser ist warm und türkisfarben, zugleich aber auch milchig und trüb. Da die Sichtweite unter Wasser somit sehr begrenzt ist, müssen alle Kinder Schwimmflügel tragen. Auch Max. Mit den Luftkissen in leuchtendem Orange gleitet er auf dem Wasser dahin. Die Temperatur erinnert mich an eine etwas zu heiße Badewanne. Der salzige Geschmack und der muffige Geruch sind Island pur. Mit zahlreichen Angehörigen verschiedener Nationalitäten liegen wir gemeinsam im blauen Saft. Ein Vorgeschmack auf die Hochsaison; überfüllt ist da kein passender Ausdruck. Oktoberfest-Getümmel kommt der Sache schon näher. Erschreckend.

Weil der Schlamm aus der Lagune äußerst gesund und heilend sein soll, positionieren wir uns kurze Zeit später mit weißen Gesichtern ein bisschen abseits am Beckenrand. Im Preis mit inbegriffen sind Willkommenscocktails, die im Wasser getrunken werden dürfen. Wäre das Bad so leer wie der Rest der Insel, würde es uns hier noch besser gefallen. Doch der Moment zählt. Wie wir mit unseren Cocktails in der Hand in der warmen Brühe hocken und mit unseren maskierten Gesichtern anstoßen, das hat schon was.

»Prost, Max!«, sage ich. »Auf Island!«

Max guckt ganz traurig. »Ich finde es richtig schade, dass wir schon wieder weiterreisen. Island ist wirklich das schönste Land auf der Erde. Das nächste Mal können wir ja vielleicht länger bleiben und die ganze Zeit auf Pferden reiten und in Zelten wohnen. Dann sind wir auch näher dran an den Trollen und Elfen.«

Es stimmt, die isländische Landschaft ist wirklich außergewöhnlich schön. Da hat Max vollkommen recht. Noch nie habe ich so unterschiedliche Dinge auf so kleinem Raum gesehen. So einzigartige Menschen getroffen, mit so einzigartigen Geschichten.

Die letzte Nacht liege ich bei offenem Fenster im Bett, die kalte Luft weht mir ins Gesicht. Draußen schneit es. Was wir hier erleben durften, bringt mich zum Nachdenken.

> Welche Verantwortung haben Max und ich als Reisende? In welcher Form darf und soll ich über die Menschen und ein Land berichten? Müssen wir als Besucher nicht auch das Geheimnis von Orten bewahren?

Wenn es auf Island im Sommer wirklich so schlimm ist, wie die Einheimischen erzählen – muss man es dann nicht auch beschützen? Die Lösung will sich mir nicht zeigen.

»Ach Island, danke, dass wir dich für eine kurze Zeit entdecken durften.« Meine leise gesprochenen Worte verhallen in der Dunkelheit der Nacht. Manche Antworten bleiben auch auf Island im Verborgenen.

Der Trip endet, wie er begonnen hat. Sprachlos und schlaflos. Bis Kilometer 1500.

Island – Bespaßung unterwegs

Kleine Geschenke im Rucksack und neue Filme in Dauerschleife erhalten die Freundschaft auf langen Flügen. Quadratische Augen finde ich in diesem Zusammenhang mehr als okay, auch die ein oder andere Zuckerverabreichung zur Beruhigung der Nerven aller Beteiligten. Oder eine Bespaßung durch die Stewardess. Lange Autofahrten werden dank Hörbüchern ebenfalls ganz wunderbar überstanden. Wobei wir hier immer wieder eine kleine Unterbrechung zum Mitsingen einbauen müssen, da mir das monotone Gerede sonst beim Fahren zum Einschlaf-Verhängnis wird. Max schläft generell überall und generell äußerst gerne. Ich auch. Wenn Du also an die passende Unterhaltung denkst und für ein wenig Abwechslung sorgst, sollten längere Reiseabschnitte auch für Dich und Dein Kind kein Problem sein.

Im Land der Gegensätze – Vorurteile und Realität

Mein Gesicht klebt auf weißem Papier. Es riecht steril. Das Licht ist kalt. Die gesamte Atmosphäre empfinde ich als ziemlich anstrengend. Doch vielleicht hat das auch nur etwas mit meiner Anspannung zu tun. Schon seit mindestens zehn Minuten liege ich so. Auf dem Bauch. Mein rechtes Bein befindet sich ausgestreckt vor dem Mann im sportlichen Poloshirt. Weißer Kittel war wohl gestern. Zumindest in Israel. Zumindest in Tel Aviv. Unzählige Male fährt er mit dem Ultraschallgerät an meiner Wade entlang. Vor und zurück. Rechts und links. Ich kann es fast nicht mehr ertragen. Warum reden Ärzte immer so wenig? Und warum muss ich so viel grübeln? Was, wenn die Thrombose doch noch da ist? Vielleicht sogar schlimmer geworden ist? Oder gewandert ist? Obwohl ich doch seit Island fest davon überzeugt bin, dass sie weg ist. Seit meinem Erlebnis der elfischen Art.

Max sitzt am anderen Ende des Zimmers. Er malt. Doch auch er ist angestrengt. Ängstlich. Unsicher. »Wann sagt der Arzt denn endlich mal was? Also, auf dem Monitor, da kann ich nichts erkennen. Nur lustige Punkte und so ein Pochen. Aber das sieht nicht nach einer Thrombose aus. Ich glaube, du bist geheilt, Mama!«

Dr. Max ist sich also sicher. Doch wieso macht der echte Arzt dann immer noch an meinem Bein herum? Endlich legt er sein Handwerkszeug zur Seite und fängt an zu grinsen. Die erste Gefühlsregung, seitdem ich mich ganz in Weiß auf die Untersuchungsliege gebettet habe. »Die Thrombose ist weg«, sagt er knapp. »Komplett. Ich habe wirklich alles abgesucht, aber da ist nichts mehr zu sehen. Gratulation.«

Ich springe von der Liege und falle Max um den Hals. Endlich ist wieder alles normal. Endlich kann ich wieder ohne Tabletten leben. Endlich können wir das Kapitel Skateboard-Unfall abhaken.

Und uns anderen Dingen zuwenden. Israel zum Beispiel.

In der Mongolei hatten Max und ich fünf Israelinnen kennengelernt, uns mit ihnen angefreundet. Alle ungefähr zwischen fünfzig und siebzig Jahre alt, selbst jeweils mehrfache Mütter, hatten sie dort ohne ihre Familien Urlaub gemacht. Die geballte Frauenpower war beeindruckend und bescherte uns im Anschluss eine Einladung in ihr Heimatland: »Gerade für euch zwei Vegetarier ist Israel ein Schlaraffenland. Der Ort, an dem Milch und Honig fließen. Also, kommt uns bald besuchen!«

Seitdem ließ mich die Idee nicht mehr los. Erst hegte ich meinen Plan nur ganz heimlich, still und leise. Doch dann irgendwann auch laut und öffentlich. Die Reaktionen waren gemischt, nachvollziehbar. Aus den familiären Reihen erfolgte ein Aufschrei. Die politische Lage. Die militärische Situation. Übertriebene Angst war da mit im Spiel. Freunde und Bekannte hingegen, die bereits mehrere Male in Israel waren und es abgöttisch lieben, sahen keine Probleme. Andere, die bereits das Land bereist und negative Erfahrungen gemacht hatten, konnten diese Begeisterung nicht teilen. Und dann gab es natürlich auch Kommentare von jenen, die die Lage nur aus dem Fernsehen kennen und sich dementsprechend ein Bild gemacht hatten, ein von den Medien vorgefertigtes.

Da ich viele Jahre als Nachrichtenjournalistin gearbeitet habe, kenne ich mediale Übertreibung nur zu gut. Immer wieder habe ich mir in den letzten Wochen die Nachrichten über den Nahen Osten aus einer möglichst neutralen Perspektive angeschaut und mich dann nach gründlicher Überlegung entschieden. Eine Reise nach Israel muss nicht zwangsläufig gefährlich sein. Es kommt ganz auf die Orte und die Art und Weise des Reisens an. Und mit einheimischem Beistand dürfte – wie immer – sowieso alles weniger problematisch sein.

Bis zum Tag vor unserer Ankunft hatte ich mich regelmäßig von unseren israelischen Freunden über die Situation informieren lassen, um schließlich beruhigt und voller Freude anzureisen. Gute Entscheidung. Für mich persönlich. Leichtsinnig für manch anderen. Doch das ist ja das Schöne, nicht nur am Reisen. Informationen, Ratschläge, Tipps und Tricks – all das kann man sich von vielen Menschen einholen, doch am Ende muss man die Entscheidung allein treffen. Aus dem Bauch heraus. Ich vertraue in solchen Fällen immer meiner Intuition und bin damit bis jetzt ganz gut gefahren. Auch nach Israel. In ein Land, von dem ich keine klare Vorstellung habe, nur viele verschiedene Bilder im Kopf. Schöne und hässliche. Somit kann ich mich nur überraschen lassen.

Völlig verschwitzt trete ich in die Pedale. Das Fahrrad, auf dem ich mich abstrample, ist nicht gerade Tour-de-France-tauglich, aber dennoch ein ziemlich tolles Fortbewegungsmittel. Max sitzt auf dem Gepäckträger. Sein T-Shirt hält er in der Hand, die nackten Füße sind zur Seite gestreckt. Das Skateboard-Cap auf dem Kopf, gibt er mir konkrete Anweisungen: »Wir müssen da lang, und du musst mal ein bisschen schneller fahren, sonst kommen wir nie bei unserem Falafel-Mann an.«

Der Ausblick auf die fettigen Bällchen treibt mich an. Gut so, denn Israel ist für uns Essen bis zum Umfallen. Da kann ein bisschen Bewegung nicht schaden.

Wir radeln an den Stadtstränden Tel Avivs vorbei, passieren eine Imbissbude nach der anderen. An den Stränden liegen halb nackte Menschen im Sand oder tanzen mit Cocktails in der Hand auf dem Gehweg. Überall wummert laute Musik, irgendwie erinnert mich das alles sehr an Spanien. Barcelona. Die Stimmung ist so ausgelassen, so fröhlich, so unbeschwert. Offen und freizügig. Wir halten an, setzen uns dazu. Mit Falafel, Pita, Hummus. Zum Nachtisch gibt es Obst. Gut und günstig. Max' blonde Haare werden von gebräunten Händen betatscht. Alle sind herzlich und freundlich, jung und modern, das ist mein Eindruck.

Als wir satt sind, geht's weiter. Am Wasser entlang, dem Stadtplan folgend. Die Musik wird leiser, die Menschen bedeckter. Nur wenige Meter von unserem letzten Stopp entfernt sieht es auf einmal völlig anders aus. Verschleierte Frauen, muslimische Gesänge. Der Muezzin ruft vom Minarett und überstimmt damit die Partymusik von nebenan. Das ist also Israel. Das ist Tel Aviv. Gerade noch gefühlt am Ballermann, befinden wir uns mit einem Mal in einem eher gediegenen Viertel. Gediegen religiös. Um ein paar Straßen weiter schon wieder den nächsten Wechsel zu erleben. Wir entdecken ein Café neben dem anderen, dazwischen bunte Einkaufsmöglichkeiten und hippe Käufer. Ein Land der Gegensätze. Eine Stadt, die von Straße zu Straße ihr Gesicht verändert.

Wir rollen runter zum Strand und legen uns auf unser Handtuch. Eine Mutter steht mit ihrer Tochter an der Hand vor uns im Meer. Mit den Füßen im Wasser. Der Rest ihres Körpers ist mit Kopftuch und langer Kleidung vollkommen bedeckt und trocken. Daneben eine vollkommen tätowierte

Frau, die in einem äußerst knappen Bikini in die Wellen hüpft. Die beiden schauen sich an und lächeln. So geht es also auch.

»Wartet ab, bis ihr erst in Jerusalem seid. Da ist es wieder völlig anders. Doch an eurer Stelle würde ich damit noch ein paar Tage warten. Aktuell könnte es dort ein bisschen kriseln. Fahrt lieber vorher ans Tote Meer, da ist es ruhig. In ein paar Tagen passt es dann auch wieder in Jerusalem.«

Wir sitzen zusammen mit unseren Freunden am Tisch und dippen unser warmes Brot in frisches Sesammus, in unglaublich leckeres Tahini. Da ist sie also. Die politische Lage. Die Anpassung daran und die Integration in das tägliche Leben. Für unsere Gastgeber ist das ganz normal, für mich neu, aber dennoch nicht Furcht einflößend.

»Wir leben damit, seit ich denken kann«, sagt Efrat, eine von den fünf Freundinnen. »Hier ein Krieg, dort ein Konflikt. Traurig, oder? Das ist unser Alltag. Daran haben wir uns seit Generationen gewöhnt. Aktuell ist es ja recht ruhig, ihr braucht also keine Angst zu haben, ihr solltet nur ein bisschen achtsam sein. Trump und seine Entscheidung, die US-Botschaft von Tel Aviv nach Jerusalem zu verlegen, hat ganz schön für Aufruhr gesorgt.«

Also sitzen wir am nächsten Tag nicht im Zug nach Jerusalem, sondern im Bus ans Tote Meer. Eine Reihe vor uns zwei Soldatinnen, bis an die Zähne bewaffnet, das Maschinengewehr auf dem Schoß. Max inspiziert die MGs genau.

>> Die haben sogar Munition in ihren Waffen. Die könnten sofort losschießen. Einfach so. Die machen mir irgendwie Angst, Mama. <<

Mir anfänglich auch, doch so sieht der Alltag hier nun mal aus. Wir sind die Einzigen, die die beiden jungen Frauen ununterbrochen anstarren. Auch die verschiedenen Grenzposten, die wir aufgrund des 1949 geschlossenen Waffenstillstandsabkommens zwischen Israel, Ägypten, Jordanien, Libanon und Syrien immer wieder durchfahren, sind für keinen unserer Sitznachbarn ein Grund, vom Handy hochzugucken. Ich entschließe mich, ebenfalls in den Flugzeugmodus umzuschalten: Solange die Stewardess bei Turbulenzen ruhig bleibt, ist alles in Ordnung. Auf den Bus übertragen bedeutet das: Solange die Mitreisenden locker bleiben, versuchen wir es auch. Das Paradoxe und irgendwie Traurige: Ich gewöhne mich ziemlich schnell an die Situation. Soldaten, Polizisten, Sicherheitskontrollen. Es wird von Minute zu Minute normaler.

Als wir unser Ziel erreichen, stehen wir im Nichts. Wobei: Ganz stimmt das nicht. Wir befinden uns in einer Oase, und die liegt im Nichts, in der Wüste am Ufer des Toten Meers. Dieser Ort hat etwas Geheimnisvolles, das merke ich sofort.

Unsere Unterkunft für die nächsten Tage ist ziemlich einfach. Ein Zelt. Oder eher ein Zeltlager, denn wir sind nicht allein. Ein paar Meter von der Oase entfernt sind die Behausungen mitten in der Sonne aufgestellt. Auf der anderen Seite der Oase befindet sich ein Kibbuz, eine Gemeinschaft von Menschen, die zusammen leben und arbeiten, ihr Hab und Gut und ihre Ansichten teilen. Diese kollektive Siedlungsform erinnert mich an die Kommunen aus der Hippie-Zeit, auch wenn ich damals noch nicht geboren war und sie nur aus Berichten kenne.

Unsere Gastgeber sind jung und offen, und einer von ihnen, Sakit, nimmt uns mit zum Meer. Gemeinsam sitzen wir auf Steinen und lassen unsere Füße im salzhaltigen

Wasser baumeln. Max steht im Schlamm und sucht nach kleinen Kristallen, die sich unter der Oberfläche der salzigen Pampe bilden. Sakit ist ein bisschen jünger als ich, hat lange Haare und einen dunklen Bart. Seine Augen sind schwarz und geheimnisvoll. Fast so wie die Oase. Wir schweigen, gemeinsam starren wir aufs Wasser. Die Sonne geht langsam unter, das Licht taucht alles in einen besonderen Farbton. Eine Mischung aus Lila, Rot und Violett. Auf der anderen Seite des Meeres liegt Jordanien.

Plötzlich sagt Sakit: »Es sieht so friedlich aus, oder? Aber der Krieg ist überall gegenwärtig. Es ist so traurig. Für alle. Als ich in Max' Alter war, wurde mein Vater von Palästinensern ermordet. Und sicherlich gibt es in diesem Moment in Palästina irgendwo einen Menschen, der eine ähnliche Geschichte zu berichten hat. Nur umgekehrt. Dieses gegenseitige Morden ist schrecklich. Das macht mich und viele meiner Generation total fertig.«

Ich schlucke. Mit solchen Tatsachen hatte ich in dieser Situation nicht gerechnet. Mit einer so intensiven Begegnung auch nicht. Wir sitzen noch zusammen, bis es dunkel wird. Tauschen uns aus. Lernen uns kennen. Teilen Ideen.

Am nächsten Tag stehen wir zu dritt an der Straße und hoffen auf potenzielle Mitfahrgelegenheiten. Auch das klappt in Israel ähnlich gut wie an anderen Orten der Welt, und schon ein paar Minuten später erreichen wir einen verborgenen Platz, von dem mir Sakit erzählt hat. Ohne ihn hätten wir ihn nie gefunden.

Das Wasser vor uns ist glatt wie ein Spiegel. Wunderschöne Blautöne mischen sich und glitzern mit dem Himmel um die Wette. Das Tote Meer strahlt etwas Majestätisches aus, wie es so funkelt und dabei doch keine Bewegung macht. Still. Tot. Magisch. Schritt für Schritt gehen wir hinein. Das Wasser fühlt sich ölig an. Und schwer.

Je tiefer es wird, desto seltsamer erscheint es. Aber auch angenehm.

»Falls ihr Spritzer in die Augen bekommt, müsst ihr für
zwei Minuten nach unten gucken. Bloß nicht reiben oder
so.«

Sakit steht am Rand und beobachtet uns. Max hält meine
Hand. Ganz vorsichtig lassen wir uns in das Wasser gleiten
und kippen durch den hohen Salzgehalt fast um. Unsere
Beine werden sofort nach oben gedrückt, und anfänglich
müssen wir uns erst mal an das neue Gefühl gewöhnen. An
das Schweben und Getragen-Werden.

Nach kurzer Eingewöhnung, lehnen wir uns entspannt
nach hinten. Lassen uns treiben. Auf dem Wasser. Es ist unbeschreiblich.

>> So stelle ich mir das auch im Weltraum
   vor. Fühlt sich bestimmt ähnlich toll
   an! <<

Max bewegt sich langsam und anmutig. Schließlich haben
wir genug und kehren ans Ufer zurück. Ein wenig versteckt
zwischen kleinen Palmen befindet sich eine Süßwasserquel-
le zum Duschen, und mit dem Schlamm vom Boden, erklärt
Sakit, kann man sein Gesicht maskieren. Die weiße Masse
kenne ich bereits aus kleinen Tütchen aus dem heimischen
Drogeriemarkt. Hat schon in meiner Pubertät sehr gut
gegen Pickel und Co. gewirkt. Also verteilen wir das Zeug
großzügig auf unserer Haut. Wie weiße Gespenster rennen
wir umher und können nicht aufhören zu lachen.

»Dahinten leben übrigens Freunde von mir. Kommt
ruhig mit.« Sakit zeigt Richtung Gebüsch.

Den weißen Schlamm noch im Gesicht, gehen wir zu
einer kleinen Lichtung. Zwischen den Bäumen sind blaue

Planen gespannt, darunter sitzen ein paar Leute auf Decken. Einer von ihnen hat eine Gitarre in der Hand, seine Nachbarin ein altes Casio-Keyboard auf dem Schoß. Mein Kommunen-Gefühl wird nochmals verstärkt. Willkommen im Hippie-Paradies. Die Hälfte von Sakits Freunden ist eher spärlich bekleidet, der Rest dafür umso bunter. Wir setzen uns zu ihnen und fangen an zu diskutieren. Über Israel. Über Politik. Über Revolutionen. Max springt ausgelassen umher und schnappt sich immer mal wieder eines der Instrumente. Selbst wenn ich mir nicht vorstellen kann, dauerhaft unter blauen Planen am Toten Meer zu hausen, finde ich die Ansätze der Gruppe doch spannend, ihren Ausstieg aus der bürgerlichen Welt, ihren Blick über den Tellerrand.

> Das liebe ich an unserer Reise. Und es freut mich auch für Max. Es ist einzigartig, in was für unterschiedliche soziale Konstellationen er immer wieder Einblick erhält. Wie bunt die Welt aus seinen Augen sein muss. Wie vielseitig und aufregend.

Wir bleiben noch bis zum Abend. Als es dunkel wird, stehen wir wieder an der Straße. Doch dieses Mal nicht allein. Neben uns haben sich zwei junge orthodoxe Juden auf den Boden gesetzt. Die weißen Hemden sind ordentlich gebügelt, die Schläfenlocken kringeln sich. An Sakit gewandt erklären sie: »Wir haben unseren Bus verpasst und müssen heute noch zurück nach Jerusalem. Vielleicht können wir ja gemeinsam fahren, wenn jemand anhält. Deine Freundin darf dann aber nicht bei uns sitzen. Das geht leider nicht. Männer und Frauen müssen getrennt sein.«

Völlig fasziniert beobachte ich die beiden Jungs. Sakit nickt mir zu. Vor wenigen Minuten saßen wir noch mit halb nackten Hippies auf zerrissenen Decken, nun ist unsere Gesellschaft eine andere, eine, die kaum andersartiger sein kann. Die beiden jungen Männer kennen die Welt ein paar Meter von ihnen entfernt wahrscheinlich gar nicht. Dennoch existiert sie, parallel zu der von ihnen. Ohne Einspruch zu erheben, setze ich mich auf den freien Sitz neben dem Fahrer, der angehalten hat, um uns mitzunehmen. Ich habe einen ersten Vorgeschmack auf das erhalten, was uns wohl am nächsten Tag erwartet. Dann wollen nämlich auch wir weiterfahren – nach Jerusalem. Der Trump-Aufruhr hat sich wieder etwas gelegt.

Um vom Bahnhof zu unserer Unterkunft zu gelangen, müssen wir einmal quer durch das Paradies, durch den größten Markt Jerusalems, im Angebot stehen die leckersten Sachen. Alles ist frisch, und an den einzigartigen Farben können wir uns nicht sattsehen. Max und ich brauchen Stunden, um das Areal hinter uns zu lassen. Die Versuchung ist einfach zu groß. Hier ein paar Früchte, dort einige Nüsse. Die Falafel haben wir inzwischen zu unserem Hauptnahrungsmittel erklärt. Und die Datteln. In allen Variationen.

Die Gassen, die durch die Stadt führen, sind alt und verwinkelt. Sie spiegeln eine jahrhundertealte Geschichte wider. So auch das Haus, in dem wir die nächsten Tage verbringen werden, versteckt liegt es in einem historischen Viertel. Eine kleine Steintreppe führt zum Eingang, die mit farbenfrohen Blumen in Töpfen dekoriert ist. Bei Juko, unserer Gastgeberin, fühlen wir uns sofort heimisch und staunen über das, was sie uns erzählt: »Vor ein paar Jahren bin ich als Tänzerin aus Japan hierhergekommen. Und geblieben. Mittlerweile bin ich ein richtiger Teil der Gemeinschaft, obwohl ich nicht jüdisch bin. Am Schabbat muss ich deshalb öfter mal Dinge erledigen, die meine Nachbarn nicht tun dürfen. Zum Beispiel das Licht anschalten.« Juko ist klein und schmal, wirkt fast zerbrechlich. Auf den Fotos, die in ihrer Wohnung hängen, tanzt sie in weiten Gewändern auf großen Bühnen. Sie wurde vor ein paar Jahren in einem Theater in Tokio entdeckt und erhielt in der Folge ein Engagement als Tänzerin in Jerusalem. Wieder hören wir eine unkonventionelle Lebensgeschichte.

Einige Schabbat-Regeln sind mir mittlerweile vertraut. Dann, wenn die gläubigen Juden sich auf ihre Familie und Gebete konzentrieren, von Sonnenuntergang am Freitag bis zum Eintritt der Dunkelheit am folgenden Tag, geht in ganz Israel nichts mehr. Völliger Stillstand. Es fährt kein Bus, kein Zug. Nichts. Die Ruhezeiten werden streng eingehalten, wenn auch dank Menschen wie Juko manchmal mit ein bisschen Schummelei. Es ist interessant zu sehen, dass in einem modernen Land wie Israel diese alten religiösen Traditionen unverändert gepflegt werden.

In Jerusalem gewinne ich aber auch den Eindruck, dass sich die Zeit in einigen Teilen der Stadt sogar zurückgedreht hat, das spüren wir auf unserem Weg ins historische Zentrum. Weil wir so viel gucken und quatschen, verpassen wir unseren Ausstieg aus der Stadtbahn und landen an einem Ort, dessen Name mir aus einschlägigen Nachrichten bekannt ist: Wir sind am Damaskustor, dem größten Tor der ummauerten Altstadt von Jerusalem. Es liegt an ihrer Nordseite und führt in das muslimische Viertel Jerusalems. Das Tor ist einer der politischen Brennpunkte der Stadt. Ich war zwar noch nie in Syrien, aber so stelle ich mir Damaskus, wie es vor dem Krieg war, vor. Ein Marktstand neben dem anderen, die Auslagen sind gefüllt, die Frauen verschleiert. Damit meine blonden Haare nicht allzu sehr ins Auge fallen, ziehe ich mir mein mitgebrachtes Tuch über den Kopf.

»Danke, dass du unsere Kultur akzeptierst! Das Kopftuch sieht sehr hübsch aus«, ruft mir eine ältere Frau zu.

Die Stimmung ist irgendwie komisch. Vielleicht bin ich
auch nur angespannt. Aber es knistert schon ein bisschen
in der Luft.

Wir wollen zur Klagemauer, doch da wir die Orientie-
rung verloren haben, spreche ich ein junges Mädchen an,
ob es uns helfen kann. Das Mädchen zeigt auf einen Mann
neben sich und sagt: »Wir gehen auch ins jüdische Viertel,
lauft uns einfach nach.«

Und so schlendern wir durch die kleinen Gassen, durch
das große Gewühl. Plötzlich sehe ich, dass der Mann neben
dem Mädchen an seinem Gürtel ein beeindruckendes Waf-
fenarsenal beherbergt. Verschiedene Größen, verschiedene
Kaliber.

Max ist das auch nicht entgangen: »Krass, guck mal,
Mama. Der Mann, der uns gerade hilft, ist ja richtig bewaffnet. Ist hier doch Krieg, oder was?«

Nicht ganz, erklärt der Mann neben dem Mädchen, der
Max' Bemerkung aufgeschnappt hat. »Wir sind der Begleit-
schutz für das Mädchen. Da vorne läuft mein Kollege. Für
Juden ist es in diesem Teil des Marktes leider nicht sicher,
also passen wir auf sie auf.«

Ich bin geschockt. Von dem, was ich sehe, von dem, was
ich schon weiß. Denn auf dem jüdischen Teil des Marktes
gilt Ähnliches für Muslime. Wieder werde ich nachdenklich
und traurig. Was wir von Jerusalem bislang gesehen haben,
ist einzigartig und wunderschön. Doch die politische Lage
ist mehr als bedrückend. In Jerusalem sind auf wenigen
Quadratkilometern die Heiligtümer von drei großen Reli-
gionen präsent. Eigentlich ein Grund zum Andächtig- und
Dankbarsein. Für jeden. Ob Christ, Jude oder Muslim. Doch
die Gegenwart sieht anders aus. Wir versuchen, uns davon

nicht beirren zu lassen, und am Ende stehen wir vor der Klagemauer.

Max und ich sind beide nicht religiös, doch das Spirituelle berührt auch uns. Wir lehnen mit unserer Stirn an der Mauer, stützen uns mit den Händen ab. Die Frauen neben uns bewegen ihre Köpfe in regelmäßigem Takt hin und her. Viele von ihnen sprechen laut ihre Gebete. Manche fangen sogar an zu weinen.

»Wie ernst die das nehmen!«, kommentiert Max das Verhalten. »Die sehen fast schon traurig aus. Ganz anders als auf Bali, wo die Frauen immer lachen, wenn sie die Opfergaben für die Geister im Haus verteilen und dann ihre Gebete sprechen.«

Für uns ist die Klagemauer ein guter Ort, um Danke zu sagen. Und natürlich, um Wünsche anzubringen. Wir wünschen uns noch viele Abenteuer, ein weiterhin erfülltes Leben. Auch wenn diese Bitte an niemand Spezielles gerichtet ist, habe ich das Gefühl, sie wird erhört. Ob Gott oder Allah oder das Universum an sich, einer wird sich schon um uns kümmern. Da bin ich mir sicher.

Der Tisch ist reichlich gedeckt, die Stühle sind alle besetzt. Es ist das letzte gemeinsame Essen mit unseren israelischen Freunden. Alle sind noch einmal gekommen, um uns zu verabschieden. Um unsere Reise durch ihr Land gemeinsam zu erörtern.

»Israel ist so ein herrliches Land, nicht wahr?«, beginnt Efrat. »Doch das, was hier abgeht, ist einfach nur nervig. Ihr habt es ja jetzt nur kurze Zeit erlebt, aber stellt euch mal vor, das ist euer Alltag. Furchtbar.«

Wir diskutieren über Palästina und Israel. Über die verschiedenen Sorgen und Nöte. Max und ich berichten von unseren Erfahrungen und Erlebnissen. Am besten kommt natürlich die Geschichte von unserem Ausflug ins Hippie-Paradies am Toten Meer an.

> » Die Typen dort hatten die coolsten Musikinstrumente überhaupt. Mit einem super Sound. Und nackig waren sie auch. «

Max lacht und springt fröhlich zwischen uns umher, klaut sich hier und da immer mal wieder ein Falafel-Bällchen von den Tellern. Ich beobachte ihn dabei. Wie er sich wohlfühlt, wie er aber auch schon viel wahrnimmt und mitbekommt. Auch von Themen, die vielleicht nicht so geeignet für Kinder sind. Er hat die Soldaten in den Bussen und Zügen gesehen, die noch so jung sind und offen schwere Waffen tragen, er hat erlebt, wie es immer wieder Taschenkontrollen gab. Solche Situationen haben ihn beschäftigt und abends so manches tiefgründige Gespräch bewirkt.

Auch wenn ich viele seiner Fragen nicht beantworten konnte und kann, weil auch mir oft die Erklärungen fehlen – was ich ihm zeigen kann, ist, dass wir alle sehr unterschiedlich sind und uns in unserem Mikrokosmos trotzdem gut verstehen und anfreunden können.

Egal an welchen Gott wir glauben oder aus welchem Land wir kommen, welche Interessen oder Ängste wir haben. So verschieden wir auch sind, es gibt immer Punkte, die uns miteinander verbinden. Uns vereinen. Uns Freundschaften schließen lassen, die über Grenzen hinweg halten. Für immer.

Das beste Beispiel dafür sind die fünf Frauen, die uns jetzt fest umarmen und abküssen. »Kommt bald wieder, ihr seid hier immer willkommen. Jederzeit.«

Viel zu früh müssen wir das Kapitel Israel schließen.

Israel – Wohin soll's gehen und für wie lange?

Es soll sie ja geben, die Menschen mit Flugtickets, mit denen sie ein ganzes Jahr im Voraus planen. Einen Monat hier, sechs Wochen dort. Wir hingegen ändern unterwegs oft unsere Zeitfenster und unsere Reiseziele. Wenn Ihr erst einmal startet, werdet Ihr wahrscheinlich viele neue Menschen treffen, die Euch vielleicht in ihre Heimat einladen. Seit geraumer Zeit besuchen wir nur noch Leute, die wir während unserer Reise kennengelernt haben. Suchen unsere Ziele danach aus und trauen uns dank ihrer Unterstützung auch in unkonventionelle Gebiete. Israel wurde im Vorfeld heiß diskutiert, doch nie haben wir unsere Entscheidung bereut. Lasst Euch also lieber von Eurem Bauchgefühl leiten und nicht in Euren Plänen einschränken.

Drachen, Schnaps und volle Taxis

Ratlos sitze ich vor meinem Laptop. Ich weiß einfach nicht mehr, wohin. Von Asien haben wir schon viel gesehen. Vom Pazifik auch. Teile Amerikas reizen mich, Südamerika allerdings nicht so sehr. Wieder eine einsame Insel? Danach ist mir gerade nicht. Ein Abenteuer wäre schon schön, aber unser nächstes Ziel sollte nicht so abgelegen sein wie die Mongolei.

Während ich so hin und her überlege, wird mir klar, wie privilegiert wir sind: Wir haben inzwischen so viele Teile dieser Erde gesehen und werden mit großer Wahrscheinlichkeit noch viele andere entdecken. Und dennoch: Trotz der Euphorie habe ich keine Vorstellung, welche Region wir als Nächstes bereisen könnten. Sicher, es zieht mich in manche Richtungen mehr als in andere, ich könnte auch einige Favoriten aufzählen. Doch irgendwie warte ich auf den richtigen Impuls, den Einfall, der mich mitreißt.

»Also, ich würde euch unbedingt den Kaukasus empfehlen. Dort ist es einzigartig, die Natur traumhaft schön. Und überlaufen sind Georgien und Armenien zum Glück auch noch nicht.«

Michael ist Reisefotograf, vor knapp zwei Jahren hatten wir uns auf Bali kennengelernt. Jetzt sitzt er mir per Skype am Bildschirm gegenüber. Er hat als einer von wenigen

Menschen tatsächlich alle Länder dieser Welt bereist, und bereits in der Vergangenheit habe ich mir immer wieder Tipps von ihm geben lassen – ich kann mich auf sie verlassen, ohne Ausnahme führten sie mich zu tollen Plätzen. Für meinen Podcast interviewe ich ihn, bringe ihn dazu, aus dem Rucksack zu plaudern.

Eine Nacht schlafe ich über seine Empfehlung, dann weiß ich: Wir reisen nach Georgien und Armenien. Was uns dort wohl erwartet? Keine Ahnung. Die Fotos, die ich mir im Internet anschaue, erinnern an Italien. Italien vor vielen Jahren. Wir werden uns selbst ein Bild machen. Und Max, wie findet er unsere nächste Etappe? »Hauptsache, die haben dort Pferde und wir können wieder reiten. Das möchte ich jetzt in jedem Land machen.«

Andro ist ein Bekannter von Michael, er organisiert Touren durch seine Heimat Georgien und wird sich die nächsten Tage um uns kümmern. Herrlich, wenn alles schon organisiert ist, da können wir uns entspannt zurücklehnen. Seine Pferdestärken beziehen sich allerdings auf ein moderneres Gefährt; mit seinem Auto holt er uns vom internationalen Flughafen in Tiflis ab, der Hauptstadt Georgiens. Hier wollen wir ein wenig bleiben, bevor es quer durch das Land geht.

Der Wein in meinem Glas schmeckt köstlich, die gefüllten Nudeln auf unserem Teller ebenfalls. Der Tisch ist wunderschön gedeckt, ein Geigenspieler steht direkt daneben. Max grinst.

> » Das ist so richtig Luxus hier. Ich fühle mich ein bisschen wie ein Königskind. Guck mal, wie weiß die Servietten sind. Und für das Brot gibt es extra kleine Teller und extra kleine Messer! «

Stimmt, denn wir sitzen in einem sehr, sehr feinen und sehr, sehr guten Restaurant. Die Kellner rennen aufgeregt um uns herum und bringen uns eine Spezialität nach der anderen. Das könnte immer so sein. Zumindest hier in Georgien. Denn was wir für diese Behandlung der Extraklasse am Ende bezahlen, ist unglaublich. Egal was wir hier unternehmen, unsere Reisekasse bleibt gut gefüllt. Der Kaukasus ist ein äußerst günstiges Reisegebiet und tatsächlich wunderschön.

Allein die Altstadt von Tiflis: Sie sieht aus, als könnte man hier noch Filme in Schwarz-Weiß drehen. Italienische, aber auch französische. Wir sind so begeistert, dass wir bei Freunden, Verwandten und meinen Eltern die Werbetrommel rühren. Mit Wirkung, denn meine Eltern entscheiden sich spontan, uns zu folgen.

Innerhalb weniger Stunden organisieren wir zusammen ihren Trip und genießen die Vorfreude. Max ist außer sich, denn das letzte Mal hat er seine Großeltern vergangenen September gesehen, vor acht Monaten. Ein Wiedersehen ist somit mehr als überfällig. Wunschzettel und Listen mit Dingen, die wir aus Deutschland vermissen, werden weitergeleitet. Das Telefon klingelt ununterbrochen. Aufregung auf beiden Seiten. Doch bis dahin erkunden wir die Stadt und ihre Umgebung allein. Nachdem wir seit fast zwei Jahren in der Welt unterwegs sind, besuchen uns meine Eltern zum ersten Mal. Das Tourismusprogramm muss somit sitzen.

Der Anschnallgurt im Auto auch. Andro fährt, als wäre »Todesverachtung« sein zweiter Vorname. Er startet Überholmanöver, die so knapp ausgehen, dass ich mir fast in die Hosen mache. Geschwindigkeitsüberschreitungen sind bei ihm die Norm, in Deutschland würden sie den Führerscheinentzug bedeuten. Für immer.

»Du musst dir keine Sorgen machen. Hier fährt jeder so.
Ich bin der beste Fahrer, den du dir vorstellen kannst. Also
ganz locker bleiben!«

Andro lacht fröhlich und überholt munter weiter. Mittig. Denn in Georgien werden auf den Landstraßen gerne
aus zwei Fahrstreifen drei gemacht. Wie ich mich in solchen
Momenten verhalten soll, weiß ich nicht. Auf der einen Seite
habe ich Angst und will Max und mich beschützen. Auf der
anderen Seite versuche ich, tolerant zu sein, denn es macht
keinen Sinn, gegen länderspezifische Gepflogenheiten zu
wettern. Es würde eh nichts ändern. Außerdem vertraue ich
Andro, denn ich mag ihn.

»Krass«, sagt Max. »Der fährt so schnell wie die bei
›Cars‹.«

So ganz will ich unser Leben dennoch nicht dem Zufall
überlassen, also kommentiere ich doch hier und da Andros
extravaganten Fahrstil – und werde, zu meinem großen
Erstaunen, erhört. Spätestens als sich mein empfindlicher
Magen mal wieder meldet und ich mit aschfahlem Gesicht
ankündige, gleich das ganze Auto vollzukotzen. Plakative
Beispiele helfen anscheinend am besten, selbst bei georgischen Autofahrern.

Langsam, für die hiesigen Verhältnisse fast gemütlich, geht es weiter, so bekommen wir auch mehr von der
Landschaft und dem mit, was abseits der Straße passiert.
Vor zwei Tagen haben wir Tiflis verlassen, haben unterwegs grüne Schluchten, dichte Mischwälder und klare Seen
entdeckt. Die Umgebung sieht aus wie aus einem Gebrüder-Grimm-Märchen, und ich fühle mich plötzlich in meine
Kindheit zurückversetzt.

Doch nicht nur meine Fantasie wird angeregt, Max stellt
fest:

>> Hier gibt es bestimmt Drachen. Die
fliegen an den Bergen vorbei und
berühren manchmal mit den Flügeln
unser Auto. Dahinter habe ich gerade
einen gesehen. <<

Vielleicht stimmt es sogar, zur Umgebung würde es auf
jeden Fall passen.

Nach vielen Stunden Fahrt, nach vielen Pausen am georgischen Straßenrand sind wir endlich da. Der Svaneti-
Nationalpark im Kaukasus ist nicht einfach zu erreichen,
weshalb er auch angenehm leer ist. Keine asiatischen Bus-
reisegruppen, kein Massentourismus. Wer sich hierher ver-
irrt, hat eine lange Reise hinter sich und weiß, warum er sie
auf sich genommen hat. Für die absolute Abgeschiedenheit.

Unser Gastgeber Dato, ein Freund von Andro, sprintet
uns schon entgegen und reißt die Tür auf: »Schön, dass ihr
da seid. Herzlich willkommen in meiner Familie.«

Kaum haben wir das Haus betreten, habe ich schon das
erste Glas Wein in der Hand.

»Wusstest du, dass Wein ursprünglich nicht aus Italien,
sondern aus Georgien stammt?«, fragt Dato. »Wir trinken
Wein fast wie Wasser. Auch in ähnlichen Mengen. Also,
Prost!«

Ein bisschen schmeckt er wie Amaretto, ein bisschen wie
Vanille. Wein anstelle von Wasser, damit kann ich mich anfreunden.

Die Hängematte schaukelt im Wind leicht hin und her.
Vor mir liegt ein kleines Tal, es ist in sattes Grün getaucht.
Links und rechts davon ist es von Bergen eingesäumt. Dazwischen schlängelt sich ein kleiner Fluss. Wieder ein Post-
kartenmotiv.

»Wir laufen mal kurz in den Wald, sind aber gleich wieder zurück«, ruft mir Max zu. Vier kleine Füße trippeln durchs Wasser, und die beiden sind verschwunden.

Max hat sich sofort mit Datos kleiner Tochter Nino angefreundet und seine Schuhe in die Ecke gepfeffert. Ich hingegen entspanne. Die Luft ist klar, frisch und würzig. Die Sonne scheint nicht zu stark, nicht zu schwach. Die Blätter in den Bäumen flüstern mir etwas zu. Natur.

Es ist doch die Natur, in der wir uns am wohlsten fühlen. Je weiter von größeren Ortschaften entfernt, desto besser.

Das trifft auch in Georgien zu. Seitdem wir in Datos Unterkunft, einem kleinen Gasthaus etwas abseits des Dorfes, übernachten, kann ich durchatmen und relaxen. Mindestens eine Stunde liege ich in der Hängematte. Ohne Handy. Ohne Buch. Nur die Natur und ich, in dem Bewusstsein, dass Max ebenfalls viel Spaß hat.

Pünktlich zur Essenszeit trudeln die beiden Kinder wieder ein, verdreckt und glücklich. Gemeinsam sitzen wir an einem langen, rustikalen Holztisch. Es gibt selbst gebackenes Brot, frischen Salat aus dem eigenen Garten und köstlichen Käse. Plus Wein. Viel Wein. Nur Wein. Zumindest solange die Kinder noch mit am Tisch sitzen. Doch als alles unter achtzehn Jahren im Bett liegt, geht es los. *Everybody Tschatscha!*

Das erste Glas des landestypischen Schnapses ist die pure Qual, die Flüssigkeit brennt in der Kehle. Danach folgt ein Trinkspruch von Dato, bei dem er uns nochmals in seiner Heimat willkommen heißt. Was für eine nette Geste, was für ein netter Abend. Der mit jedem Schluck lustiger wird. Das anfängliche Brennen ist ganz schnell weg, und würde ich nicht nach alter Partymanier mit jedem Schnaps ein Glas Wasser hinunterkippen, läge ich wahrscheinlich schon längst neben dem Holztisch. Wir reden, wir lachen, wir trinken. Wobei Ersteres hauptsächlich von Dato übernommen wird. Gemäß der Tradition darf der Älteste am Tisch nach jedem Glas einen Toast aussprechen. In Georgien kann solch ein Trinkspruch allerdings ganz schön ausufern und äußerst emotional werden. Was mit einer relativ kurzweiligen Begrüßung begonnen hatte, zieht sich mittlerweile minutenlang hin. Nach dem fünften Glas sind wir ein Teil der Familie, nach dem siebten sollen wir bei Dato einziehen.

»Wir haben im Dorf eine ganz tolle Schule für Max, und du könntest doch über das Leben hier schreiben. Unser schönes Leben. Oder auf dem Feld arbeiten. Und verheiratet bekommen wir dich auch ganz schnell.« Dato lacht über seinen eigenen Witz, so laut und ansteckend, ich muss ihn einfach gernhaben. Eigentlich wohnt er mit seiner Familie in einer kleinen Stadt, ungefähr hundert Kilometer vom Svaneti-Nationalpark entfernt. Doch hier ist er aufgewachsen, hat irgendwann das Haus seiner Eltern übernommen und es für Feriengäste renoviert. »Sooft es geht, fahre ich an diesen Ort und genieße das einfache Leben. Du siehst selbst, wie schön es hier ist. Du könntest auch so leben, wenn du nur willst.« Das Angebot ist freundlich, der Abend mehr als amüsant. Auch wenn ich meine Zukunft nicht gerade an einem offenen Ofen mit bestickter Schürze um die Hüften sehe.

Eher auf einem haarigen Rücken mit Zügeln aus Leder in der Hand. Ushguli ist das höchstgelegene Dorf Europas, und das schauen wir uns heute an. Aus einer besonderen Perspektive, nämlich vom Pferderücken aus. Begleitet werden wir von einem Georgier, der uns über entlegene Pfade führt. Anfänglich halte ich es für ein wenig übertrieben, dass er, ganz jahrmarktmäßig, die Zügel von unseren zwei Pferden fest im Griff hat. Immerhin reiten wir gemächlich durch die Landschaft, über Stock und über Stein, ab und zu auch mal durch einen kleinen Bach. Verglichen mit der Mongolei ist das ein Leichtes. Denke ich. Als ich um ein Foto von Max und mir bitte und sich der Pferdeführer nur unwillig von uns entfernt, werde ich misstrauisch. Irgendetwas ist hier seltsam, aber was?

Den Gedanken habe ich noch nicht einmal zu Ende gedacht, da geht es auch schon los. Das Pferd, auf dem Max sitzt, nutzt die Gunst der Stunde und entfernt sich, glücklich über seine neu erworbene Freiheit, vom Schauplatz des Geschehens. Ich kann nur hinterhergucken, der Zügelhalter sich panisch durch die Haare fahren. Englisch ist leider keine gemeinsame Kommunikationsgrundlage, weshalb ich auch von seinen Rufen nichts verstehe. Das Pferd rennt weiter, Max auf ihm drauf. Ich selbst bin an meinen Gaul gefesselt und kann nichts machen. Wildes Kind mit wildem Pferd. Vor georgischem Hintergrund. Max sieht es locker und freut sich über das kleine Zwischenspiel. Plötzlich bleibt das Pferd stehen und dreht sich um. Trabt wieder zurück, völlig entspannt. Max hält die Zügel in der Hand und sagt:

>> Jetzt wollte ich da nicht mehr alleine weiterreiten. Deswegen habe ich dem Pferd gezeigt, dass es umdrehen soll. Hat funktioniert. Da bin ich wieder. <<

Nicht nur ich bin perplex, auch der Freund und Helfer ist überrascht. Er packt die Zügel eine Spur fester und führt uns zurück zu unserem Startpunkt.

Mit wehendem Haar läuft Max ein paar Tage später, zurück in Georgiens Hauptstadt Tiflis, über den Hof unserer neuen Unterkunft. Meine Eltern rennen ihm entgegen. Mit lautem Gejohle und schmatzenden Küssen fallen sie sich in die Arme. »Oma, Opa!« Große Freude. Die Begrüßung ist ausgiebig und ebenso die Geschenkübergabe. Besser als Weihnachten, denn unser Weihnachtsmann samt Ehefrau bleibt fürs Erste.

»Es war einfacher als gedacht«, erzählt meine Mutter. »Rein in den Flieger, ein bisschen schlafen, und schon waren wir da.«

Nachdem vor allem sie die letzten Tage vor Aufregung kaum geschlafen hatte, überrascht mich ihre Zusammenfassung doch ein bisschen. Positiv.

Max muss auch was loswerden: »Wir müssen heute Abend unbedingt essen gehen. Wir kennen ein richtig luxuriöses Restaurant, da gibt es sogar einen echten Geigenspieler. Und spezielle Brotteller.« Nichts möchte er dem Zufall überlassen.

Doch zunächst sitzen wir zusammen vor dem Haus. Mit einem Glas Wein in der Hand, wie sollte es anders sein. Die Nachbarn haben natürlich sofort verstanden, wer ein paar Türen weiter zu Besuch gekommen ist, und zur Feier des Tages eine Flasche vorbeigebracht. Zum Anstoßen.

»Das ist wirklich schön hier«, sagt mein Vater. »Ich kenne niemanden, der schon mal in Georgien war.«

Zu viert schlendern wir etwas später durch die Straßen von Tiflis, Max übernimmt die Reiseleitung. Meine Eltern sind anscheinend ähnlich überrascht wie wir. Das Land ist auf jeden Fall einen Besuch wert. »Ich kann mir gar nicht richtig vorstellen, was ihr zwei in den letzten Jahren so erlebt habt. Wie viele Plätze ihr entdeckt und wie viele Menschen ihr kennengelernt habt«, sagt mein Vater.

Beide (Groß-)Eltern sind erstaunt, wie unglaublich offen und selbstbewusst Max geworden ist. Ich bin mir sicher: Ein solches Verhalten lernt man nur in der Welt und nicht umringt von vierunddreißig anderen Kindern im Klassenraum.

»Ich hätte euch ja schon am liebsten bei uns irgendwo in der Nähe«, fügt meine Mutter hinzu. »Aber wenn ich euch so sehe, ist das Abenteuerleben genau das Richtige für euch!«

Mit solchen Erkenntnissen verbringen wir ein paar Tage mit Sightseeing, Shopping und Besuchen in Restaurants und Coffeeshops. Max und sein Opa bauen eine Carrera-Bahn auf, während meine Mutter und ich uns die Fußnägel lackieren lassen.

Ruckzuck ist unsere Zeit in Georgien allerdings auch schon wieder vorbei. Macht aber nichts, denn wir wollen noch zusammen nach Armenien reisen. Zu viert sitzen wir in einem Taxi. Jerewan ist das heutige Ziel, Armeniens Hauptstadt. Die Kommunikation läuft mit Händen und Füßen, für die ersten Stunden ist das dennoch völlig ausreichend. Bis wir zur Grenze kommen. Zu unserem ersten Abenteuer. Denn den Gesten des Fahrers zufolge müssen wir die Grenze zu Fuß überqueren. Gepäck und Auto werden an anderer Stelle durchgeschleust, anschließend treffen wir uns alle wieder. Für Max und mich ist das nichts Neues. Meine Eltern finden das Ganze jedoch ein bisschen seltsam. Vor allem, weil unsere Witze über verschwundene Taxifahrer (einschließlich bei ihm gelassener Sachen) nicht immer Witze sind. Schon so manches Mal ist das vorgekommen. Heute haben wir aber bestimmt Glück.

Es fängt an zu regnen, als wir am Grenzzaun entlanglaufen. Und als wir dann auf der anderen Seite ankommen, sind weder Taxi noch Fahrer zu sehen. Letzterer steht irgendwo und ist anscheinend ähnlich schockiert wie wir. Als er uns am Ende dann doch wieder erfolgreich einsammelt, ist er fix und fertig.

»Warum seid ihr denn auf einmal weggegangen?«, will er wissen. Man dürfe hier doch nicht über die Grenze laufen, eigentlich nur mit dem Auto fahren ...

So weit verstehen wir seine Sorge, doch als er auch beim Weiterfahren immer noch schwitzt, fangen wir an zu zweifeln. Irgendetwas stimmt hier nicht, irgendetwas ist komisch. Plötzlich hält er an. Das Auto sei kaputt, erklärt er, er müsse einen Freund anrufen, der würde uns hier abholen. Als wir fragen, ob es ein Problem gäbe, antwortete er nur: »*No problem!*«

Noch lachen wir, wenn auch etwas verhalten. Noch freuen sich meine Eltern darauf, diese wilde Geschichte ihren Freunden am heimischen Grill zu servieren. Nach drei weiteren Stunden findet es allerdings niemand mehr lustig, in dieser nassen Einöde zu warten. Dann, endlich, ein Lichtblick. In Gestalt zweier Autoscheinwerfer, die im Regen vor uns aufleuchten. Unser Taxifahrer strahlt ähnlich grell und führt uns zu seinem angeblichen Freund. Dessen Auto ist jedoch voll besetzt.

Mein Vater überlegt laut: »Na, das wird jetzt so sein, dass die Insassen mit unserem Taxifahrer zurück nach Tiflis fahren. Und wir nehmen das Auto nach Jerewan. Ergibt doch Sinn.« Gut kombiniert!

Wir laden unsere Koffer ein, Max rutscht schon mal in die letzte Reihe. Die armenische Großmutter neben ihm grinst und winkt mir zu. Als sie keinerlei Anstalten macht, aus dem Wagen zu steigen, dämmert uns, was Sache ist. Meine Mutter fast unsere Gedanken zusammen: »Ich glaube nicht, dass die hier aussteigen. Ich denke eher, wir sollen uns alle ins Auto quetschen.«

Nur gibt es bei dieser Aktion einen kleinen Denkfehler. Fünf Menschen, die bereits im Auto sitzen, plus weitere vier passen selbst mit Quetschen nicht in das Gefährt. Mit der Platznot hatten überraschenderweise auch die beiden Fahrer nicht gerechnet. Also werden Max und unser Gepäck nach langer Diskussion wieder aus dem Taxi Nummer zwei herausgeholt, und wir steigen erneut zu unserem ursprünglichen Fahrer ins Auto. Der wiederum telefoniert panisch sein gesamtes Telefonbuch ab und nickt uns dabei immer wieder beruhigend zu: »*No problem, no problem.*« Immer wieder dieser eine Satz seit nunmehr sieben Stunden. Mittlerweile wird es draußen dunkler, immerhin lässt der Regen nach.

Nach einer weiteren Stunde sitzen wir in Taxi Nummer drei. Der aktuelle Lenkradmeister fährt mit Bedacht und vorausschauend, fast ein Wunder. Auf diese Weise schaffen wir es am Ende des Tages bis nach Jerewan, bis zu unserer Unterkunft. Der Wein am Abend schmeckt hervorragend, und nach den ersten Gläsern wird die Geschichte schamlos ausgeschmückt, für all die Zurückgebliebenen in Deutschland.

Armenien erleben wir im Schnelldurchlauf, leider reicht es nur für die Hauptstadt. Die ist aber ebenso schön wie Tiflis, und am Ende kommt es uns ja vor allem darauf an, gemeinsam Zeit zu verbringen. Wo, ist eigentlich nebensächlich.

Abermals steht ein Taxi vor der Tür, die Tränen rollen. »Wir sehen uns doch bald wieder, ihr müsst nicht so traurig sein.«

Sind wir aber. Alle. Abschiede sind immer doof, dieser hier besonders. Vor allem für meine Eltern. Denn unsere Reise ist noch längst nicht vorbei. Die Flugtickets für das nächste Ziel warten in meinem E-Mail-Postfach, unsere Klamotten wandern nach dem Abflug meiner Eltern in den Rucksack zurück. Zu Max sage ich: »Lass uns heute schon alles fertig machen, dann haben wir morgen am Reisetag keinen Stress.«

Kaum habe ich die Worte ausgesprochen, bekomme ich eine SMS. In sechs Stunden geht unser Flug, ich habe mich im Datum geirrt. Im Turbo-Gang wird alles organisiert. Max springt vor Freude auf dem Bett herum. So nah beieinander können Trauer und Freude manchmal liegen.

Die Freude von Max hat auch damit zu tun, dass unser neuer Trip anders sein wird als die vorherigen. Komplett. Denn dieser Flug wird vorerst unser letzter sein. Das vor uns liegende Ziel wird unser neues Zuhause. Auf Zeit. Nach zwei Jahren sind wir bereit, uns auf etwas Neues einzulassen.

Die Hand, die meine umklammert, ist schrumpelig. Ein bisschen klebrig, ein bisschen verschwitzt. Der Griff trotzdem fest und verbindend. Die zu der Hand gehörigen Augen schauen mich an. Direkt in meine Seele. Direkt in mein Innerstes. Ich fühle mich komisch, irgendwie erfüllt. Und es ist überhaupt nicht beängstigend.

»Ein Jahr wird es dauern. Genau ein Jahr. Dann wirst du mit dem, was du gerade begonnen hast, sehr erfolgreich sein. Und sehr viele Menschen erreichen. Sie inspirieren. Auf längere Sicht solltest du allerdings wieder zurück nach Bali kommen. Und hier leben, so lange wie möglich. Du hast hier nämlich schon einmal gelebt. Vor vielen, vielen Monden. Es ist dann Zeit zurückzukehren. Zurück nach Bali. Zurück nach Hause.«

Damals grinste mich der balinesische Heiler an. Festigte seinen Griff um meine Hand noch einmal für einen kurzen

Moment, dann ging er fort. Ließ mich mit dieser für mich damals neuen Information allein.

Georgien & Armenien – Besuch auf Reisen

Je länger wir unterwegs waren, desto mehr Freunde und Familienmitglieder kamen uns unterwegs besuchen. Weihnachten mit der besten Freundin in Mittelamerika; Frühling mit meinen Eltern in Georgien. Wer Zeit mit uns außerhalb unserer Deutschland-Aufenthalte verbringen will, muss sich auf den Weg machen. Max und ich lieben es, wenn Leute von zu Hause bei uns sind und wir ihnen unsere Art des Reisens und Lebens zeigen, unseren Lebensstil mit ihnen teilen können. Manchmal für kurze Zeit, manchmal länger. Vielleicht möchte Euch auch jemand zeitweise auf Eurem Trip begleiten und unterstützen – oft ergibt sich eine solche Möglichkeit, sobald man losgezogen ist. Dann, wenn die Menschen zu Hause verstanden haben, dass die Reise mit Kind nicht nur eine verrückte Idee ist. Denn all jene, die gedacht haben, das legt sich bald wieder, haben falsch gedacht ...

Tausche Rucksack gegen Routine – zwei Jahre später

Ich sitze auf Bali in einem kleinen Haus. Unserem kleinen Haus. Relativ schnell, nachdem wir zur zweiten Runde unserer Reise aufgebrochen waren, änderte sich etwas. Sosehr wir das Nomadenleben lieben, sosehr es zu uns passt, spätestens in Kalifornien hatte ich es bemerkt – dass ich Ausschau halten sollte nach einem Platz für uns. Kalifornien hatte das gewisse Etwas, doch Kalifornien sollte es am Ende nicht werden. Womöglich noch nicht? Wer weiß, denkbar ist alles, nichts soll ausgeschlossen werden.

Bali hingegen blieb in unserem Herzen. Immer wieder erwischte ich mich dabei, wie ich von diesem wundervollen Ort schwärmte, von dieser Insel, von der aus wir starteten. Seitdem ließ sie uns nicht mehr los, und am Ende war sie stark genug, uns zurückzuholen. Der Heiler sollte recht behalten. Der Erfolg kam, um zu bleiben. Wir auch. Zurück nach Bali.

Momentan sind wir dabei, Dinge neu zu sortieren und manches aus einer völlig anderen Perspektive zu betrachten. Vor zwei Jahren löste der Gedanke an Max' Schulstart nichts als Horror bei mir aus. Während der gesamten Reise veränderte sich das nicht. Das deutsche Schulsystem halte ich für etwas von gestern, für mein Kind wünsche ich mir eine Ausbildung für morgen.

Ich will Max die Möglichkeit geben, sich frei zu entfalten. Lernen und dabei Kind zu sein. Ohne Stress, ohne Druck. Er soll auf das, was er die letzten zwei Jahre unterwegs erlebt hat, aufbauen können. Soll nicht in eine Box namens Klassenzimmer gesteckt werden, zusammen mit dreißig anderen Kindern, sondern eine individuelle Förderung bekommen.

Auf Bali haben wir einen Ort gefunden, der all meinen Vorstellungen und Wünschen entspricht. Eine internationale Schule, die wild und bunt genug ist für mein wildes und buntes Kind. Die Max so nimmt, wie er ist, und ihn auf seinem Weg unterstützt.

Der kleine Rucksack mit dem Pausenbrot und einem Smoothie ist auf meinen Rücken geschnallt. Max steht vor mir auf dem Roller, barfuß, seine blonden Haare wehen seitlich aus dem Helm heraus. Die Sonne scheint zaghaft über die Reisfelder. Die ersten Arbeiter sitzen bereits mit ihren braunen Strohhüten im hellen Grün und schneiden das Getreide. Der Tag ist noch so jung, unser Leben hier ebenfalls. Wir nehmen eine Abkürzung durch die Felder, quer durch das ländliche Bali. Hühner und Hunde laufen die Straßen entlang, kleine Kinder in Schuluniformen werden an den Händen ihrer Eltern über die Gehwege gezogen. Bunte Opfergaben vor den Häusern verteilt, eingenebelt vom Rauch der Räucherstäbchen. Mein Schulkind wirkt ein bisschen verschlafen und schaut sich trotzdem schon strahlend um: »Heute will ich nach der Schule auf jeden Fall surfen. Kannst du die Bretter gleich mitbringen, wenn du mich abholst? Die anderen wollen auch an den Strand!«

Unser Tagesablauf hat sich verändert. Morgens klingelt der Wecker, abends müssen wir möglichst früh ins Bett.

Diese Routine ist für uns neu. Unser Leben hat sich verändert, doch wir sind glücklich. Wir sind angekommen. Auf Zeit. Haben langweiligen Alltag gewürzt mit einer abenteuerlichen Prise Paradies. Wenn Max in der Schule ist, sitze ich am Laptop und schreibe unsere Geschichte auf, die vom alten und vom neuen Leben. Die letzten Monate waren sehr emotional. Sehr intensiv. Tag für Tag habe ich noch einmal unsere Reise im Kopf durchlebt, habe Menschen in meinen Gedanken noch einmal getroffen. Habe dabei gelacht und geweint. Manchmal laut, manchmal leise. Manchmal nur für mich, manchmal habe ich meine Gefühle mit Max geteilt.

Hin und wieder bekomme ich Heimweh, bekommen wir Heimweh. Nach Johnny und Australien. Nach dem klaren Wasser in Französisch-Polynesien. Nach Sushi in Japan. Nach den langen Nächten in der Mongolei. Nach den herzlichen Menschen in Mexiko. Nach den sexy Schwüngen auf Kuba. Nach dem Skateboardfahren in Kalifornien. Nach der ganzen Welt, die wir in den vergangenen zwei Jahre bereist haben. Und nach so viel mehr. Dann sitzen wir auf dem Sofa, kuscheln und schwelgen in Erinnerungen. »Weißt du noch, wie wir hier auf Bali das erste Mal an einer Zeremonie teilgenommen haben? Oder wie wir den halben Supermarkt in Australien leer gekauft haben? Kannst du dich an die Rochen auf Moorea erinnern? An unsere Freunde in der Mongolei? Was die jetzt wohl gerade machen?«

Oftmals denken wir an dieselben Dinge. Oftmals auch nicht. Dann helfen wir uns gegenseitig auf die Sprünge. Es ist schon spannend festzustellen, wie unterschiedlich wir die Reise erlebt haben. Wie ähnlich häufig auch. »Ja, ja, genau! Das stimmt. Diese Leute, bei denen wir gewohnt haben, sie haben immer mit den Händen gegessen, und der Käse hat ganz ekelhaft geschmeckt ...«

Es vergeht kein Tag, an dem wir nicht eine Situation aus unserem Abenteuerleben herauskramen, und sei sie noch so klein. Unsere Geschichte ist präsent. Uns beiden. Jeden Tag. Für immer.

»Ich bin fertig mit den Hausaufgaben, kann ich rüber zu meinem Freund gehen? Wir wollen zu dem kleinen Fluss und fischen. Zum Abendessen rufst du mich dann, okay?«

Ich stehe in der Küche und koche. Mal gibt es Reis, mal Brote. Mal typisch indonesisch, mal typisch deutsch. Die Sonne geht langsam unter und taucht unser Holzhaus in rotes Licht. Musik läuft im Hintergrund, unser kleiner Hund steht in der Hoffnung auf einen großen Happen neben mir. Wir haben uns niedergelassen. Einen Zwischenstopp eingelegt. Ganz bewusst. In solchen Momenten bekomme ich oft Gänsehaut, solche Momente liebe ich. Von der digitalen Nomadin zur digitalen Hausfrau. Aus freien Stücken. Bali-Style. Im kleinen Warung in unserer Straße, in dem ich oft unser Gemüse kaufe, lachen die Frauen über mich. Liebevoll. »Du bist schon eine richtige Balinesin. Siehst auch so aus, mit deinen Schlappen und deiner braunen Haut. Und der Sarong steht dir so gut.«

Die Umgebung, in der wir wohnen, ist alles andere als touristisch. Hühner vor den Toren, Gebete in den Häusern. An Tagen, die den Zeremonien vorbehalten sind, werden die Straßen in der ganzen Nachbarschaft abgesperrt. Wackelt die Erde, stehen wir zusammen in den Gärten und warten, bis es vorbei ist. Jeder kennt uns. Jeder hilft uns. Wir sind ein Teil der Gemeinschaft, man betrachtet uns nicht als Außenstehende. Wir gehören dazu, so fühlt es sich an.

Am Abend liegen Max und ich zusammen im Bett. Auf einmal fange ich an zu schwitzen. Und zwar so richtig. Auf meiner Stirn bildet sich ein Tropfen nach dem anderen. Max liegt neben mir. Alle viere von sich gestreckt. Die Augen geschlossen, auf den Lippen ein feines Lächeln. Das Leinentuch hat er weit von sich gestrampelt. Teddybär Bärti nah an sich herangezogen. Auch Max sieht ein bisschen klebrig aus, aber im Vergleich zu mir noch immer ziemlich frisch. Ich schalte die Klimaanlage an. Das Surren hat ja immer etwas Beruhigendes. Auch jetzt.

Wir sind auf Bali. Wir sind wieder zurück. Wie es weitergeht? Diese Frage stelle ich mir hin und wieder. Die Antwort darauf suche ich noch. Wir werden sehen. Doch für welche Art von Leben wir uns auch immer entscheiden werden, eines weiß ich mit Sicherheit. Max und ich haben die Zeit bis hierhin genutzt. Für uns. Für die Welt. Für etwas, das wir nie vergessen werden.

Danke ...

... an all die wundervollen Menschen, die uns auf unserer Reise mit offenen Armen, großen Herzen und tiefer Liebe empfangen haben. Immer. Überall.

Reisen ist die beste Schule

Hier reinlesen!

Heike Praschel

Mit dem Schulbus in die Wildnis

Eine Familie reist ein Jahr lang durch die Weiten Nordamerikas

Malik, 256 Seiten
€ 20,00 [D], € 20,60 [A]*
ISBN 978-3-89029-451-3

In einem knallgelben Schulbus reist Heike Praschel mit ihrem Mann Tom und den beiden Töchtern Emma und Paula durch Kanada, die USA und schließlich sogar bis nach Mexiko. Begeistert tauchen sie ein in diese neue Welt und lernen, sich in der Wildnis zurechtzufinden. Sie sammeln Erfahrungen beim Husky-Training, engagieren sich mit Angehörigen der First Nations für die Rückkehr der Lachse und lauschen nachts dem Geheul der Kojoten. Ein ansteckender Bericht über die Verwirklichung eines großen Traums.

MALIK

Leseproben, E-Books und mehr unter www.malik.de